集人文社科之思　刊专业学术之声

集 刊 名：中华民族史论丛
主办单位：中国民族史学会
主　　编：赵天晓
副 主 编：彭丰文　包和平
执行主编：肖超宇

**BULLETIN OF HISTORY OF THE CHINESE NATION**

**第一辑**

集刊序列号：PIJ-2024-508

中国集刊网：www.jikan.com.cn/ 中华民族史论丛

集刊投约稿平台：www.iedol.cn

赵天晓　主编

肖超宇　执行主编

中华民族史论丛

【第一辑】

BULLETIN OF
HISTORY OF
THE CHINESE NATION

社会科学文献出版社
SOCIAL SCIENCES ACADEMIC PRESS (CHINA)

# 卷首语

经过近一年的筹备、组稿和编审工作，《中华民族史论丛》第一辑在学界同仁的关心支持和共同努力下，终于和读者朋友们见面了。《中华民族史论丛》的出版，实现了民族史工作者的多年愿望，从此我们有了一个专门发表民族史研究论文的学术园地。

1983年4月中国民族史学会正式成立后，曾多次将历年学术年会的论文结集编成《中国民族史学会学术讨论会论文集》《中国民族史关系史论集》《学术年会论文选集》等作品出版，受到学界广泛好评。不过由于这些出版物不是定期发行，很难满足民族史学者们普遍的交流意愿。2023年，恰值中国民族史学会四十华诞，《中华民族史论丛》作为学会会刊正式亮相，每年定期出版，既是对以往学会论文集出版传统的继承，也是学会响应新时代号召，为铸牢中华民族共同体意识、实现中华民族伟大复兴做出的积极努力。

中国民族史学会是在中国社会科学院的主管领导下，坚持以习近平新时代中国特色社会主义思想为指导，坚持正确的政治方向和学术导向，由从事中国民族史研究、教学、出版等单位相关部门的个人自愿结成的全国性、学术性、非营利性社会组织。中国民族史学会自成立以来，始终注重团结和组织民族史学工作者，展开了各种形式的学术活动。《中华民族史论丛》的出版，是学会推动新时代中国民族史学繁荣发展的又一次创新尝试。

中国历史是一部各民族交融汇聚成多元一体中华民族的历史，是各民族共同缔造、发展、巩固统一的伟大祖国的历史。各民族共同开拓了我国辽阔的疆域，共同书写了悠久的历史，共同创造了灿烂的文化，共同培育了伟大民族精神，形成了你中有我、我中有你、血脉相连、不可分割的有机整体，形成了多元一体的中华民族。当今中国统一多民族国家格局和中华民族共同体的不断凝聚，正是中华民族多元一体发展演进的必然结果。

党的十八大以来，以习近平同志为核心的党中央非常关心中国哲学社会科学的发展大业，尤其关注中华民族历史与文化的传承发展。2016年5月17日，习近平总书记在哲学社会科学工作座谈会上指出，要加快构建具有中国特色的学科体系、学术体系和话语体系。在2021年中央民族工作会议上，习近平总书记做出了铸牢中华民族共同体意识的重大论断，把坚持正确的中华民族历史观列为党在长期民族工作中积累总结的十二个宝贵经验之一。党的二十大报告对新时代加强和改进党的民族工作提出了新的明确要求，为我们坚定不移走中国特色解决民族问题的正确道路，推进新时代党的民族工作高质量发展指明了前进方向。在2023年6月召开的文化传承发展座谈会上，习近平总书记更是明确指出，只有全面深入了解中华文明的历史，才能更有效地推动中华优秀传统文化创造性转化、创新性发展，更有力地推进中国特色社会主义文化建设，建设中华民族现代文明。

加强中华民族史研究，是紧紧抓住铸牢中华民族共同体意识主线，为党和国家铸牢中华民族共同体工作大局提供思想理论支撑的重要举措。中华民族史研究的主要任务是考察中华民族共同体的历史形成过程和规律，总结历史上关于民族问题的经验和教训，揭示当今中国统一多民族国家与中华民族多元一体格局的历史根基，为增强中国统一多民族国家认同、中华民族认同、中华文化认同夯实学术基础。

近百年来，中华民族史研究在马克思主义理论的指导下，在前辈学者孜孜不倦的努力下，已经取得了丰硕喜人的成果。迈入新时代后，中华民族史又面临新的发展机遇和挑战。比如当前铸牢中华民族共同体的思想基础虽然不断巩固，但局部地区反分裂形势依然严峻，国际势力干扰破坏我国民族团结的风险不容小觑，国内外史学界浮现的一些错误论调同样要引起高度警惕，其危害性不可忽视。因此，需要我们在研究中始终坚持正确的中华民族历史观，要把坚持和发展马克思主义民族史学统一起来，加强中华民族史和各民族交往交流交融史研究，推进新时代民族史理论发展与研究创新，以铸牢中华民族共同体意识为主线，为实现中华民族伟大复兴汇聚磅礴力量。

《中华民族史论丛》正是秉承上述想法，肩负着时代使命应运而生。为将《中华民族史论丛》办成面向国内外的一流学术刊物，本论丛将努力实现以下目标：刊布中华民族史领域里的优秀研究成果和前沿动态，打造国际一流的民族史专业学术交流平台，促进中华民族史研究创新发展，加快构建民族史学科体系、学术体系和话语体系，为铸牢中华民族共同体意识夯实学术根基，为树立正确的中华民族历史观提供学术支撑，为巩固社会统一、增强各民族团结做出贡献。本论丛坚持"百花齐放，百家争鸣"的方针，设有名家笔谈、专题研究、学术述评等栏目，倡导学术创新和探索精神，遵循国际公认的学术规范。为此，本论丛设有编辑委员会和审稿专家库，并实行双向匿名评审机制，以确保办刊质量。

《中华民族史论丛》第一辑所收论文由编辑委员会负责选编和审定。由于我们水平有限，难免有不当之处，真诚欢迎学界同仁的批评指正，更期待得到大家热情的扶持和帮助。谨此，向关心支持本论丛的国内外专家学者、向为本论丛赐稿的各位作者以及广大读者朋友致以由衷谢忱！

赵天晓

2023 年 8 月 18 日

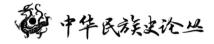中华民族史论丛 （第一辑）

·学术述评·

# 回首我的民族交往交流交融研究经历

史金波[*]

中国自古以来就是多民族国家。中国共产党主张各民族一律平等，加强民族团结，共同进步，共同繁荣，维护祖国统一。新中国成立后，将各民族一律平等的原则载入《中国人民政治协商会议共同纲领》（以下简称《共同纲领》），后又载于《中华人民共和国宪法》。长期以来，民族平等、民族团结之理念，贯彻于实践，深入人心。

我现已过朝杖之年，回顾一生，与民族研究结下不解之缘。

我祖居河北省保定市的高碑店，是一汉族、回族、满族杂居的小镇，各民族嵌入式交错为邻，关系密切。我家与回族邻里都以亲戚相称，叫男子长辈为舅，女性长辈为姨。上小学时，汉、回、满族学生同在一班，亲密无间。家长常叮嘱我们，要照顾回族的特殊生活习惯。逢年过节，比邻回族家庭的汉族住户，主动不吃大肉。而回族乡亲则说，你们吃吧，没关系，并在开斋节后给我们送油香、馓子。可以说我自小就受到"民族一家亲"的熏陶，尊重其他民族的风俗习惯。

1958 年我考入中央民族学院（今中央民族大学）语文系彝语班，所学为凉山彝族自治州喜德县（彝语北方方言的标准音点）的彝语。我们班有两位老师，一位是汉族李民老师，另一位是彝族罗伍阿什老师。在中央民族学院不仅系统学习民族理论和民族政策，还领略了这个中国民族大家庭缩影的多民族风采。这里几乎有中国各民族的学生。为准备"十一"国庆游行，我们各民族同学事先多次在大操场排练，欢声笑语，

---

* 史金波，中国社会科学院学部委员，中国社会科学院民族学与人类学研究所研究员。

其乐融融。"十一"当日，我们穿着各民族服装，整齐列队走过天安门广场，无比高兴。每年农历十月过彝族年时，彝语班的师生邀请在民族学院学习的彝族同学欢聚，一起过年。我们用刚学到的并不熟练的彝语与彝族同胞交谈，既新鲜，又亲切。后来我担任了院学生会的秘书长，参与组织学生会文艺节目，并多次带队参加高校会演，中央民族学院的各民族歌舞总是受欢迎的压轴节目。

1959年，西藏达赖喇嘛集团叛乱，妄图将西藏从祖国大家庭中分裂出去。中央迅速平定叛乱，并适时进行民主改革，解放了百万农奴，维护了祖国统一。记得当时国家民委组织了有关西藏农奴制和平叛展览，我们参观后对西藏农奴的地位和悲惨生活印象深刻。当时中央民族学院请到西藏军区司令员、平叛总指挥张国华将军在学院大礼堂做报告，使我们不仅受到加强民族团结、捍卫祖国统一的教育，还领略到语言生动、挥洒自如的大将风采。

1961年夏天，我们按学校计划学习三年后，全班到彝族地区实习半年。在两位老师的带领下，我们先乘三天火车到成都，后又集体乘坐两天敞篷大卡车到喜德县城，又徒步走一天到米市区，最后再徒步一天到达实习目的地额尼尔古乡的一个小寨子，开始了我们和彝族老乡一起生活的日子。这里男人、女人按不同年龄阶段穿着不同形式的民族服饰，说着标准的彝语。这里生活条件十分艰苦，群众以洋芋（土豆）为主食，每日两餐，皆为煮土豆蘸辣椒汤，苞谷、燕麦等都属细粮之类，平时难以吃到。当地彝族住房多是土打墙，房顶铺一块块木板，上压石块以固定。房中靠右是火塘，旁有三块石头支锅做饭，火塘旁是主人睡眠处。他们多无被无褥，睡觉时和衣而卧。这里民风淳朴，十分好客，待我们如亲人。我的房东是兄弟俩，他们刚从奴隶制社会中被解放出来。我们朝夕相处，关系十分亲密。晚上我和他们一起谈生活，说民俗，讲笑话，背尔比（彝族格言）。他们经常纠正我的发音和语句错误。我们每天参加农田劳动和乡村基层工作，同时在劳动、工作中学习语言，记录语言资料。实习快结束时，我已说得一口流利的彝语，并能为当地召开的县人民代表大会做翻译。我在这里心灵得到净化，得到升华，感到这里是我的另一个故乡,这里的群众也是我的乡亲,同时也深感作为一个未来民族工作者的责任。20 世纪 90 年代初,国家开展希望工程后,我心系凉山彝族,便申请资助一位凉山彝族的小学生,并与资助学生及其所在学校有书信联系。

1962 年大学毕业后,我考取了中国科学院民族研究所的西夏文研究生,彝语和西夏语有亲缘关系。我的同班同学则大多被分派到凉山彝族地区工作,有的在政府机关,有的在学校做教员,都是工作骨干。我和他们一直保持联系。他们或在当地结婚,或把家属调到凉山,在那里扎根,为彝族地区贡献了一生。同学刘海林后来担任凉山彝族自治州民委副主任,兼州扶贫办公室主任,对凉山扶贫做出了很大贡献。同学郭景祥后担任《凉山报》主编,同学罗世昌担任凉山州党校副校长,都为凉山的经济、文化发展做出了毕生的贡献,他们也是促进民族团结,与少数民族同甘苦、共进步的践行者。

我长期工作在民族研究所,可以说一直浸沉于民族研究的氛围中。初期,我在学习西夏文的同时,还有幸参加国家民委民族文化历史工作指导委员会组织的有关民族问题的讨论会,聆听到一些大专家的报告、发言,如国家民族理论专家国家民委副主任刘春、著名历史学家北京大学副校长翦伯赞、著名历史学家本所副所长翁独健、著名民族学家中央民族学院林耀华先生等。他们对民族理论和民族历史的见解,对我们初出茅庐的年轻人,似饱饮甘霖,如醍醐灌顶。

1964 年,由我的导师、民族研究所王静如先生与敦煌文物研究所所长常书鸿先生合作组成莫高窟、榆林窟西夏洞窟考察组,我参与其中。在敦煌的 3 个月内,除考察与西夏相关的洞窟外,还观览了各历史时期、各民族修建的洞窟。其中除中原地区风格外,还有少数民族如于阗、鲜卑、吐蕃、党项、蒙古等各民族的艺术风采。可以说,敦煌石窟是多民族大家庭的艺术缩影。这次考察无异于一次多民族艺术史的实践学习。

1965 年,民族所派大批人员到内蒙古自治区土默特左旗参加"四清"。我被分到把什公社萨尔沁"四清"工作队,并担任副队长。萨尔沁是由 3 个自然村组成的大队,是一个蒙古族和汉族杂居的地区,这里的蒙古族很多，但因长年与汉族共居一处，都已不能说蒙古语，皆操当地汉语。我事先在北京买了《蒙古语教程》，准备在当地向蒙古族老乡学习蒙古语，竟未能如愿。我们工作队里的大学生中也有蒙古族。春节前大部分工作队队员都返回家乡过年，上级要求每个工作队要有两名队员春节留守，于是我和工作队的一名蒙古族大学生吴业喜留守。我们在春节期间与蒙古族、汉族老乡一起过年、吃饺子，还组织返乡中学生排练文艺节目，春节期间给老乡们演出。蒙古族、汉族共同欢度春节，其乐融融。

1966 年"文革"开始，大家都被卷入其中，业务全部停止。当时时兴"大串联"，我们民族所的 5 个年轻人便于 1967 年 1 月至 2 月到南方几省串联考察，最后从广州越海到达海南岛，专程到海南黎族苗族自治州考察，除首府通什外，还到基层保亭县南圣等地，实地了解黎族的生活、居住、生产以及学习汉语情况。虽是一段插曲，在那段特殊时期能有机会体察民族实情，也是幸运之事。

1970 年初，我们被送至河南省息县的"五七干校"，边劳动，边"运动"。6 月，我便借回京探亲之际，把西夏业务书籍带到干校。后来干校移至明港镇，"运动"稍有淡化，时间松动，晚上放下蚊帐偷偷研习西夏文，领略西夏文化风采，进入另一个古代民族世界。

1976 年，"文革"尚未结束，业务已经开展。6 月，我和同事白滨开始了为期 4 个月的西夏故地考察，除主要考察陕西、宁夏、甘肃、内蒙古、新疆、青海等西夏故地和相关文献文物外，也尽量顺路浏览各民族文物、风情，以增长见识。我们先后考察了宁夏阿拉善左旗巴彦浩特的蒙古族王爷府，瞻仰了青海省西宁市藏传佛教的塔尔寺，考察黑水城遗址时到额济纳旗蒙古族的蒙古包中做客，在哈密市观览大街上维吾尔族驾驶毛驴车满街跑。

改革开放以后，民族研究工作步入正轨。我在着力整理、译释西夏文献的同时，注重研究西夏历史社会，包括很多人关注的西夏后裔下落。我根据正史、文集和地方志资料得知元代名人西夏后裔余阙的后人仍可能居住在安徽合肥，便于 1980 年与同行吴峰云一道到安徽合肥一带调查，经辗转查找终于寻觅到两位西夏的后裔老人。当我们与传承七八百年、已成为汉族的西夏后裔坐在一起谈话时，恍如穿越时空隧道。这是第一次找到有确切依据的西夏后人。后来在合肥小南门外找到了余氏集聚点，并看到赓续数百年的《余氏宗谱》，我们非常兴奋。这使我体会到一些当年势力强大的少数民族是怎样在历史车轮的带动下，与汉族关系越来越紧密，并自然而然地融会其中，从而看到民族关系中的一种历史轨迹。

后来我担任了民族研究所历史研究室主任，1988 年开始担任民族所副所长，先后主管历史研究室、民族学研究室、民族语言研究室工作，还兼任中国民族古文字研究会会长、中国民族史学会常务副会长、中国民族学学会副会长、中国少数民族哲学思想史学会副会长等职，这就促使我更加关注民族研究一些宏观的问题。特别是著名民族史学家翁独健和白寿彝先生先后担任中国民族史学会首任和第二任会长，我作为他们的学生和学会的常务副会长与他们有过从甚密的来往，常常亲聆他们的教诲。在他们的耳提面命下，我对中国民族史的认识和治学方法有了新的提升。在与诸前辈和同辈专家们的共同努力下，中国民族史学会开展了一系列学术活动，对中国民族史研究做出了应有贡献。我的学术领域从西夏文史，延伸扩展到中国民族史和中国民族古文字及其文献，有时也涉及民族理论和民族政策。

1986 年我出版了第一部个人著作《西夏文化》。这部书对西夏历史文化做了系统探讨，除使用传统历史文献外，尽量使用了当时能见到的西夏文文献和文物资料，探求西夏文化意蕴。在此书的"结语"中，我总结出 4 条意见：第一，西夏文化有着浓郁的民族特点；第二，西夏文化和整个中华民族文化有着内在的、紧密的联系；第三，西夏文化的发展和西夏的历史发展密切相关；第四，西夏文化对中华民族历史文化有着重要的贡献。现在看来这些论点经受住了时间的检验，仍有一定参考价值。

我在研究民族历史过程中，深刻体会到中国传统史学有丰富而深邃的经世致用理念，马列主义的历史唯物主义理论更加注重史学对社会发展的借鉴作用。我通过民族历史研究实践，在 1990 年发表了《中国民族史学的社会功能》一文，论述了中国民族史学具有三大功能：第一，丰富历史知识，提高民族素质；第二，维系民族团结，弘扬爱国主义；第三，借鉴历史经验，参酌制定政策。并希望"民族史学工作者在当前建设社会主义、振兴中华的大潮中，应迎浪而上，以科学的精神肩负起时代所赋予的历史使命，使这一学科发挥出更大的社会能量，起到更多的作用，开创出新的局面"。同时决心以此自持。

费孝通先生于 1988 年在香港中文大学做了著名演讲，系统阐述了中华民族多元一体格局理论，后整理成《中华民族的多元一体格局》一文于 1989 年正式发表。我认真学习、体味费先生大作的内涵和精义，于中国民族历史和现实的考量有很大提升。1990 年 5 月国家民委民族问题研究中心在北京召开了民族研究学术研讨会，研讨"中华民族多元一体格局"问题，我受邀参加会议，并发表了《从西夏看中华民族多元一体》的报告，将西夏研究与中华民族整体历史文化有机系连起来。

1993 年民族研究所开展"中国少数民族现状和发展调查"。我当时作为主管副所长负责大调查组织工作，同时兼任彝族地区和藏族地区两个调查组的组长。彝族地区所选调查点是我实习的邻县昭觉县。到调查点村寨调查时，我还能用彝语和彝族老乡做日常用语对话、问卷，他们感到很惊奇，也感到很亲切。1995 年我们又到当地做后续补充调查。30 年间彝族地区发生了翻天覆地的变化，生产力水平有很大提高，人们生活也大为改善。然而，凉山地区毕竟受历史条件制约，底子薄，大部分县仍是国家或省定贫困县，特别是在交通不便的山区，贫困状态更为突出，甚至仍处于一日两餐吃洋芋的困苦窘地。后来我们出版了《中国少数民族现状与发展研究丛书·昭觉县彝族卷》一书。为反映彝族地区的实际情况，我还撰写了《略论凉山彝族地区人口和社会发展》、《重视家支问题 吸收德古参政议政》（"德古"是凉山彝族民间有威望的老人）、《凉山地区吸毒贩毒问题》等针对社会现实问题的调查报告。这些文章主要写的是存在问题和解决问题的途径，代表了我的心声，也是我对彝族同胞的真情实感。2020 年 11 月，四川省批准凉山彝族自治州 7 个县退出贫困县序列，大凉山正式整体脱贫。被称为"中国最贫困角落"之一的大凉山摆脱了贫困枷锁,这是中国脱贫攻坚的一个典型事例。我写了一篇随笔祝贺:《魂牵梦萦大凉山——有感于大凉山脱贫》,发表在《中国社会科学报》上,其中写道:"四川大凉山,总是牵动着我的心弦。那是我的第二故乡。除我的家乡外,大凉山的村寨是我居住最久的地方。近年来,有关大凉山脱贫的报道屡见报端。每次看到这样的消息,我总是喜不自禁!"各民族团结一致,共同繁荣发展,已经成为各民族的共同心声。作为与大凉山有不解之缘的我,对大凉山整体脱贫,更是感触良深。

20世纪90年代,由于达赖喇嘛集团的恶意炒作,西藏人权成为人们注视的一个焦点。1992年中国社会科学院把"西藏人权研究"作为院重点项目,我作为课题组组长主持这一项目,并带队到西藏实地调查,同时连带进行前述"中国少数民族现状和发展调查"中的藏族调查。课题组多由藏学家组成,大家一起熟悉人权理论,查阅人权文献,组织专题座谈会,做了比较充分的准备后,于1992年深入西藏农村、牧区、工厂、寺庙、机关调查。所选调查点是原来20世纪50年代做民族大调查时的调查点,这样便于做30多年来的前后对比。其中包括拉萨市及附近的堆龙德庆县和日喀则附近的拉孜县。西藏1959年民主改革后,社会发生了翻天覆地的变化。我们访问过原来的农奴,他们在民主改革后已获得应有的人权,有的已成为各级领导干部。群众都住上了漂亮的房子,生活无忧,有医疗保证,有宗教信仰自由,过上了勤劳、富裕而舒适的日子。我们既为西藏人权的巨大进步、人民生活的迅速改善欢欣鼓舞,又感到完善人权任重道远。1993年我们又进藏进行补充调查。1999年课题组出版了《西藏人权研究》一书,实事求是地为西藏人权的进步谱写时代弦歌。此书于2006年获得中国藏学珠峰奖。根据在西藏调查的感受和国际上对人权立法的认识,我写出了《研究西藏人权要注重西藏人权立法的研究》的报告,此报告得到中央领导的批示和国务院新闻办公室的重视,并支持我们课题组完成了《西藏人权研究参考文献汇编》编辑和出版,为西藏人权研究汇集了新的资料,使国内外能系统地了解到我国关于西藏人权立法的巨大进展和突出成就。

民族研究所也是一个多民族成员组成的研究机构,仅历史研究室就有回族、满族、藏族、维吾尔族、柯尔克孜族、白族等少数民族专家，全所少数民族专家更多。我曾长期与壮族民族语言专家陆绍尊同住一室，如同家人；与蒙古族专家、副所长道布同一办公室多年，关系密切。1991 年我所一位柯尔克孜族专家在土耳其讲学期间意外去世，我代表中国社会科学院和民族学与人类学研究所陪同其夫人到土耳其安卡拉处理后事，事后不远万里接回遗体，又从北京转至乌鲁木齐，按民族习俗安葬于公墓。前后半个月周转于国内外，如给自己亲人办事，最后功德圆满。

1997 年我与从国外访问归来的本所维吾尔族语言学家雅森·吾守尔博士交谈业务心得，当时我正在研究西夏文活字印刷，雅森·吾守尔则在法国考察早年流失到那里的回鹘文木活字，很有收获。我们交换意见后感到，如果将西夏和回鹘的活字印刷结合在一起研究，会使中国早期的活字印刷认识得到升华，并可回答当时国外一些专家对中国发明活字印刷术的质疑。于是我们决定合写一篇专题论文。当年 8 月《光明日报》以整版发表了我们合作的文章《西夏和回鹘对活字印刷的重要贡献》，以文献资料和实物论证活字印刷是中国发明的，中国的少数民族在活字印刷的早期实践和传播方面成就卓著、贡献巨大。此文为维护中国活字印刷的发明权做出了贡献。

2007 年国务院发出开展全国古籍保护工作的通知，成立了全国古籍保护中心，同时成立了全国古籍保护工作专家委员会，我作为专家委员会副主任，主要负责少数民族文字古籍工作。其中一项重要工作是在全国范围内开展古籍普查登记。这是第一次同时对汉文古籍和少数民族文字古籍进行的全国性的大规模普查，是民族文化发展的一件大事。我先后以全国古籍保护专家委员会委员的身份到多地考察古籍。另一项重要工作是开展了国家珍贵古籍名录评审。专家委员会对珍贵古籍名录分组评审，其中"民族语文文献组"负责民族文字古籍的评审，由我牵头负责。我们先后参加 6 次参加评审，接触了全国各地区大量各民族珍贵古籍，共评出民族文字珍贵古籍 1000 余种，包括汉文和少数民族文字的珍贵古籍名录皆由国务院批准公布，是弘扬民族文化发展的一件大事。我于此重大国家文化工程中，增长了知识，开阔了眼界，看到了中华民族琳琅满目的古籍风采。

我长期做民族研究工作，并多次到少数民族地区做调查研究，调研足迹遍及 5 个自治区和多民族省份。有的是较为长期的调查研究，有的是短期的考察。如 1990 年 11 月我到广西壮族自治区的三江侗族自治县、龙胜各族自治县短期考察，了解了当地的经济、文化、民俗以及民族之间的关系，增长了见识。我每到一地，都尽可能参观当地博物馆，考察一些相关的文物遗址，全国各省区的博物馆绝大多数我都参观过，有的多次参观学习。通过这些实地考察，对民族历史文化有了较为深入的了解，对少数民族文化在中华优秀传统文化中的地位和作用有了比较深刻的认识，更加坚定了自己的学术志向。

然而我们也清醒地看到，有一些民族分裂分子在西方国家势力的怂恿和支持之下，宣扬民族分裂，肆意制造恐怖事件，并歪曲历史，企图制造民族分裂。同时也注意到个别专家发表的论文表现出过分强调民族特性，忽视各民族共性，漠视各民族交往交流交融的倾向。我虽非民族理论专业，但也和多数民族研究工作者一样，在事关大是大非面前，不容坐视，适时撰文申明意见，表明立场。如在 2013 年发表的文章中，我明确提出："我们民族研究工作者要做祖国统一和各民族团结的促进派，要做各民族经济、文化、社会发展的促进派，要做各民族互相交流、学习，共同发展、繁荣的促进派。"（《西夏的汉族和党项民族的汉化》，（《中南民族大学学报》2013 年第 1 期）后来又进一步指出："史学工作者在宣传正确的祖国观、历史观、民族观方面，负有重要责任。当前应该在民族平等的前提下，提倡增强中华民族一体的观念，在保护各少数民族传统文化的同时，要重视和加强中华民族文化的共性，强化祖国意识、公民意识，加强民族团结，进一步增强国家的凝聚力，促进各民族共同发展，大力改善民生，使国泰民安。"（载《中国史研究》2017 年第 1 期。中国人民大学复印报刊资料《历史学》2017 年第 7 期转载）2013 年受广西壮族自治区原副主席、《壮族通史》（增订版）主编张声震先生的邀请，参加《壮族通史》（增订版）的审稿会，会上明确提出研究、撰写少数民族历史，要依据历史文献和考古资料加强论述少数民族和中原汉族地区的关系，要实事求是地论证中原王朝对少数民族的影响，同时也要写好少数民族对中华民族做出的贡献。

自 20 世纪 90 年代，我考虑应编写一部《中国民族史学史纲要》。因为我认识到，梳理、研究中国民族史学史可以更深刻地了解五千年的中华文明史，更准确地认识、总结中国民族史研究，用科学的观点审视中国历史上的民族问题，从民族的角度审视历史和现实，从而更有力地促进和发展中国民族史研究，丰富中国史学史的研究内涵，为发展和繁荣中国史学做出贡献，同时也可作为历史镜鉴，或有补于民族问题的考量。于是我开始搜集基本资料，并做了一些前期的研究工作，搭建书稿框架，撰写大纲。2011 年关志国博士进入民族所博士后流动站，我任合作导师。我们二人便合作进行民族史学史研究，进一步挖掘、补充资料，调整结构，增加内容，提炼观点，于 2018 年出版了《中国民族史学史纲要》。编写这部书使我开拓了新视域，思考了新问题，取得了民族历史方面的新收获。在此书的最后还特别指出："民族史研究中应尊重历史事实，同时，也要有现实政治的考虑。近年来，国外学者在中国民族史研究中多强调'东亚''北亚''亚洲''欧亚''内亚'等因素，如在研究蒙元史、清史时强调'世界'或'北亚''内亚'意识，论述内亚史与中国史的关系，其意在消解历史上的华夷秩序，从而忽视了各民族的向心力，及古代中原王朝对周边民族或国家的巨大影响。有的研究意在解构古代中原王朝与周边民族的朝贡关系而构建所谓东亚的国际关系，在民族史研究中渗透着政治意识形态的气息。学术界要注意利用优良的历史资源，客观认识传统的民族史观及民族史记述模式的成因，在研究中形成中国的学术话语。"

习近平总书记在 2019 年全国民族团结进步表彰大会上的讲话中强调："我们辽阔的疆域是各民族共同开拓的，我们悠久的历史是各民族共同书写的，我们灿烂的文化是各民族共同创造的，我们伟大的精神是各民族共同培育的。"并明确指出："各族人民亲如一家，是中华民族伟大复兴必定要实现的根本保证。实现中华民族伟大复兴的中国梦，就要以铸牢中华民族共同体意识为主线，把民族团结进步事业作为基础性事业抓紧抓好。我们要全面贯彻党的民族理论和民族政策，坚持共同团结奋斗、共同繁荣发展，促进各民族像石榴籽一样紧紧拥抱在一起，推动中华民族走向包容性更强、凝聚力更大的命运共同体。"① 2021 年习近平总书记在中央民族工作会议上进一步强调："做好新时代党的民族工作，要把铸牢中华民族共同体意识作为党的民族工作的主线。"②

近几年，国家有关部门根据中央的精神，加强了历史研究，注重考古学的发展，重视基础研究，加大了对包括民族文史在内的冷门绝学研究，也加大了民族交往交流交融和铸牢中华民族共同体意识的研究。2019 年成立中国历史研究院，我受聘为学术咨询委员会委员，2020 年国家民委和国家文物局联合编纂出版《中国少数民族文物图谱》，我被聘为编纂出版专家委员会成员，2021 年国家民委组织编纂《中华民族交往交流交融史》，我被聘为编纂委员会学术顾问。去年我完成了《中国少数民族文物图谱》4 个省的初编稿的审阅任务，对每卷都认真审读，做出评价，提出修改补充意见。我虽年至耄耋，对能有为国家尽力之事，为民族研究尽责之举，无不欣然承诺效力。

近年来，我根据习近平总书记重要讲话精神，结合自己的研究领域，撰写了一些论文。如《略论中国历史上民族政策演变趋势》（《光明日报》2020 年 6 月 22 日）一文，从中国历史上对少数民族地区所实行政策的发展变化出发，梳理出一些规律性的认识，显示出对少数民族地区治理政策的演变趋势："随着各民族的交往日益深入，中央王朝管辖范围逐步扩大，少数民族地区与中央王朝的关系越来越紧密；随着社会的进步和发展，中原王朝对民族地区管理越来越直接、具体、细密；随着各民族交往交流交融的增强，各民族在传承、保留一定民族特点的同时，共性越来越多。"最后提到："在新时代我国各民族应该顺应历史发展大势，

---

① 习近平：《在全国民族团结进步表彰大会上的讲话》，《人民日报》2019 年 9 月 28 日第 2 版。
② 习近平：《以铸牢中华民族共同体意识为主线推动新时代党的民族工作高质量发展》，《人民日报》2021 年 8 月 29 日第 1 版。

加强、深化交流与交融，提倡、促进各民族间经济、文化互动合作，不断铸牢中华民族共同体意识，促进各民族共同发展，共同实现中华民族伟大复兴的中国梦。"

60多年来，我发表的论著中有一部分是有关中国历史上的民族状况、民族关系、民族政策、民族文化、民族间交往交流交融等内容。其中有不少文章联系到当前的民族现实问题。这些论文是我长期调查、思考、研究民族历史文化的一些心得，涵括了我一以贯之的基本观点和论从史出的理念，这些文章对理解中国的民族历史文化、民族间的交往交流交融和铸牢中华民族共同体意识、凝聚中华民族认同或有些许参考价值。

2019年新中国成立70周年，我对与我密切相关的三个学科：西夏学、中国民族古文字研究、中国民族史研究70年来取得的巨大成就，特别是三大体系建设方面的进展做了总结和前瞻，分别撰写了3篇论文：《砥砺奋进　发展繁荣——新中国成立70年来中国西夏学三大体系建设刍议》《开拓创新，成就辉煌——中国民族古文字研究70年》《经世致用　砥砺前行——中国民族史研究七十年》。这些文章或许对了解上述三个学科的发展，对探讨民族间交往交流交融的研究有所助益。

# 重振历史学

陈育宁*

新中国成立后，在党的领导下，高度重视历史研究和历史学建设，取得一系列重要成果，历史学成为社会主义思想文化建设的重要部分。改革开放以来，我国历史工作者做了不懈的努力和探索，思想解放，理论创新，带动了中国历史学的发展，总体上取得显著成就。党的十八大以来，以习近平同志为核心的党中央把历史学的建设提升到实现中华民族伟大复兴的高度，从多方面予以积极推进。我们在实践中更清醒地认识到，中国话语、中国文化、中国自信，说到底都源于我们中国自己的历史道路，源于我们中国的历史传统，没有搞明白中国所走过的历史道路和形成的历史传统，就讲不出中国故事，就难以树立中国自信，就看不清我们的前景。我们的根基、优势和资源就在我们自己的历史里面。

## 历史学理论的新突破

中国历史的一个传统是"未尝离事而言理"，即"事"（史）和"理"（论）从来都是相依的，"理"离不开"事"的依据，"事"离不开"理"的引导。叙史总是带有叙述者的立场和观点，从而形成当时的史学理论概括。这也是我们今天所说的史论关系。中国传统历史学中生成的许多

---

\* 陈育宁，宁夏回族自治区银川市市委原书记，宁夏大学原校长兼党委书记、宁夏回族自治区政协原副主席，现为宁夏大学教授、博士生导师。

理论观点，维系了中国史学思维模式长达两千年之久，形成了许多好的传统，也出现了一些制约中国史学发展的思想桎梏。显然，史学的发展及其功能的发挥，离不开史学理论的提升和指引。

以习近平同志为核心的党中央在推进历史学的发展中，抓住的首要关键是重视和支持历史学理论的建设，坚持正确的学术导向，更加科学完整地提出关于认识中国历史、中华民族历史的理论和观点，指导中国历史学走向新阶段。

1988年，费孝通先生归纳提炼我国民族史学研究的成果，提出了"中华民族多元一体格局"的理论观点，对中华民族的形成及其结构特点作了宏观的理论概括。这一理论观点，符合中国历史实际，具有创新的学术价值，也具有实践指导意义。2014年在中央民族工作会议上，习近平同志充分肯定了以费孝通先生为代表的民族史学工作者的研究成果，他指出："我们讲中华民族多元一体格局，一体包含多元，多元组成一体，一体离不开多元，多元也离不开一体，一体是主线和方向，多元是要素和动力，两者辩证统一。"[①] 习近平同志的阐释，用通俗的语言，解读了中华民族历史发展的基本轨迹。中国历史自文明产生以来，逐渐形成了众多的民族。这些民族，出现有先有后，规模有大有小，存在的时间有长有短；他们有着不同的活动地域，不同的生产生活方式，不同的语言文化；但他们之间又不断发生着相互的交往交流交融。他们不约而同地不断向着中原经济富庶文化发达之地聚拢，在漫长的聚拢过程中，充实壮大了汉族，各民族之间的联系也越来越紧密，经济上互相依存，文化上互相吸收，活动地域上相互交错，血缘上渗透融合，你中有我，我中有你，分不开，打不散。天下一统成了众望所归，各民族逐步结合为一个相互依存的整体。当面临外来入侵的危机时，共同的命运把这个整体固化为一个真正的牢不可破的共同体——中华民族，各个民族都成为中华民族不可分离的成员。习近平同志在这次讲话中还指出："中华民族和各族的关系，形象地说，是一个大家庭和家庭成员的关系，各民族的关系

---

① 中共中央文献研究室编《习近平关于社会主义政治建设论述摘编》，中央文献出版社，2017，第150页。

是一个大家庭里不同成员的关系。"① 将"多元一体"的观点引进建设社会主义新型民族关系的指导思想中，成为我们认识和把握历史与现实民族关系的基本依据。

2017 年习近平同志在党的十九大报告中提出了"铸牢中华民族共同体意识"这个新的表述，大大强化了对中华民族作为"共同体"意义的认识，这是理论上的重要创新。过去我们较多地注重少数民族个体研究，完成了从民族识别到各民族历史文化语言的调查，这是完全必要的，为全面了解我国多民族的历史和现状打下了基础。改革开放以后，随着各民族的发展进步和理论认识的扩大深入，开始注重运用历史辩证的观点，把共同性与差异性、多元与一体、全局与局部紧密结合起来，把各个民族的演进置于中华民族和中国历史大背景及发展趋势中去认识。铸牢中华民族共同体意识的提出，使我们进一步认识到，不能局限于对一个民族地区、对一个民族的微观研究，不能过分强调个体的差异性和独特性，更要看到，在我国历史上，没有一个地区或一个民族能够脱离统一多民族国家而独立存在，"多元"中的任何一个都不是孤立的，他们都是在相互交融过程中既成为中华民族大家庭的一员，又形成了适合于本民族社会生活需要的文化形态。在"铸牢中华民族共同体意识"思想指导下，我们具有了历史的宏观发展眼光，厘清了各民族历史文化与中华文化的渊源关系。中华民族共同体是我国的历史之基、立国之本，没有对中华民族共同体的深入研究和深刻理解，就难以认识中国的各个民族，难以客观全面地认识中国历史。2021 年在中央民族工作会议上，习近平同志又进一步指出："铸牢中华民族共同体意识，就是要引导各族人民牢固树立休戚与共、荣辱与共、生死与共、命运与共的共同体理念。"② 铸牢中华民族共同体意识，不仅是我们总结历史经验的理论依据，也是今天治国理政的指导思想，是中华民族未来命运的必然路向，其前

① 中共中央文献研究室编《习近平关于社会主义政治建设论述摘编》，中央文献出版社，2017，第 150 页。
② 中共中央党史和文献研究院编《习近平关于社会主义精神文明建设论述摘编》，中央文献出版社，2022，第 93 页。

瞻性意义更深刻。

2021 年习近平同志在中央民族工作会议上提出"必须坚持正确的中华民族历史观"，将具有普遍意义的历史观问题，首次聚焦于中华民族，即坚持用唯物史观观察、分析、阐述中华民族形成发展的历史，实事求是地说明它的历史作用和地位。中华民族是在中国历史长期发展过程中形成的，是中国各个民族交融汇聚的多元一体，它历经考验，牢不可破。这是中华民族历史观的基本内涵，也是中国历史的基本特征，是我们认识中华民族的根本出发点和指导思想。坚持正确的中华民族历史观，使历史学建立在科学、实事求是的基础上；以铸牢中华民族共同体意识为主线，去认识、阐述历史，使成果更具学术价值和社会价值，这是我们历史学（包括民族史学）工作者的神圣使命。

概括起来，历史学（包括民族史学）理论指导上取得新突破的要点主要是：中华民族共同体的形成发展是中国历史的基本特征，铸牢中华民族共同体意识是中国历史研究的基本任务，中华民族历史观是研究中国历史的基本观点。

## 历史学建设的大举措

近年来，在历史学建设与发展上有许多大事。

2017 年 1 月 25 日中共中央办公厅、国务院办公厅发布的《关于实施中华优秀传统文化传承发展工程的意见》（以下简称《意见》），第一次以中央文件形式推动延续中华文脉、传承中华文化基因，对于促进历史学的建设是重大举措。《意见》指出："在 5000 多年文明发展中孕育的中华优秀传统文化，积淀着中华民族最深沉的精神追求，代表着中华民族独特的精神标识，是中华民族生生不息、发展壮大的丰厚滋养，是中国特色社会主义植根的文化沃土，是当代中国发展的突出优势，对延续和发展中华文明、促进人类文明进步，发挥着重要作用。"《意见》中强调："深刻阐明丰富多彩的多民族文化是中华文化的基本构成，深刻阐明中华文明是在与其他文明不断交流互鉴中丰富发展的，着力构建有中国底蕴、中国特色的思想体系、学术体系和话语体系。"① 《意见》对如何实施中华优秀传统文化传承发展工程提出了具体要求，还特别提出要保护传承少数民族特色文化，做好少数民族经典文献和汉族经典文献互译出版工作。

2019 年 1 月 3 日，中国社会科学院中国历史研究院在北京成立。中国历史研究院的成立，对于推进中国特色历史学学科建设、学术体系和话语体系建设，统筹指导全国历史研究工作，展示和传播中国历史文化，具有重要的标志性意义。习近平同志在贺信中指出："重视历史、研究历史、借鉴历史是中华民族 5000 多年文明史的一个优良传统。当代中国是历史中国的延续和发展。新时代坚持和发展中国特色社会主义，更加需要系统研究中国历史和文化，更加需要深刻把握人类发展历史规律，在对历史的深入思考中汲取智慧、走向未来。"这段话阐明了两个基本观点：第一，重视、研究、借鉴历史是中华民族的优良传统，也是我们的宝贵财富，要继承，要发扬；第二，走向未来离不开把握历史规律，汲取历史智慧。习近平同志在贺信中还指出："历史研究是一切社会科学的基础。"明确揭示了历史学科在"一切社会科学"中的基础地位，对于我们认识历史学和历史研究的重要性有了一个更加明确的定位和高度。②

2020 年 9 月 28 日，中共中央政治局举行第二十三次集体学习。2022 年 5 月 27 日，中共中央政治局举行第三十九次集体学习。习近平同志主持的这两次中央政治局集体学习，共同的题目是我国考古最新发现和中华文明探源工程，体现了党中央对我国考古工作特别是中华文明探源工程的高度重视和极大支持。习近平同志在主持两次学习时强调："考古工作是展示和构建中华民族历史、中华文明瑰宝的重要工作。认识历史离不开考古学。"③ "经过几代学者接续努力，中华文明探源工程等重大工程

---

① 《中共中央办公厅、国务院办公厅印发关于实施中华优秀传统文化传承发展工程的意见》，《人民日报》2017 年 1 月 26 日第 6 版。

② 《总结历史经验揭示历史规律把握历史趋势 加快构建中国特色历史学学科体系学术体系话语体系》，《人民日报》2019 年 1 月 4 日第 1 版。

③ 《建设中国特色中国风格中国气派的考古学 更好认识源远流长博大精深的中华文明》，《人民日报》2020 年 9 月 30 日第 1 版。

的研究成果，实证了我国百万年的人类史、一万年的文化史、五千多年的文明史。""要把中华文明起源研究同中华文明特质和形态等重大问题研究紧密结合起来，深入研究阐释中华文明起源所昭示的中华民族共同体发展路向和中华民族多元一体演进格局，研究阐释中华文明讲仁爱、重民本、守诚信、崇正义、尚和合、求大同的精神特质和发展形态，阐明中国道路的深厚文化底蕴。"① 习近平同志对考古工作及中华文明探源工程成就的重视和肯定，对于中国考古学、历史学建设、保护历史文化遗产和传承弘扬传统文化，意义深远。

2002 年，"中华文明起源与早期发展综合研究"项目正式立项。20年来，经过参加这一项目的 20 多个学科的 400 多位学者共同努力，中华文明探源工程取得了显著成果，尤以考古成就意义突出。如以浙江良渚遗址文化为代表，5000 年前，在黄河流域、长江流域范围里，一些地方有了发达的农业、精美的玉器、制陶技术及墓葬和土建工程，进入文明社会，形成文明古国。河南的二里头遗址，其宫殿建筑基址群为夏朝城址遗存，实证了距今有 4000 多年的夏王朝的存在。距今 4000 年左右的陕西石峁遗址，是已发现夏早期规模最大的城址。山西的陶寺遗址发现了4000 多年前规模空前的城址、宫殿等，被认为是帝尧都城所在。探源中华文明的成果，对中华文明起源、形成、发展的历史脉络，对中华文明多元一体格局的形成和发展过程，对中华文明的特点及其形成原因等，有了较为清晰的认识。实证了中国文明是一个原生、本土的文明，中华民族 5000 多年文明史是真实可信的历史，中华文明是多元一体、兼收并蓄、绵延不断，从而填补了中国历史上非常关键的一个时段的空白。这一研究成果冲破了冶金术、文字、城市"三要素"文明评判标准，提出了判断进入文明社会标志的中国方案，即四个普遍性特征：一是以农业和手工业为主的生产力，二是社会明显分化，三是城市的出现，四是存在王权。这一结论性认识为丰富世界文明起源研究理论做出了中国贡献。

1921 年首次在河南省渑池县仰韶村发现的仰韶文化遗址，是距今约

---

① 《把中国文明历史研究引向深入 推动增强历史自觉坚定文化自信》，《人民日报》2022年 5 月 29 日第 1 版。

7000 年至 5000 年黄河流域新石器时代的彩陶文化，它的发现和确认，标志着我国现代考古学的诞生。2021 年 10 月 17 日，习近平致信仰韶文化发现和中国现代考古学诞生 100 周年表示祝贺，贺信中提出，要"努力建设中国特色、中国风格、中国气派的考古学，更好展示中华文明风采，弘扬中华优秀传统文化"，为新时期中国考古学的发展指明了方向和目标。

2022 年 4 月，中共中央办公厅、国务院办公厅印发了《关于推进新时代古籍工作的意见》（以下简称《意见》）。我国丰富的古籍是中华历史文脉的主要载体。《意见》对古籍工作的重要意义、指导思想、主要目标做了充分阐述，对古籍工作体系的方方面面都提出了明确具体的要求。《意见》特别指出，要"推动少数民族文字古籍文献的抢救保护"。中央和国务院以这样高规格的正式文件形式，把古籍工作作为增强国家文化实力、建设文化强国的大事进行决策并做出规定，足以说明党和国家对古籍事业的高度重视。

2022 年 7 月 18 日，国家文物局、文化和旅游部、国家发展改革委、自然资源部、水利部联合印发了《黄河文物保护利用规划》。这是第一次以整个黄河流域为对象，从多方面、多角度对推进黄河文物保护利用进行了规划部署。黄河流域是中华文明起源和发展的核心地区，在我国 5000 多年文明史中，黄河流域有 3000 多年是全国政治、经济、文化中心。黄河流域文物资源丰富，沿黄 9 个省（区）共有不可移动文物 30 余万处，占全国的 39.73%。做好黄河文物保护利用，对于支撑黄河文化保护传承，延续历史文脉，坚定文化自信，都有深远意义。

2022 年 7 月 23 日，历时三年建设的中国国家版本馆落成。中国国家版本馆是国家版本资源总库和中华文化种子基因库，由中央总馆文瀚阁、西安分馆文济阁、杭州分馆文润阁、广州分馆文沁阁组成。中国国家版本馆将发挥版本典藏、展示、研究、交流功能作用，将古今中外载有中华文明印记的十大类版本资源纳入保藏范围。这里入藏的 1600 余万册、上万件展品，是中华文明的重要载体，绘就出延绵赓续的历史画卷。

另外，中央电视台《国家宝藏》《探索发现》《中国考古大会》《考古公开课》等专题节目，把中华文明、历史文物、考古发现的知识普及于社会大众，通过主流媒体，使中国优秀的传统文化进入千家万户，受到广大观众的喜爱。多省区出台的高考改革方案中，历史科目地位有所上升，成为文科生必备选择，显示了历史传统教育从基础上予以加强的导向。

此上列举的这些举措、成果，以及从党和国家层面上提出的要求，都在聚向一个目标，即加强历史学，重振历史学。

## 保持高度清醒　坚持正确学术导向

长期以来，西方史家在看待中国历史、中华民族历史的基本问题上，用唯心史观的观点曲解历史，配合政治需要，制造负面影响，越是在中国走向强大时，西方史观的宣扬越是甚嚣尘上。同时还要看到，受西方史观的影响，国内也时时有一些糊涂认识及错误言论，阻碍着我们对正确历史观的认识和理解。我们不能低估这个问题的严重性，必须保持学术思想的高度清醒，划清与西方史观的界限，坚持正确的历史观和学术方向。

西方史家在中国历史、中华民族历史的重大问题上，有几个代表性的观点。

一种观点是"内亚史观"。该观点于19世纪中期由欧洲学者提出，日本学者跟进解读，其主要观点是把中国仅限于所谓的"汉地"、"本土"（大体是长城以内明时期的领土）。与之相联系的一个错误观点叫"征服王朝论"，是1949年美国学者魏特夫第一次提出，后由日本学者进一步引申。这个理论的核心认为，中国北方民族所建立的王朝，都是独立于中国王统之外的政权，是外来的。美国学者后又抛出所谓"新清史"观点，主张清史研究要强调清朝满族统治的独立性，强调与历代中原汉族王朝的区别，强调内陆亚洲文化自成体系及在清帝国的地位和作用。这些错误观点实质都在于否认中国历史的多民族属性，割裂中国历史的连续性。

20世纪80年代以来，西方学界对中国西南边疆史研究的一系列著作认为，中央对西南边疆实施的是"殖民扩张""资源掠夺""文化覆盖"，其企图在于消解中国历史不断深化融合的整体性，弱化边疆的中国属性。同内亚史观等西方史观一样，目的在于淡化中华民族共同体意识，肢解中华民族共同体。

今天，我们有了历史学理论的新突破，有了历史学建设的大举措，我们头脑更清醒，底气更足，更加坚定了与西方历史观划清界限的自信，揭露其唯心史观的本质，批判其政治危害。我们要坚持用中华民族历史观真实地、客观地、全面地反映中华民族共同体形成的历史过程，客观地阐释统一多民族国家发展壮大的历史趋势。对于学术界出现的受西方史观影响的模糊认识和错误观点，也要保持清醒的头脑，严肃指出其错误及危害。

习近平总书记在党的二十大报告中指出，"坚守中华文化立场，提炼展示中华文明的精神标识和文化精髓，加快构建中国话语和中国叙事体系，讲好中国故事、传播好中国声音，展现可信、可爱、可敬的中国形象"，这也是历史工作者的光荣使命。由中国社会科学院中国历史研究院牵头组织实施的新编中国通史纂修工程，已纳入国家"十四五"规划，《中华民族史》《中华民族交往交流交融史》等标志性重大项目已经启动，中华民族共同体的历史和现实研究已经全面展开，共同体研究的基地建设已经开始，专业队伍有了壮大，新的成果正在出现。我们还要看到，一个时期以来，出现了历史学被淡化、边缘化的趋向，基础教育中历史教学有弱化的趋势，高等教育中历史专业有所萎缩。历史研究在一定程度上缺乏统筹规划，原创性精品力作少。有些研究方向不明，有些研究标准不高，缺少创新发展，理论研究欠缺，宏观研究薄弱。一些影视文艺作品在历史题材上的"戏说"编造和误导，对历史学的社会功能带来一些不良影响。这些现象值得我们高度重视。要抓住有利时机，统一思想认识，落实必要措施，认真加以解决，积极推动中国历史学的发展，相信重振历史学的局面一定到来。

# 南家与染干*

## ——兼论tabɣač之词源

苏 航**

**摘　要**　北朝时期鲜卑语中指称中原人群的"染干"与金代女真语中指称"汉儿"的"粘罕"同源。"粘罕"与"南家"音近，但宋金时期的"南家"并非北族语的音译，而是汉语自有词。将"家"与部族或族类名称合用以指某一人群，或将之与方位词合用以指某一方位的政治集团的用法，不仅见于宋金，也见于三国至南北朝时期。此一时期还可以看到大量北族以"南"指称其南方的政权和人群的例证。因此，"南家"一词于此时可能即已存在。《魏书》中的"南夏"可能即为此词之雅饰，而其被借入鲜卑语以后，可能即演变为"染干"。突厥语中用来指称中原的单词tabɣač亦可能来源于此词。

**关键词**　南家；南夏；染干；tabɣač

宣和七年（1125）十一月宋使马扩与金将粘罕议交割蔚应二州并力促宋金和好，粘罕云："你说得也煞好，只是你南家说话多生捎空。"① 伯希和谓"当时粘罕所说的必不是汉语，可是马扩记下来的必是北方降金的

---

\*　本文初稿曾刊载于《桑榆启晨——史金波先生八十寿辰纪念论文集》（甘肃文化出版社，2021），本文除补充了有关南家的材料以外，又增加了关于tabɣač的讨论。在本文的写作过程中，蒙孙伯君、温拓、党宝海、康鹏、付马、胡鸿、陈春晓等师友指教，受益良多，特此致谢！

\*\*　苏航，中国社会科学院民族学与人类学研究所副研究员。

① （宋）马扩：《茅斋自叙》，（宋）徐梦莘：《三朝北盟会编》卷22，上海古籍出版社，1987，第162页下栏。

汉人翻译的汉语",由此知金朝境内的汉人呼宋人为"南家",此词后又以 Nankiās、Nangkiyas 的形式传入蒙古语,再传入满语则为 Nikasa 和 Nikan (尼堪)。① 对此问题唐均近年又有新论,认为"南家"最早的词源是北魏时期拓跋鲜卑语中的"染干",传入女真语为 *ńamχan(汉语音译为"粘罕")、*ńiχa(汉语音译为"泥哈"),传入汉语为"南家""乌家",经"南家"传入蒙古语又有 Nangās、Nankiās 等多种形式。此外,"染干"又与 *ńiqam 为同词异形,后者即为满语 Nikan 之词源。② 按《大金国志》谓粘罕小名"鸟家奴",③《松漠纪闻》则作"乌家奴",④ 辽金时人常以姓氏加"家奴"为名,如耶律陈家奴、⑤ 萧韩家奴、⑥ 蒲家奴、⑦萧冯家奴⑧等,"乌"作为姓氏远较"鸟"常见,然则或以"乌家奴"近实。又,*ńiqam 一词系以清人改窜本《松漠纪闻》所书之"尼堪"的中古音为据,似不足凭。但"染干"(汉语中古音 [*nźĭɛmkɑn])与"粘罕"(汉语中古音 [*nĭɛmχɑn])之勘同则颇为可能,后文复当详论,不过关于南家源自染干的结论仍存在疑点,本文以下即从此入手,对"南家"一词的出现、它与染干的关系以及它在北族语言中的演变加以探讨。

## 一 汉语中的"南家"

关于南家与染干的关系,我们的疑问是:"南家"果真并非汉语,而

---

① 参见〔法〕伯希和《南家》,冯承钧译,载《西域南海史地考证译丛二编》,商务印书馆,1962,第71—73 页。
② 参见唐均《跋伯希和〈南家〉》(Encore à propos du nom «Nankiās» noté par Paul Pelliot),《中西文化交流学报》(Journal of Sino-Western Communications)第 7 卷第 2 期,2015,第119—124 页。
③ 旧题(宋)宇文懋昭撰,崔文印校证《大金国志校证》卷 27《开国功臣传·粘罕》,中华书局,1986,第 379 页。
④ (宋)洪皓:《松漠纪闻》,赵永春辑注《奉使辽金行程录》(增订版),商务印书馆,2017,第 315 页。
⑤《辽史》卷 95《耶律陈家奴列传》,中华书局,2016,第 1529 页。
⑥《辽史》卷 96《萧韩家奴列传》,第 1539 页。
⑦《金史》卷 1《本纪第一·世纪》,中华书局,2020,第 14 页。
⑧《金史》卷 5《本纪第五·海陵》,第 114 页。

只是北语的音译吗？前引《茅斋自叙》同条又记粘罕云："山前山后，乃是我家旧地，更说做甚？你家地土，却须罚取些来，方可是省过也。"同书又记："阿骨打谓曰：'契丹国土十分我已取其九，只有燕京一分地土，我着人马三面逼着，令汝家就取，却恁生受，奈何不下？初闻南军已到泸沟河，已入燕，我心下亦喜，南家故地，教他收了，我与他分定界至，军马归国，早见太平。近闻都统刘延庆一夜走了，是甚模样？'"又《虞尚书采石毙亮记》云："诸酋诈作南军劫寨，直趋（完颜）亮寝帐。……诸酋引弓射，亮被伤起，弯其弓曰：'汝是南家人？抑亦我家人？'答曰：'我家人。'"①

以上"你家""汝家""南家""我家"并用，足见"南家"二字各有其义。金人每呼宋人为"南人"，宋朝为"南朝"，宋军为"南军"，②"南家"之"南"当取义于此。而以"家"称某一人群更为中古汉语习见的用法，如唐末活动于河西的"龙家"在敦煌汉文文书 S.367 光启元年（885）《沙州伊州地志》残卷中又称为"龙部落"。③辽金之际的例子更多，比较集中的例子见范仲熊《北记》："途中与燕人同行，因问此中来者是几国人？共有多少兵马？其番人答言：'比（此）中随国相来者，有达靼家，有奚家，有黑水家，有小葫芦家，有契丹家，有党项家，有黠戛斯家，有火石家，有回鹘家，有室韦家，有汉儿家，共不得见数目。……'"④由此可断言"南家"乃一汉语词，绝非音译。那么此词最早出现在什么时代呢？

汉语"家"字用法甚多，除一般地指家庭外，亦可指人（如此家、官家、大家），指机构（如州家、台家、兵家），⑤指王朝（如汉家、晋

① （宋）徐梦莘：《三朝北盟会编》卷 12、22、241，第 84、162、1734 页。
② 除上引文外详见刘浦江《说汉人——辽金时代民族融合的一个侧面》，《民族研究》1998 年第 6 期，第 57—59 页。
③ 参见荣新江《龙家考》，陈高华、余太山主编《中亚学刊》第 4 辑，北京大学出版社，1995，第 144—145 页。
④ （宋）徐梦莘：《三朝北盟会编》卷 99，第 730 页。此外西夏亦称"河西家"，女真亦称"女真家"，相关讨论参见贾敬颜《民族历史文化萃要》"宋辽金西夏之称家"条，吉林教育出版社，1990，第 64 页。
⑤ 参见周一良《魏晋南北朝史札记》"家"条，中华书局，1985，第 14—16 页。

家、齐家），指学派（如儒家、道家、法家），又可指姓某之人，如《周书·文帝纪上》云："初，贺拔岳营于河曲，有军吏独行，忽见一老翁，须眉皓素，谓之曰：'贺拔岳虽复据有此众，然终无所成。当有一宇文家从东北来，后必大盛。'言讫不见。此吏恒与所亲言之，至是方验。"① 这里的"宇文家"当指宇文泰。但《魏书·尔朱兆传》中的"尔朱家"可能就不止是指尔朱兆，而是包括了其所领的部众："兆轻兵倍道从河梁西涉渡，掩袭京邑。先是，河边人梦神谓己曰：'尔朱家欲渡河，用尔作灅波津令，为之缩水脉。'"②《周书·柳庆传》中的"胡家"就更是胡人之谓："有胡家被劫，郡县按察，莫知贼所，邻近被囚系者甚多。庆以贼徒既众，似是乌合，既非旧交，必相疑阻，可以诈求之。乃作匿名书多榜官门曰：'我等共劫胡家，徒侣混杂，终恐泄露。今欲首，惧不免诛。若听先首免罪，便欲来告。'庆乃复施免罪之榜。"③ 此点与《北史·齐本纪中·废帝》"文宣每言'太子得汉家性质，不似我'，欲废之"中的"汉家"对比，④ 就更加清楚了。结合前面几个例子，似乎前举宋金时代以部族或族类名称加上"家"以指该部族或族类人群的用法，在南北朝时期就已经出现了。

《三国志·吴书·鲁肃传》载鲁肃向关羽责备刘备一方争夺江东土地云："国家区区本以土地借卿家者，卿家军败远来，无以为资故也。"⑤ 此处"卿家"犹前引宋金时"汝家"，指对方政治集团。同书《蜀书·张嶷传》载其与诸葛瞻书，称吴主为"东主"，又称"东家纲纪肃然，上下辑睦"，⑥"东家"指孙吴政权。⑦《隋书·五行志上》引北齐末民谣："邺中又有童谣曰：'金作扫帚玉作把，净扫殿屋迎西家。'未几，周师入

---

① 《周书》卷1，中华书局，2022，第6—7页。
② 《魏书》卷75，中华书局，2017，第1798页。
③ 《周书》卷22，第407页。
④ 《北史》卷7，中华书局，1974，第263页。
⑤ 《三国志》卷54，中华书局，1959，第1272页。
⑥ 《三国志》卷43，第1054页。
⑦ 此二条的讨论可参见甘怀真《皇权、礼仪与经典诠释：中国古代政治史研究》，华东师范大学出版社，2008，第163—164页。

邺。"① 可见宋金时期"家"和方位名词结合指该方位政治集团的用法，也早已见诸魏晋南北朝时期。

不仅如此，宋金时以"南"指称南方政权的现象在北魏时已是如此。在北魏史籍中我们很容易看到与"南"有关的词语，如"南人""南士""南贼""南虏""南俘""南兵""南军""南土"等，用来指鲜卑政权以南的汉人及与其相关的事物，其例至夥，无暇穷举，我们只举《魏书·崔浩传》中的例子来说明这个问题。神䴥二年（429），北魏太武帝欲击蠕蠕（柔然），张渊反对，以为其"轻疾无常，难得而制"，崔浩反驳他："夫以南人追之，则患其轻疾，于国兵则不然。何者？彼能远走，我亦能远逐，与之进退，非难制也。"这里的"南人"似乎是泛指农耕汉人之众，但该传文续云："既罢朝，或有尤浩者曰：'今吴贼南寇而舍之北伐。行师千里，其谁不知。若蠕蠕远遁，前无所获，后有南贼之患，危之道也。'浩曰：'不然。今年不摧蠕蠕，则无以御南贼。自国家并西国以来，南人恐惧，扬声动众以卫淮北。彼北我南，彼劳我息，其势然矣……'"② 可见崔浩所说的"南人"是指南方政权辖下之人，并非北魏治下汉民，这种用法和金人称宋人为"南人"颇类。

然而在更早的北魏太祖时期，南人的范围又有不同。《魏书·燕凤传》载其出使前秦时对苻坚说："北人壮悍，上马持三仗，驱驰若飞。主上雄俊，率服北土，控弦百万，号令若一。军无辎重樵爨之苦，轻行速捷，因敌取资。此南方所以疲弊，而北方之所常胜也。"③ 同书《王建传》云："从破慕容宝于参合陂。太祖乘胜将席卷南夏，于是简择俘众，有才能者留之，其余欲悉给衣粮遣归，令中州之民咸知恩德。乃召群臣议之。建曰：'慕容宝覆败于此，国内虚空，图之为易。今获而归之，无乃不可乎？且纵敌生患，不如杀之。'太祖谓诸将曰：'若从建言，吾恐后南人创乂，绝其向化之心，非伐罪吊民之义。'"④《燕凤传》中的"南

① 《隋书》卷 22，中华书局，2019，第 709 页。
② 《魏书》卷 35，第 905—906 页。
③ 《魏书》卷 24，第 683—684 页。
④ 《魏书》卷 30，第 792 页。

方"指代国以南地区,而《王建传》中的"南人",无疑是指慕容氏后燕统治下的"中州之民"。据此,北魏应是将不属自己统治的南方人称为"南人",早期的"南人"包括中原和关中人,但随着北魏治域的南扩,"南人"的范围也继续向南方移动。

"南"的这种用法也见于慕容鲜卑的早期历史当中。《晋书·慕容廆载记》云:"时二京倾覆,幽冀沦陷,廆刑政修明,虚怀引纳,流亡士庶多襁负归之。廆乃立郡以统流人,冀州人为冀阳郡,豫州人为成周郡,青州人为营丘郡,并州人为唐国郡。……时平州刺史、东夷校尉崔毖自以为南州土望,意存怀集,而流亡者莫有赴之。"① 《资治通鉴》"南州土望"改作"中州人望",② 可见所谓"南州",反映的是辽西慕容政权的视角。《史记·匈奴列传》载冒顿与汉书云:"诸引弓之民,并为一家。北州已定",③ 是北族中北北族而南中原,或自古即然。

这样看来,十六国北朝时期,北方鲜卑集团在使用汉语时大概是用冠以"南"的词来指南方政权及其治下的人民的,"家"在当时如果已经被用来指称政权和族类,且可和方位名词连用,那么"南家"一词可能在此时即已出现。

## 二 "南家"与"南夏"

然而在北魏时期及此前的材料中并未发现"南家"一词,而常见的用来指称中原地区且与"南"相关的词是前引《魏书·王建传》中提及的"南夏"。如《魏书·序纪》:"爰历三代,以及秦汉,獯鬻、猃狁、山戎、匈奴之属,累代残暴,作害中州,而始均之裔,不交南夏,是以载籍无闻焉。"④ 此处和《王建传》一样,皆以"南夏"与"中州"同义对举,则南夏即相当于一般所谓的中夏、诸夏。

---

① 《晋书》卷108,中华书局,1974,第2806页。
② 《资治通鉴》卷91,中华书局,1956,第2872页。
③ 《史记》卷110,中华书局,2014,第3501页。
④ 《魏书》卷1,第1页。

汉籍中本有"东夏""西夏""南夏"的用法，分指关东、关中和中原南部或南方地区，[①] 如《周书·武帝纪下》载建德六年（577）四月己巳诏曰："东夏既平，王道初被，齐氏弊政，余风未殄。"[②]《魏书·胡叟传》："字伦许，安定临泾人也。世有冠冕，为西夏著姓。"[③]《后汉书·袁绍刘表传》云："（袁）绍姿弘雅，（刘）表亦长者。称雄河外，擅强南夏。"[④]《三国志·吴书·贺邵传》载邵上孙皓疏云："昔大皇帝勤身苦体，创基南夏，割据江山，拓土万里，虽承天赞，实由人力也。"[⑤]《晋书·羊祜传》云："帝将有灭吴之志，以祜为都督荆州诸军事、假节，散骑常侍、卫将军如故。祜率营兵出镇南夏，开设庠序，绥怀远近，甚得江汉之心。"[⑥] 总而言之，不论"东夏""西夏"，还是"南夏"，皆指华夏之一部而已；而拓跋鲜卑中所用"南夏"则是将中原"诸夏"整体视为南方之域，这样的一种构词方法与汉籍中的传统用法不同。表面上看起来，"南夏"似乎和"南人"等词按照同样的构词方式创制，但实际上并非如此。盖"人"为泛指，非加"南"不足以明其范围，这与传统用法的"东夏""西夏""南夏"，不加方位不明其具体区域反而更为相似；而"夏"为特指，不加"南"亦足明其方位，《魏书》中又多有"中夏""诸夏"等汉文传统以"夏"指称中原之词，如《魏书·张衮传》记其永兴二年（305）上疏云："方今中夏虽平，九域未一。"[⑦]《崔浩传》载神瑞二年（415）崔浩与周澹谏太宗迁都于邺云："今居北方，假令山东有变，轻骑南出，耀威桑梓之中，谁知多少？百姓见之，望尘震服。此是国家威制诸夏之长策也。"[⑧]《太祖纪》载天兴元年（398）六月丙子诏

---

① 参见胡阿祥《吾国与吾名：中国历代国号与古今名称研究》，江苏人民出版社，2018，第327—328页。
② 《周书》卷6，第108页。
③ 《魏书》卷52，第1263页。
④ 《后汉书》卷74下，中华书局，1965，第2425页。
⑤ 《三国志》卷65，第1458页。
⑥ 《晋书》卷34，第1014页。
⑦ 《魏书》卷24，第688页。
⑧ 《魏书》卷35，第896页。

书云："天下分裂，诸华乏主。"① "诸华"亦"诸夏"之变。此点在慕容鲜卑中亦然，如《晋书·慕容廆载记附韩恒传》记其于群僚博议之际云："自群胡乘间，人婴荼毒，诸夏萧条，无复纲纪。"② 如果说慕容皝致庾冰书中所说"方今四海有倒悬之急，中夏逋僭逆之寇"是站在东晋立场上的说辞尚不足为据的话，③ 那以上所举数例皆鲜卑内部之正式陈辞，足见鲜卑中并不忌讳称中原为"中夏""诸夏"，那么北方鲜卑人中的汉人文士又何必特别创制不合传统的"南夏"一词呢？是否当时鲜卑人以"北夏"自视，遂又称中原为南夏呢？

《魏书·官氏志》："魏氏世君玄朔，远统□臣，掌事立司，各有号秩。及交好南夏，颇亦改创。"④《释老志》："魏先建国于玄朔，风俗淳一……及神元与魏、晋通聘，文帝久在洛阳，昭成又至襄国，乃备究南夏佛法之事。"⑤ 可见北魏相对于南夏自称玄朔，并不称北夏。玄朔又称幽都，如《太祖纪》载天兴元年（398）六月丙子诏曰："昔朕远祖，总御幽都，控制遐国，虽践王位，未定九州。"⑥《礼志四之一》载天兴元年即位告祭天地辞："上天降命，乃眷我祖宗，世王幽都……平慕容，定中夏。"⑦ 幽都与九州、中夏相对，玄朔亦然。《良吏传·张恂》记其对拓跋珪云："大王树基玄朔，重明积圣，自北而南，化被燕赵。今中土遗民，望云冀润。宜因斯会，以建大业。"⑧《礼志一》载太和十五年（491）正月穆亮等议北魏五行德运事云："伏惟皇魏世王玄朔，下迄魏、晋、赵、秦、二燕虽地据中华，德祚微浅，并获推叙，于理未惬。"⑨《尚书·尧典》："申命和叔，宅朔方，曰幽都。"孔颖达注曰："北称朔，亦称方，

---

① 《魏书》卷2，第36页。
② 《晋书》卷110，第2843页。
③ 《晋书》卷109《慕容皝载记》，第2821页。
④ 《魏书》卷113，第3231页。
⑤ 《魏书》卷114，第3292页。
⑥ 《魏书》卷2，第36页。
⑦ 《魏书》卷108之一，第2986页。
⑧ 《魏书》卷88，第2056页。
⑨ 《魏书》卷108之一，第2999页。

言一方则三方见矣。北称幽，则南称明，从可知也。"① 是玄朔、幽都，皆指"广漠之野，畜牧迁徙，射猎为业，淳朴为俗，简易为化，不为文字，刻木纪契而已"的北土，② 未被华风，不列九州。可见鲜卑既不自视北夏，也不忌讳以中夏、中华与玄朔、幽都对举，所以南夏的创制可能别有机缘。

《魏书·序纪》记："（神元皇帝）五十八年（277），（晋）方遣帝（沙漠汗）。始祖（力微）闻帝归，大悦，使诸部大人诣阴馆迎之……乃相谓曰：'太子风彩被服，同于南夏……'"③ 此处诸部大人之辞当源于鲜卑口语，但汉人文士得以直接利用的资料，恐怕是早已在代北地区汉人当中流传的汉语民间版本，我们很难相信在这样的文本中会用到文绉绉的"南夏"一词，其本来面目或许就是北边汉人口语中的"南家"，"南夏"或为其雅饰之辞。盖鲜卑中汉语早有以南家指称中原之习，及其与中原交往渐深，需形诸文辞之际，则不仅使用中原传统的中夏、中华等词，亦缘其自身习语而改制南夏一词，不合传统的南夏之所以能够产生且概指中原，即由此乎？

《晋书·慕容德载记》云："（慕容）宝既嗣位，以德为使持节、都督冀兖青徐荆豫六州诸军事、特进、车骑大将军、冀州牧，领南蛮校尉，镇邺，罢留台，以都督专总南夏……寻而宝以德为丞相，领冀州牧，承制南夏。"④《资治通鉴》记此事作："燕人有自中山至龙城者，言拓跋涉珪衰弱，司徒（慕容）德完守邺城。会德表至，劝燕主（慕容）宝南还，宝于是大简士马，将复取中原。遣鸿胪鲁邃册拜德为丞相、冀州牧，南夏公侯牧守皆听承制封拜。"⑤ 此处"南夏"亦指"中原"。《通鉴》拓跋珪称"涉珪"多见于后燕人语，⑥ 故此条中"南夏"或亦为燕人之辞。

① （唐）孔颖达等：《尚书正义》卷2，（清）阮元校刻《十三经注疏》，中华书局，1980，第119页下栏。
② 《魏书》卷1《序纪》，第1页。
③ 《魏书》卷1，第4页。
④ 《晋书》卷127，第3162—3163页。
⑤ 《资治通鉴》卷109，第3460页。
⑥ 参见《资治通鉴》卷108，第3421页；卷109，第3442、3444页；卷110，第3463页。

若"南夏"果为"南家"之雅语，则以"南家"称中原或为鲜卑人中通行做法，不限于拓跋鲜卑。

南夏虽缘南家而生，因在官方文书中频频用来与玄朔、幽都这样的古典对举，反而在史籍中留下了痕迹，而口语中的南家，却在历史长河中湮没无闻了。这并不奇怪，金朝时期的"南家"若非当时人所记录的口语材料被保存下来，恐怕也难逃同样的命运。"南家"也端赖隐迹于"南夏"之中，才得以让我们今日犹可遥揣其当日的形容。我们说"南夏"缘"南家"而制，还有另外的证据，而这个证据或许就隐藏在"染干"之中。

## 三　"南家"与"染干"

关于"染干"的词源，陈述以为乃出鲜卑语对"汉"字的"缓读"。[①] 但"染干"之中古音 [*nzǐemkan] 与"汉"字中古音 [*xan] 声韵悬隔，不知"汉"字如何缓读可得"染干"之音？若以"干"应"汉"，则"染"字又作何解？陈说语焉不详，难为确论，所以我们不妨看看另一种可能性。

《松漠纪闻》云："粘罕者，吴乞买三从兄弟，名宗翰，小名乌家奴，本曰粘罕，言其貌类汉儿也。"[②]《北史·王宪附曾孙昕传》云："尝有鲜卑聚语，崔昂戏问昕曰：'颇解此不？'昕曰：'楼罗，楼罗，实自难解。时唱染干，似道我辈。'"[③] 而北朝时"鲜卑谓中国人为汉"，[④] 亦称"汉儿"，[⑤] 是"染干"与"粘罕"同义。同时，"染干"[*nzǐemkan] 所对应的鲜卑语可拟为 *ńamqan，而"粘罕"[*nǐemxan] 所对应的女真语可

---

① 参见陈述《汉儿汉子说》，《社会科学战线》1986 年第 1 期，第 295 页。
② 《松漠纪闻》，第 315 页。"粘罕"意指"汉儿"尚有多例，参见孙伯君《金代女真语》，辽宁民族出版社，2004，第 237—238 页。
③ 《北史》卷 24，第 884 页。
④ 《资治通鉴》卷 167 胡三省注，第 5180 页。
⑤ 参见贾敬颜《"汉人"考》，费孝通主编《中华民族多元一体格局》（修订本），中央民族大学出版社，1999，第 170—172 页。

拟为 * ñamχan，北族语中的 q、χ 往往可以互转，并不构成音位区别，是二词又为同音。这样看来，"染干"和"粘罕"确如唐均所言，本出同源。

然则此词自北朝起就一直指称"汉儿"，和"南家"的人群范围一致。"南家"既与"染干"同指，且中古音为 [ * nɒmka]，与"染干"音韵接近，若非如唐均所云为后者之音译，那么"染干"可能反而是"南家"的音译。蒙古语往往会在末尾开音节的人名、部名之后加上 - n，如"河西"（Qasi）作"合申"（Qasin），"康里"（Qangli）作"康邻"（Qanglin），"布特哈"（Budqa）作"布特干"（Budqan）之类。① 女真语中 - n 可为形容词、名词词缀，与不加 - n 的词同义，如 * biran/bira（河）、* čaučirin/čaučiri（帐房）、* holdon/holdo（松）等。② 《金史·宗翰列传》云："宗翰本名粘没喝，汉语讹为粘罕。"③ 《日下旧闻考》谓"粘没罕（喝）"即满语尼马哈 nimaha（鱼），④ 并没有谈及与"粘罕"在音义上的关联，恐怕纯属据音臆测。宋金时汉语诗词曲中 - m 韵尾与 - n 韵尾通押的情况并不少见，虽然这不能说明二者已经无别，但在一些方言口语中恐怕难免混淆，⑤ 而且"粘罕"的"罕" [ * xan] 的声母是舌根音，可能更会引发"粘"的韵尾向 - n 靠拢。"粘没喝"与"粘罕"既然为同词异音，"没"可能正是在这种情况下用来强调 - m - 这个音的。果如此，则二者实分别相当于 ñamqa 与 ñamqan，显示该词的尾音 - n 与前述蒙古语和女真语诸词一样，并不固定。鲜卑语与蒙古语关系密切，

---

① 参见亦邻真、陈晓伟译《额济纳 阿拉善 杭锦》，《元史论丛》第 14 辑，天津古籍出版社，2014，第 197 页；亦邻真、陈晓伟译《额尔古纳·巴尔虎·布特哈》，《中国边疆民族研究》第 6 辑，中央民族大学出版社，2013，第 309 页。

② 参见孙伯君《金代女真语》，第 186 页。

③ 《金史》卷 74，第 1799 页。

④ 参见于敏中等编纂《日下旧闻考》卷 69，北京古籍出版社，1985，第 1162 页；聂鸿音《用作译音的"粘"字》，《语文建设》1998 年第 10 期，第 22 页。

⑤ 参见鲁国尧《论宋词韵及其与金元词韵的比较》，《鲁国尧自选集》，河南教育出版社，1994，第 147 页；郑国火《从宋代闽赣词人用韵看 - m 的转化》，《吉安师专学报》（哲学社会科学版）1999 年第 1 期，第 16—19 页；张建坤《金代古代诗用韵研究》，《现代语文》（语言研究版）2014 年第 12 期，第 19 页；刘云憬《金代北曲用韵考》，《南大戏剧论丛》2014 年第 1 期，第 58、68 页。

具有同源关系,① 然则鲜卑语中或亦有 ńamqa/ńamqan 两种形式,汉语
"染干"当译自后者,而 ńamqa 与"南家"相比,仅首辅音微异。鲜卑语
存在首辅音 n－及其颚化形式 ń－,但以 n－开头的词极为罕见,出现在
单词开头位置的前鼻音绝大多数采用颚化的形式 ń－。② 对此巴赞指出,
前突厥语除了一些以 nä－开头的不定疑问代词以外,没有以 n－开头的
词,而蒙古语中以 n－开头的词与突厥语中以 y－开头的词形成同源对应
的关系,则它们共同的早期形式应是前蒙古语中的 ń－,③ 鲜卑语无疑反
映了此一语音特征。"南家"若果被借入鲜卑语,因鲜卑人与汉人之接触
至为密切,必被频繁提及,则其首辅音若不按鲜卑人更为熟悉的方式发
作 ń－,反倒难以理解了。汉语词借入他语后发生音变,再音译入汉语时
而与原语颇有参差之例甚多,如详稳(将军)、福晋(夫人)、宰桑(宰
相)之类,史不绝书,染干或亦如此。这样看来,"染干"为"南家"
之借词在音义上都是完全说得通的。若果如此,则"染干"就成为"南
家"隐迹的另一种形式了。前述《魏书·序纪》诸部大人口中"南夏"
的原语,很可能就是"染干"。若其果为"南家"之借词,其在北边汉人
口语中被对译为"南家"即再自然不过。这也为我们"南夏"缘"南
家"而制的看法提供了另一个支撑。

"南家"如果真被借入鲜卑语,又会发生在什么时间呢?前燕慕容暐
建熙十年(369)有"虎贲中郎将染干津",④ 后燕慕容宝永康二年
(397)时有"吴提染干",⑤ 北魏道武帝拓跋珪(371—409)之舅姓贺

---

① 参见 Andrew Shimunek, *Languages of Ancient Southern Mongolia and North China: A Histori-cal-Comparative Study of the Serbi or Xianbei Branch of the Serbi-Mongolic Language Family, with an Analysis of Northeastern Frontier Chinese and Old Tibetan Phonology*, Wiesbaden: Harrassowitz Verlag, 2017;刘迎胜《"拓跋"与"桃花石"("條贯主")两名关系新探》,《西北民族研究》2022 年第 3 期。

② 在巴赞所列以前鼻音起始的鲜卑语词中 n－仅有一例,余皆为 ń－,参见 Louis Bazin, "Recherches sur les parlers T'o-pa(5e siècle après J. C.)", *T'oungPao*, v. XXXIX, pp. 235, 247, 262–265, 271, 328。

③ 参见 Louis Bazin, ibid., pp. 247, 271。

④ 《资治通鉴》卷 102,第 3217 页。

⑤ 《资治通鉴》卷 109,第 3448 页。

名染干，① 南凉秃发傉檀（365—415）有子名染干。② 北族往往有以异族之名为人名者，③ 鲜卑似亦有此俗，如"羯儿""吴儿""契胡提"之类。④ 又北周《贺兰祥墓志》载诸子名"吴提""吐蕃提""厌带提""库莫奚""契单大"，更为显例，⑤ 则前述以"染干"为名者或亦属此类。《贺兰祥墓志》中的"吴提"与"吐蕃提"等以族入名的名字并列，其"吴"当即指"吴地"，然则"吴提"正对应于"汉语"中的"吴儿"。汉语中指称南方地区的"吴"既已于 4 世纪后期成为鲜卑人的姓名，则指称中原地区的"南家"之借入鲜卑语应较"吴"更早。如果《魏书·序纪》诸部大人果已用"染干"指称中原，考虑到传说产生的时代通常晚于其所述说的时代，那么"南家"一词至迟在神元末年（277）之后的 3 世纪末至 4 世纪前叶就已经被借入鲜卑语中了。进一步往前追溯的话，乌桓自西汉以来盘桓塞表，鲜卑自东汉以后称雄塞外，"灵献之间，二虏迭盛，石槐骁猛，尽有单于之地，蹋顿凶桀，公据辽西之土"，汉末"幽、冀吏人奔乌桓者十余万户"，⑥ 鲜卑轲比能"部落近塞，自袁绍据河北，中国人多亡叛归之"，⑦ 且"汉人逋逃，为

---

① 参见《北史》卷 13《后妃传上·献明皇后贺氏》，第 492 页。此外，《魏书》《北史》对贺染干多有记载，此不缀。
② 《晋书》卷 126《秃发傉檀载记》，第 3154 页。
③ 东晋谢朗小名胡儿，其从弟谢玄小名羯（《世说新语》作"遏"），参见（南朝宋）刘义庆著，（南朝梁）刘孝标注，余嘉锡笺疏，周祖谟等整理《世说新语笺疏》（修订本），上海古籍出版社，1993，第 131、235、524、914 页；《晋书》卷 79《谢安附谢韶传》，第 2087 页；卷 96《列女传·王凝之妻谢氏》，第 2516 页。但南朝人小名以异族名者目前仅见此兄弟二例（参见彭勃《汉魏六朝人小名、小字研究》，硕士学位论文，南京大学，2016，《汉魏六朝人小名、小字与正名和正字对照表》，第 54—58 页），似非常例。
④ 略阳王羯儿，参见《魏书》卷 16《道武七王传·河间王修附略阳王羯儿》，第 463 页（他处记载尚多，兹不赘）；长孙吴儿，参见《魏书》卷 26《长孙肥附吴儿传》，第 733 页；陆延，字契胡提，参见《魏书》卷 30《陆真附子延传》，第 813 页。
⑤ 参见罗新、叶炜编《新出魏晋南北朝墓志疏证》（修订本），中华书局，2016 年，第 238 页。其名中的"大""提"当即相当于后世蒙古语人名后缀 tai/tei，参见苏航《西夏语札记三则》，中国社会科学院民族学与人类学研究所编《薪火相传——史金波先生 70 寿辰西夏学国际学术研讨会论文集》，中国社会科学出版社，2012，第 106 页。
⑥ 《后汉书》卷 90《乌桓鲜卑列传》，第 2984、2994 页。
⑦ 《三国志》卷 30《魏书·乌丸鲜卑东夷传》，第 838 页。

之谋主",① "教作兵器铠楯,颇学文字",② 足见汉人没入其中者甚众,且具有相当文化影响。考虑到居于北地,南指中原及以方位词加上"家"指某方位之政权的用语习惯于这一时期已经出现,则"南家"一词如出此辈,似亦非无可能。然则"南家"之产生和被借入鲜卑语的时间可能还要早于3世纪中叶。

## 四 余论:"南家"与tabɣač

"染干"最晚的用例见于突厥启民可汗之名,③ 显示"染干"似不限于鲜卑语。现存突厥鲁尼文碑刻所见突厥语辅音中虽有ń,却并不用于词首,④ 故启民之名或非突厥语固有之词。突厥向与鲜卑、柔然关系密切,且启民之伯父沙钵略娶北周千金公主,鲜卑文化对于当时突厥必有所影响,当可断言,然则启民之名染干,或仍得自鲜卑语词。

然而"南家"一词或许还以另一种形式存在于突厥语中。众所周知,古突厥语称唐朝为tabɣač,该词早在7世纪即已作为中国的名称在拜占庭史料中以 taugast 的形式出现,在其他语言中又有tavɣač、tawɣač,tamɣač等形式。⑤ 关于tabɣač之词源,学界异说甚多,目前最具影响力的说法为伯希和提出的"拓跋"〔*taɣbuat〕说,⑥ 其说以－ɣb－发生辅音交换来解释tabɣač与"拓跋"之间的语音差异。这一现象在突厥语中虽较常见,⑦ 但由于仍缺乏直接的史证,故尚难定论。

---

① 此为《后汉书》卷90《乌桓鲜卑列传》引蔡邕言檀石槐语(第2991页),亦当可概括北边部族中之一般情形。

② 《三国志》卷30《魏书·乌丸鲜卑东夷传》,第838页。

③ 《隋书》卷84《突厥传》,第2106页。

④ 参见 Talat Tekin, *A Grammar of Orkhon Turkic*, Bloomington:Indiana University, 1969, p. 87。

⑤ 参见阿地力、孟楠《百年来关于"桃花石"问题研究综述》,《中国史研究动态》2006年第2期。

⑥ 参见〔法〕伯希和《支那名称之起源》,冯承钧译,载《西域南海史地考证译丛一编》,商务印书馆,1962,第40—41页。

⑦ 参见刘迎胜《"拓跋"与"桃花石"("儵貫主")两名关系新探》,《西北民族研究》2022年第3期。

我们在这里结合前面所讨论的"南家"一词，拟给出探索tabγač词源的另一种思路。tabγač之第一音节末的 u、v、w、m 为发音部位相近的元音、半元音和唇辅音，在北族语中经常可以互相转化；而 q 与 γ 发音部位相同，当位于词中时也有可能互相转化；[①] 至于词尾辅音，通常具有语法或构词意义，在不同的语言中，形式亦复不同，不必强求一致。因此，tabγač与"南家"［*nɒmka］不仅所指相同，发音除首辅音外，也颇可比勘。那么二者之间是否存在着传播借入的关系呢？

"南"属泥母字，晚唐五代及西夏时期的西北方音中的泥母为 nd－，在藏汉、梵汉、夏汉对音中已有大量发现，但在阳声韵前的泥母则仍为 n－。[②] 然而刘广和据梵汉对音统计，认为 8 世纪以前泥母字在阳声韵前仍为nd－。[③] 这一结论得到日语汉字读音的支持：据唐代长安方音形成的日语汉字的汉音中，仍然保留大量阳声韵泥母字读为 d－的例子，其最为寻常者如"男"（dan）、"南"（dan、dam）等皆如是。[④] 由此似可推测唐前期的长安方音中的泥母字在阴、入、阳声韵前皆读 nd－。[⑤]

如此论不误，则 6 世纪中叶兴起于西北的突厥人，或早就活动于西北地区的某些操阿尔泰语的部族，可能是从西北方音中借入了南家一词。虽然在回鹘文汉语借词中"南"仍对译为 nam，但用 d－或 t－对泥母字的例子也不少，如奴（du）、年（dien）、恼（tau）等。[⑥] 回鹘文的资料

---

① 参见〔美〕鲍培《阿尔泰语比较语法》，周建奇译，内蒙古教育出版社，2003，第63—73页。

② 参见罗常培《唐五代西北方音》，商务印书馆，2012，第39—43页；龚煌城《十二世纪末汉语的西北方音（声母部分）》，《汉藏语研究论文集》，北京大学出版社，2004，第261—266页；孙伯君《西夏新译佛经陀罗尼的对音研究》，中国社会科学出版社，2010，第95—98页。

③ 参见刘广和《不空译咒梵汉对音研究——唐朝八世纪长安音探索》，《音韵比较研究》，中国广播电视出版社，2002，第34页。

④ 参见杨春霖、李怀埔《现代汉语声母和日语音读（吴音、汉音）对应关系的研究》，《西北大学学报》（哲学社会科学版）1980年第1期。更多的例证参见杜芯蕊《汉语明母、泥母、疑母与日语辅音的对应研究》，硕士学位论文，黑龙江大学，2016，第42—53页。

⑤ 参见覃勤《日传悉昙文献与汉语中古音研究》，博士学位论文，华中科技大学，2007，第96—97页。作者以为泥母字在8世纪以后由 nd－形成鼻音和浊塞音两个自由变体。

⑥ 参见朱国祥、张铁山《回鹘文佛教文献中的汉语借词研究》，甘肃文化出版社，2016，第165—166页。

多见于中唐以后，唐前期长安方音中泥母字读为 nd - 的情况应更为明显；且突厥系语言中多缺乏以 n - 起始的词，"南家"若果被某种操突厥语的人群借用，由于该词要在口语中经常提及，故他们更可能选择更为熟悉的塞音，忽略其前面的鼻音成分，将"南家"读作 *damqa。突厥系语言 t、d 之间的界限并不严格，比如在回鹘语的梵文借词中，t 可以用来对译梵文的 d，d 也可以译梵文的 t，梵文卷舌塞音（ṭ、ṭh、ḍ、ḍh）则不论清浊，都对应 t。这种混用在回鹘文汉语借词中也经常出现，如"帝"可以译为 ti 或 di，汉语定母字既有对译为 d 的，如"堂"作 dan；又有对作 t 的，如"擅"作 tan。① 因此，*damqa 一词的词首辅音在传播过程中轻化为更常见的 t -，再经过 q > γ 的音变并加上具有语法意义的词尾后，形成 tamγač 这样的读音，是具备可能性的。

伯希和曾谓在 tabγač 之前中国必有别一称谓，史籍并未直接昭示吾人。② 若前说不误，则在伯氏所提出的 cīna（秦）之外，在北族中或尚有"南家"一词，久已为中原之称，且亦为汉语之借词。然此仍为一尝试性假说，其语音流变之理与迹，仍有以求教于方家。

---

① 朱国祥：《回鹘文献梵语借词研究》，上海古籍出版社，2021，第 272—273 页；朱国祥、张铁山：《回鹘文佛教文献中的汉语借词研究》，第 164—166 页。
② 参见〔法〕伯希和《支那名称之起源》，第 42 页。

# 高车人婚姻习俗考述*

王石雨**

**摘　要**　在高车人的婚姻习俗中，"用牛马纳聘以多为荣"及风光热闹的婚礼排场充分表现了他们崇尚富有的心理。挑选马匹的婚姻仪式及高车女子成婚时佩戴的头饰则具有鲜明的游牧民族特色。成婚后，高车人采取从妻居并承担劳役的婚姻模式，既是母系氏族社会遗风在婚姻上的反映，也是男方给予女方的变相彩礼或补偿。一夫多妻的婚姻形态主要见于高车贵族当中，而平民则多为一夫一妻制。"颇讳取寡妇而优怜之"的婚姻态度重心仍在于对本族资产和人口的保护。

**关键词**　高车；婚俗；从妻居；仪式

高车是魏晋南北朝时期活跃于中国北部和西北部的游牧民族。一般认为，高车祖先是甲骨文中记载的商周时期的鬼方，传世文献中号称狄历，至汉代称为丁零。两晋十六国时期，该族始有敕勒之名，拓跋鲜卑入主中原后，敕勒人又因善于制造并使用"车轮高大，辐数至多"的车子而被称为高车。关于高车人的婚俗问题，前辈学者曾进行过一系列探讨，如周伟洲《敕勒与柔然》、段连勤《丁零、高车与铁勒》、魏长洪主编《中国西北少数民族通史·南北朝卷》均在介绍高车文化生活的章节中对高车婚俗进行了简单叙述。王茜、魏铭清《维吾尔族婚俗

---

\* 本文系国家社会科学基金重大项目"中国古代北方多民族服饰文化融合及中华文化认同实证研究"（项目编号：19ZDA183）的阶段性成果；内蒙古自治区哲学社会科学规划委托项目"魏晋南北朝时期内蒙古各民族交往交流交融"史料汇编（项目编号：2024NDE002）的阶段性成果。

\*\* 王石雨，民族文化宫博物馆助理研究员。

历史演变研究》以及库尔班·依不拉依木卡德《维吾尔族婚姻习惯法研究》则在全面研究维吾尔族婚姻、婚姻习惯法的基础上，对魏晋南北朝时期高车的婚姻习俗进行了追溯。① 以上研究成果，均具有一定价值，尤其是指明高车婚俗与财产的多寡密切相关、否定了高车人曾经采取"群婚制"。但前人研究成果中，并未有系统、全面研究高车婚姻习俗的文章。本文拟对魏晋南北朝时期高车人的婚俗史料进行发掘梳理、细致解读，在前人研究成果基础上，结合考古学材料及民族学理论，从婚姻礼仪、婚姻模式、婚姻形态、婚姻态度四个方面对高车人的婚俗进行深入研究，以期能有一个整体的认识。

## 一　高车人的婚姻礼仪

自先秦时起，我国就已经非常重视婚姻礼仪并形成了比较完整的聘娶仪式。《礼记·昏义第四十四》即载："昏礼者，将合二姓之好，上以事宗庙，而下以继后世也。故君子重之。是以昏礼纳采、问名、纳吉、纳征、请期，皆主人筵几于庙，而拜迎于门外，入，揖让而升，听命于庙，所以敬慎重正昏礼也。"② 纳采、问名、纳吉、纳征、请期、亲迎也被合称为"六礼"。由于各民族、各地区之间文化的差异，高车人的婚姻仪式不可能完全按照"六礼"进行，但从《北史·高车传》的记载之中，③ 亦可以发现高车人存在婚姻礼仪。

---

① 参见周伟洲《敕勒与柔然》，上海人民出版社，1983 年；段连勤《丁零、高车与铁勒》，广西师范大学出版社，2006；魏长洪主编《中国西北少数民族通史·南北朝卷》，民族出版社，2009；王茜、魏铭清《维吾尔族婚俗历史演变研究》，《新疆大学学报》（哲学社会科学版）2002 年第 1 期；库尔班·依不拉依木卡德《维吾尔族婚姻习惯法研究》，硕士学位论文，新疆大学，2010。

② （汉）郑玄注，（唐）孔颖达正义《礼记正义》卷 68《昏义》，上海古籍出版社，2008，第 2274 页。

③ 最晚至北宋初年，《魏书》已经残缺不全，《高车传》也已散佚。而今本《魏书·高车传》则是根据《北史·高车传》《通典·边防十三·北狄四》等资料所补。故在选择高车基本史料进行研究时，如果今本《魏书·高车传》与《北史·高车传》记载相同，应当选用成书年代更早的《北史·高车传》作为一手史料。参见王石雨《今本〈魏书·高车传〉史源探析》，《内蒙古社会科学》2020 年第 6 期。

高车人的婚姻礼仪，首先需要男方派遣媒人向女方求婚，并交纳牛、马等牲畜作为聘礼。关于这一环节，文献史料中有不同记载。《北史·高车传》称："婚姻用牛马纳聘以为荣"，①《通典·边防十三·北狄四·高车》②与卷首题注为"《北史》曰"的《太平御览·四夷部二十二·高车》③则增一"多"字，作"婚姻用牛马纳聘，以多为荣"。对此，中华书局点校修订本《魏书》校勘记认为，"按纳聘用牛马，北族常事，不得云'以为荣'"。④考虑到兴和三年（541），东魏孝静帝下诏将兰陵郡长公主嫁与柔然可汗阿那瓌，阿那瓌即遣其重臣吐豆登郁久闾譬浑、俟利莫何折豆浑侯烦等奉马千匹，以为聘礼，请迎公主。⑤唐太宗贞观十六年（642），薛延陀首领夷男遣其叔父沙钵罗泥熟俟斤前往唐朝请婚时，亦以良马三千匹为聘。⑥故《通典·边防十三·北狄四·高车》和《太平御览·四夷部二十二·高车》所载显然更为符合游牧社会的常礼。段连勤则将这一现象解释为是高车社会对富有的一种崇尚。⑦

女方在接受男方的聘礼后，也要派人前往男方家中商定婚嫁日期。届时，男方亲属要用车辆将马群拦起，供女方代表任意挑选，但女方代表只能在不用马鞍等马具的情况下，将马骑出围栏。男方亲属则会站在围栏之外，拍手惊吓马匹，使马受惊而狂奔乱跳。如果骑在马上的女方代表没有摔落下来，此马即被女方选中领走；若骑马者坠落，就要重新选择其他马匹。如此往复，直到选满规定的数量为止。这种有趣的习俗，既维护了女方的尊严，让她们有充足的良马可以挑选，也设置了一定的难度，形式上表现了高车人婚姻礼仪的仪式感，实际上表达了男方保护自家优良马种的强烈愿望。可以想见，为了保证取走的不是老弱或缺乏活力的羸马，前来挑选马匹的女方代表，一定要精于骑术，甚至还可能

---

① 《北史》卷98《高车传》，中华书局，1974，第3271页。
② （唐）杜佑：《通典》卷197《边防十三·北狄四·高车》，中华书局，1988，第5399页。
③ （北宋）李昉等：《太平御览》卷801《四夷部二十二·高车》，中华书局，1960，第3555页。
④ 《魏书》卷103《高车传》，中华书局，2017，第2519页。
⑤ 《北史》卷98《蠕蠕传》，第3265页。
⑥ 《旧唐书》卷199下《铁勒传》，中华书局，1975，第5345页。
⑦ 段连勤：《丁零、高车与铁勒》，第152页。

专门加以训练。而女方如果从男方家中挑选到了优良马种，还可以与自家马匹交配繁殖。客观来说，高车人的这种习俗使得不同家族的优良马种可以互相交流，促进了高车马种的改良。史载高车人号为"名骑"，[①]当与他们高强的驯马技术与马种的不断改良密不可分。

嫁娶当天，新郎需要前往新娘家中迎亲。根据《北史·高车传》可知："（高车）妇人以皮裹羊骹，戴之首上，萦屈发鬓而缀之，有似轩冕。"[②] 然这一记载被研究者称为"怪骇难解"。[③]《通典·边防十三·北狄四·高车》则作："妇人以皮裹羊骹，戴之首上，萦屈发鬓，所交反而缀之，有似轩冕。"[④] 该卷校勘记又称："羊骹即今儿童所玩之羊拐。"[⑤] 按"羊拐"又称嘎拉哈、阿斯克，是连接羊后蹄和小腿的骨头，有宽有窄、有凸有凹、有正有侧。事实上，中国古代北方游牧民族自古以来便有使用羊拐的习俗，无论是东汉时期的北匈奴墓葬还是内蒙古札赉诺尔、陈巴尔虎旗完工、巴林左旗南杨家营子等鲜卑墓葬中，均发现羊拐。[⑥] 而根据羊拐在鲜卑墓葬中出土的位置及羊拐上面出现的钻孔加工，考古学者推测其可能为饰品或玩具。[⑦] 少年铁木真与扎木合结为安答时，即曾将一个铜灌的羊拐赠送给扎木合。[⑧] 另外，"鬓"与"梢"相通，发鬓即发梢。依此理解，高车人将羊细腿骨用动物皮包裹后，将头发卷曲盘绕起来，再缀于发梢之上，如同中原人民的冠冕一样。综上所述，《通典·边防十三·北狄四·高车》的记载相较《北史·高车传》更为准确。尽管高车人所佩戴的这种头饰与慕容鲜卑人所佩戴的步摇冠[⑨]及吐谷浑人的"椎髻、毦、珠，以皂为帽"相比，[⑩] 用材更为简单、朴素，但其同样具

---

① 《魏书》卷 35《崔浩传》，中华书局，1974，第 816—817 页。
② 《北史》卷 98《高车传》，第 3271 页。
③ 《魏书》卷 103《高车传》，中华书局，2017，第 2519 页。
④ 《通典》卷 197《边防十三·北狄四·高车》，第 5399 页。
⑤ 《通典》卷 197《边防十三·北狄四·高车》校勘记，第 5410 页。
⑥ 乌恩：《论匈奴考古研究中的几个问题》，《考古学报》1990 年第 4 期。
⑦ 吴松岩：《鲜卑起源、发展的考古学研究》，上海古籍出版社，2018，第 18 页。
⑧ 乌兰校勘《元朝秘史（校勘本）》，中华书局，2012，第 96 页。
⑨ 《晋书》卷 108《慕容廆载记》，中华书局，1974，第 2803 页。
⑩ 《周书》卷 50《吐谷浑传》，中华书局，1971，第 912 页。

有独特性，也反映了高车人民的勤劳与智慧。高车女子在结婚之时，当以佩戴这种头饰为主。

在举办婚宴时，男女双方的亲朋好友都相携而来。考虑到高车人具有崇尚自由的民族特性且性格爽朗、热情好客，因此宾客们落座并不讲究长幼尊卑的次序，而是在帐篷前相杂而坐。由于高车人不耕种粮食及酿酒，① 故他们的饮食主要为乳酪、马奶酒及拆去骨头的熟肉。饮酒欢宴持续整整一天，主人到晚上会留客人住宿，整个婚礼才宣告结束。

总之，高车人具有相对完整的婚姻礼仪，包括纳聘求亲、商定日期、迎娶新娘、款待宾客等环节。"用牛马纳聘以多为荣"充分表现了高车人对富有的崇尚。而女方亲属前往男方家中挑选马匹的方式则在客观上有助于高车马种的改良。

## 二　高车人的婚姻模式

文献对高车人婚姻模式的记载，虽不够翔实，但也能探寻出其大致情况。据《北史·高车传》可知，高车人成婚后的第二天，新婚妻子便要同丈夫一起回到娘家。学者们称其为"男就女家"或"从妻居"。② 除夫妻双方外，男方亲友必须一同前往："明日，将妇归。既而夫党还入其家马群，极取良马。"③ 也就是说，女方要让男方亲属在马群里任意挑选马匹。这一行为既可以看作婚礼以前女方亲属在男方家中入栏"恣取良马"的回报，也可以视作女方的父母给予女儿的"嫁妆"。而双方互相从对方家庭挑选马匹的行为，则需要男女双方均具有一定数量的牲畜作为保障，牲畜数量越充足，婚姻排场越大，越风光热闹。正如段连勤所论："高车人的婚俗显然是以双方都有较大的私有畜群为基础的，贫穷的高车人当然是举办不起的。"④ 魏长洪也认为："高车人的婚姻是以双方的财力

---

①　《北史》卷98《高车传》，第3271页。
②　张碧波、董国尧：《中国古代北方民族文化史》，黑龙江人民出版社，2001，第679—682页。
③　《北史》卷98《高车传》，第3271页。
④　段连勤：《丁零、高车与铁勒》，第153页。

为基础。"① 另外，男方亲属挑取良马时，女方"父母兄弟虽惜，终无言者"，② 也反映了高车人民慷慨豪爽的民族性格。

然《北史·高车传》中并未讲明高车男子婚后需要在妻子家居住多久。《隋书·铁勒传》则称："其俗大抵与突厥同，唯丈夫婚毕，便就妻家，待产乳男女，然后归舍。"③ 考虑到自北朝末年起，无论是生活在漠南塞外还是生活在准噶尔盆地的敕勒（高车），在《周书》中均已被称作"铁勒"。《新唐书·回鹘传》亦称："元魏时亦号高车部，或曰敕勒，讹为铁勒"。④ 故此处《隋书·铁勒传》所载当可作为高车人婚后习俗的参考，即生下子女后，夫妻二人才离开娘家回到家中。直到明代，这种风俗依旧盛行于中国北方。萧大亨《夷俗记》即称："既婚后婿在妇家，必俟产育男女始归。"⑤

除高车（铁勒）外，也有其他北方民族采取"男就女家"的婚姻模式。如乌桓人"婿随妻归……为妻家仆役二年，妻家乃厚遣送女，居处财物，一出妻家"。⑥ 室韦人"婚嫁之法，男先就女舍，三年役力，因得亲迎其妇。役日已满，女家分其财物，夫妇同车而载，鼓舞共归"。⑦ 女真人"既成婚，留妇氏，执仆隶役，虽行酒进食，皆躬亲之。三年，然后以妇归"。⑧ 通过类比上述诸例后可以判断，从结婚到产子的2—3年，高车男子不仅要居住在妻子家中，并且要同乌桓、室韦、女真等族男子一样，承担一定数量的生产和生活劳动。考虑到2—3年后，妻子仍要跟

---

① 魏长洪主编《中国西北少数民族通史·南北朝卷》，第147页。
② 《北史》卷98《高车传》，第3271页。
③ 《隋书》卷84《铁勒传》，中华书局，1973，第1880页。
④ 《新唐书》卷217上《回鹘传上》，中华书局，1975，第6111页。事实上，根据《广韵》，"敕"字上古至南北朝时期读透声母，可构拟作*tʰɪɐk，又与"铁"读音相近。但自隋唐起，"敕"字的声母由透母变成了彻母，可构拟作*ʈʰɪək，其读音已不能再音译敕勒族名，只能换用透母字"铁"来取代。这也是"铁勒"一称取代"敕勒"的原因，而并非"铁勒"为"敕勒"之讹。参见包文胜《铁勒历史研究——以唐代漠北十五部为主》，博士学位论文，内蒙古大学，2008；吴飞《漠北回纥兴起历程若干问题研究——以回纥与唐朝关系史为中心》，博士学位论文，内蒙古大学，2020。
⑤ （明）萧大亨：《夷俗记》，《宝颜堂秘笈》续集第八。
⑥ 《三国志》卷30《魏书·乌丸鲜卑东夷传》，中华书局，1959，第832页。
⑦ 《旧唐书》卷199下《室韦传》，第5357页。
⑧ （北宋）洪皓撰、翟立伟等标注《松漠纪闻》，吉林文史出版社，1986，第29页。

随丈夫一同返回夫家，"从妻居"也随之变为"从夫居"，"从夫居"的时间又远久于"从妻居"，故男子在女方家中的劳动，也是一种对于女方家庭的补偿。此外，公元4—6世纪的高车社会已经长期处于父系氏族部落制发展阶段，在高车社会中，男方家庭地位毫无疑问高于女方。但这一时期，母系氏族社会的风俗仍有一定的残余，其具体表现之一，便是夫随妻归并承担劳动。

综上所述，高车人成婚后，妻子便和丈夫一起回到娘家。女方在让男方亲属挑选一定数量的马匹作为"嫁妆"后，丈夫即要开始在妻子家承担一段时间的生产和生活劳动，直到生下子女，夫妻二人才回到夫家。这种"男就女家"并承担劳动的婚姻模式，也反映了父系氏族社会和母系氏族社会的碰撞、更替。

## 三　高车人的婚姻形态

关于高车人的婚姻形态，于史无征。对此，前辈研究者曾有一些研究。如王日蔚在《丁零民族史》中称："高车婚姻采取了群婚制"。[①] 群婚制，顾名思义即一群男子与一群女子互相结为夫妻。它也是人类社会最早的婚姻形态。摩尔根在《古代社会》中又将群婚制划分为血缘群婚制（班辈混）和亚血缘群婚（普纳路亚家庭）制度两个阶段。[②] 但高车人实行群婚制这一观点的提出，主要是因为将《北史·高车传》中的"男党""女党"理解为"一方之男性"与"另一方之女性"集体结婚。然据周伟洲、段连勤等学者的分析，"男党""女党"应解释为男、女各所属氏族的亲友为妥。且群婚制发生在从原始群向氏族公社的过渡时期，高车人既已过着由父母兄弟组成的家长制家庭生活，也就不可能在婚俗上

---

① 王日蔚：《丁零民族史》，《史学集刊》1936年第2期。这种观点主要是将《北史·高车传》中出现的"夫党""妻党"解释为"男群""女群"，从而将高车人的婚制理解为"群婚"。

② 〔美〕路易斯·亨利·摩尔根：《古代社会》，杨东莼等译，商务印书馆，1981，第398—458页。

属于群婚。① 故 "高车婚姻采取了群婚制" 不能成立。日本学者小沼胜卫认为，"高车婚姻具有对偶婚的特点"。② 对偶婚是由群婚发展到个体婚的初级阶段。尽管高车人的婚姻与对偶婚特点中的 "婚姻的缔结，一般都需通过某种手续或仪式，如交换礼物、请人引见等" 类似，夫妻双方也一度共同生活于母系家族公社之中。但对偶婚的标志是："一对男女的结合尚不牢固，容易为任何一方撕破；一旦离婚，双方都有重新寻找配偶的自由权利，所生子女归母亲所在的氏族和家族公社。" 典型的对偶家庭存在时期，正是母权制氏族兴盛时期。③ 而从《北史·高车传》及《魏书》《北齐书》等典籍对高车的记载来看，高车人所生子女仍是归属父亲所在的氏族和家族公社。公元 4 世纪时，漠北高车处于父系氏族社会部落制发展阶段。史书中也不存在男女双方离异后各自重新结合的例证。因此，似不能将高车婚姻与对偶婚混为一谈。周伟洲不仅反对高车社会为群婚或对偶婚两种说法，还认为 "敕勒（高车）的婚姻当为一夫一妻制"。④ 然其在著作《敕勒与柔然》中，并未对这一观点做出解释。

通过爬梳文献史料后可以发现，高车各部贵族应普遍实行一夫多妻制。如高车名将斛律金之孙斛律武都尚义宁公主，⑤ 而武都又有妾颜氏。⑥ 《北史·蠕蠕传》亦称："高车叱洛侯者，叛其渠帅，导社仑破诸部落，社仑德之，以为大人。步鹿真与社仑子社拔共至叱洛侯家，淫其少妻。"⑦ "少妻" 除年轻外，也表示其位次靠后，与 "正妻" 和 "长妻" 相对。由此当可判断，叱洛侯同样并不止有一妻。正如恩格斯所分析的那样："一夫多妻制显然是奴隶制度的产物，并且限于个别占据特殊地位的人物。"⑧ 此

---

① 周伟洲：《敕勒与柔然》，上海人民出版社，1983，第 41—42 页；段连勤：《丁零、高车与铁勒》，第 153 页。

② 〔日〕小沼胜卫：《东洋文化史大系》第 2 卷《汉魏六朝时代》，诚文堂新光社，1938，第 281—282 页。

③ 林耀华：《民族学通论》（修订本），中央民族大学出版社，1997，第 329—330 页。

④ 周伟洲：《敕勒与柔然》，第 41—42 页。

⑤ 《北齐书》卷 17《斛律金传》，中华书局，1972，第 221 页。

⑥ 《北史》卷 54《斛律金传》，第 1970 页。

⑦ 《北史》卷 98《蠕蠕传》，第 2352 页。

⑧ 〔德〕恩格斯：《家庭、私有制和国家的起源》，人民出版社，1999，第 61 页。

外，鉴于斛律部在攻打柔然时，将士们曾"分其庐室，妻其妇女"，① 故高车人也将抢掠来的他族妇女作为妻妾。

除实行一夫多妻制，北朝时期的高车上层贵族还常与皇室联姻。斛律光二女分别嫁与北齐孝昭帝高演之太子高百年及后主高纬，斛律武都"尚义宁公主，除驸马都尉、特进、开府仪同三司、西兖梁东兖三州刺史、太子太保"。② 斛律氏"一门一皇后，二太子妃，三公主，尊宠之盛，当时莫比"。③ 京兆王元昭之女乐安公主元安十三岁即嫁与骠骑将军、荆州刺史贺拔胜为妻。④ 贺拔岳之子贺拔纬拜爵霍国公，娶北周太祖宇文泰之女。⑤ 稽根"世为纥奚部帅。皇始初，率部归魏，尚昭成女"。⑥ 与上层贵族不同，高车平民因为条件等因素的限制，主要实行平民间的一夫一妻制。库尔班·依不拉依木卡德即称："古代高车、铁勒、回纥人的氏族中早已出现家庭，而根据他们的从妻居习俗可以推断，这些家庭一般都是由一夫一妻组成，因为当时娶妻是相当困难的，一个男人不可能同时有多个'从妻居'"。⑦ 这一论断无疑具有一定道理。

综上所述，高车贵族当采取一夫多妻制，也抢夺外族女子作为妻妾，北朝时期更是常与皇室通婚。而平民因为经济条件及地位的限制，应为一夫一妻制。

## 四　高车人的婚姻态度

一些研究者提出，北方游牧民族对婚姻大多持较为开放的态度，具

---

① 《北史》卷98《高车传》，第2372页。
② 张希舜：《隋唐五代墓志汇编（山西卷）》，天津古籍出版社，1991，第3页。
③ 《北齐书》卷17《斛律金传》，第222页。
④ （北宋）李昉等：《文苑英华》963《志》，中华书局，1966，第5064—5065页。
⑤ 《周书》卷14《贺拔胜传》，第225页。
⑥ 《北史》卷25《万安国传》，第918页。"纥奚氏"虽不见于高车之六种十二姓中，但段连勤认为史载纥奚部帅有名叱奴根者，高车十二姓中有叱卢氏，叱奴与叱卢应为一音之转，均为高车姓氏。《魏书》将纥奚氏附于《高车传》后，也说明了它同其他高车有密切关系，或即为高车一部。
⑦ 库尔班·依不拉依木卡德：《维吾尔族婚姻习惯法研究》，硕士学位论文，新疆大学，2010。

体表现为以"兄死弟娶其嫂，父死子收父妾"为特征的收继婚制盛行于各族之中。如匈奴"父死，妻其后母；兄弟死，皆取其妻妻之"。① 与高车同时代的柔然以"收继婚制"为国法。北齐神武皇帝高欢去世后，其子文襄帝高澄即根据此法，纳高欢所娶之蠕蠕公主为妻。② 突厥"父[兄]伯叔死者，子弟及侄等妻其后母、世叔母及嫂，唯尊者不得下淫"。③ 唐朝荣王之女小宁国公主亦前后嫁与回鹘英武、英义父子二可汗。④ 考虑到高车在文化习俗方面深受匈奴影响，柔然、突厥则与高车交往密切，回鹘更是高车袁纥部后裔。以常理推断，高车社会中亦当实行收继婚制。但文献中却不见高车人有收继婚俗的记载。甚至与此相反，《北史·高车传》称高车人的婚姻态度为"颇讳取寡妇而优怜之"。⑤ 据此论之，高车内部似乎并未实行收继婚制，只不过是非常优厚地对待寡妇们并报以同情心理。《维吾尔族婚俗历史演变研究》一文还认为：这一现象"体现了高车人扶弱助贫，济困扶危的美德，这也许是原始社会时期人们共同扶持互相帮助习俗的一种遗迹"。⑥ 然而，要想准确判断高车人的婚姻态度以及他们是否实行了收继婚制，除对史书记载进行字面分析外，更需要理解收继婚的核心内涵。

据《史记·匈奴列传》记载："父子兄弟死，取其妻妻之，恶种姓之失也。"⑦ "种姓之失"可解释为氏族部落离散。也就是说，匈奴人在丈夫死后，妻子如果要求再嫁，则必须嫁给夫系家族的成员，而不能随意收继。这样既可以防止部落离散，也可以保证子孙后代的繁衍。加之聘娶而来的女子很多都带来了丰厚的牲畜、畜产品、劳动力等嫁妆，将她们收继至本氏族，还可以防止财产外流。因此，对本氏族部落资产和人口的保护，才是一些北方游牧民族实行收继婚制的根本原因，也是收继

---

① 《史记》卷110《匈奴列传》，中华书局，1959，第2879页。
② 《北史》卷14《后妃传下》，第518页。
③ 《周书》卷50《突厥传》，第910页。
④ 《旧唐书》卷195《回纥传》，第5210页。
⑤ 《北史》卷98《高车传》，第3271页。
⑥ 王茜、魏铭清：《维吾尔族婚俗历史演变研究》，《新疆大学学报》（哲学社会科学版）2002年第1期。
⑦ 《史记》卷110《匈奴列传》，第2879页。

婚制的内核。因此，蒙古满都海哈屯夫人才会嫁给比她小 25 岁的达延汗巴图蒙克，① 并不能将收继婚简单理解为普通的再嫁或收继人对美色的贪恋。张碧波、董国尧在《中国古代北方民族文化史》中也称："北方民族以为婚姻在文化意义上，不仅是男女个人间的结合，更重要的是民族间或所属集团间的社会性的结合，即具有社会性的意义。"②

尽管从"颇讳取寡妇而优怜之"来看，高车似乎并未实行收继婚制。但《北史·高车传》在记载副伏罗部所建立的高车国历史时称："阿伏至罗长子烝阿伏至罗余妻，谋害阿伏至罗，阿伏至罗杀之。"③ "烝"又常作"烝"，《左传·僖公十五年》载："晋侯烝于贾君，又不纳群公子，是以穆姬怨之。"④ 晋侯为晋惠公，贾君为惠公兄太子申生之妃，即惠公之嫂，这便是弟由烝而纳嫂。故"烝"一般指娶父亲的妻妾及兄长的妻妾。结合阿伏至罗长子的行为分析，高车社会中对"烝"并不排斥，对"颇讳取寡妇而优怜之"也需重新进行解读。事实上，这一记载主要是魏收、李延寿等从个人视角对高车婚姻习俗进行的记录。在他们看来，"取"或"娶"指代普通高车男女之间的婚姻嫁娶，"优怜寡妇"指代高车人对失去配偶的高车妇女进行优待和供养，二者有所不同。然对失去配偶的妇女进行怜悯和优待，并不能简单理解为高车人的婚姻观念存在保守一面，也不是高车人具有扶弱助贫、济困扶危的美德，而是因为"优怜寡妇"本身属于广义上的"取"，也是氏族部落内部收继婚的一种形式，意在阻止财产和人口的流失。只不过中原史官在撰写史书时，将"取"和"优怜"的理解过于狭义，容易使读者认为二者完全不同，高车人并未实行收继婚制。

综上，收继婚的核心在于防止部落离散及本氏族财产的外流，保证子孙后代和劳动力的繁衍，并非简单的嫁娶或收继人对美色的贪恋。而高车人所采取的"颇讳取寡妇而优怜之"实际上也属于收继婚制的一种

① 珠荣嘎译注《阿勒坦汗传》，内蒙古人民出版社，1990，第 11—13 页。
② 张碧波、董国尧：《中国古代北方民族文化史》，第 682 页。
③ 《北史》卷 98《高车传》，第 3274 页。
④ 杨伯峻注《春秋左传注》（修订本），中华书局，2009，第 384 页。

形式。不可仅从字面意思分析"收继婚""取""优怜"等概念。

经过以上论述，本文对高车族的婚姻习俗进行了初步探讨。大致说来，高车族具有崇尚富有且具有民族特色的婚姻仪式、男就女家并承担劳役的婚姻模式、一夫一妻制和一夫多妻制并存的婚姻形态、"颇讳取寡妇而优怜之"的婚姻态度。以上四个方面，构成了高车婚俗的基本内容与特征。

# 南北朝时期的"大一统"思想及其历史意义

李 瑞 彭丰文*

**摘 要** "大一统"思想是中华民族共同体历史演进的内生动力之一。南北朝时期虽然是中国历史上比较典型的分裂时期,但是"大一统"思想依然得到传承和发展,深入渗透到南北诸政权的治国理政之中,具有内容丰富、影响广泛的突出特点。无论是南朝统治者还是北朝统治者,无论是汉族还是少数民族,无论是高高在上的统治者还是普通民众,皆秉承秦汉以来的"大一统"思想传统,追求政治"大一统"、文化"大一统"和华夷"大一统"的理想格局并付诸实践。"大一统"思想成为南北朝时期的社会共识和政治主流意识,从而加快了南北朝结束分裂、走向统一的历史进程,在中华民族共同体的形成与发展中发挥了引领与推动的作用,具有重要的历史意义。

**关键词** 南北朝;"大一统"思想;中华民族共同体

## 引 言

中国是统一多民族国家,中国的历史是各民族通过长期密切的交往交流交融而逐渐汇聚成中华民族共同体的历史。"大一统"思想作为中华民族的重要精神源泉,在历史上一直为中华民族共同体的形成与发展发挥凝聚与推动作用,已然成为维系中华民族团结统一的精神纽带。

---

* 李瑞,中国社会科学院大学社会与民族学院硕士研究生;彭丰文,中国社会科学院民族学与人类学研究所研究员,中国民族史学会副会长兼秘书长。

  "大一统"一词最早出现在《春秋公羊传》中,其文曰:"元年者何?君之始年也。春者何?岁之始也。王者孰谓?谓文王也。曷为先言王而后言正月?王正月也。何言乎王正月?大一统也。"① "大一统"思想孕育于先秦,从远古到西周逐步在国家结构和制度上为"大一统"思想的产生提供了生存的土壤,春秋战国时期诸子百家的众多表述已流露出对"大一统"的认同。秦汉时期是"大一统"思想的初步形成时期,秦汉王朝不仅在实践上为后世提供了"大一统"的依据,董仲舒、王吉、何休等经学家还在理论上对"大一统"思想进行诠释。西汉董仲舒认为:"《春秋》大一统者,天地之常经,古今之通谊也"②。关于此处记载,颜师古注"一统者,万物之统皆归于一也"③。西汉王吉对"大一统"的理解为:"春秋所以大一统者,六合同风,九州共贯也。"④ 东汉何休在注释《春秋公羊传》"大一统也"时认为:"统者,始也,总系之辞。夫王者,始受命改制,布政施教于天下,自公侯至于庶人,自山川至于草木昆虫,莫不一一系于正月,故云政教之始。"⑤ 汉代公羊学派注解《春秋》,使"大一统"思想形成相对完备的理论体系,并在后世不断发展,逐渐成为两千多年各族人民共同接受的、具有强大生命力与感召力的主流思想。"大一统"具有丰富而辩证的内涵,强调政治一统、天下一统、文化一统、华夷一统,⑥ 特别是对政治一统高度重视。历代统治者均以实现和巩固国家统一为最高政治理想,期待"普天之下,莫非王土;率土之滨,莫非王臣"⑦ 的盛况。这是中国统一多民族国家和中华民族多元一体格局赖以形成和发展的重要精神动力源泉。

---

① 刘尚慈译注《春秋公羊传译注》,中华书局,2010,第1页。
② 《汉书》卷56《董仲舒传》,中华书局,1962,第2523页。
③ 《汉书》卷56《董仲舒传》,第2523页。
④ 《汉书》卷72《王吉传》,第3063页。
⑤ (汉)何休解诂;(唐)徐彦疏;刁小龙整理《春秋公羊传注疏》,上海古籍出版社,2013,第12页。
⑥ 参见何星亮《"大一统"理念与中国少数民族》,《云南社会科学》2011年第5期,第91~96页;王再承《论中华大一统的思想趋势》,《新疆社会科学》2017年第4期,第3页。
⑦ 周振甫译注《诗经译注》,中华书局,2010,第312页。

值得注意的是，"大一统"思想不仅存在于传统意义上如周、秦、汉等统一时期，而且存在于历史上的分裂时期。在分裂时期，"大一统"思想蕴含导向统一的历史动力。中国历史上曾多次出现分裂时期，其中南北朝时期较为典型。4世纪末，北魏崛起于北方，随后在5世纪初基本完成对北方黄河流域的统一，被视作北朝；5世纪初，刘裕称帝之后，开启了宋、齐、梁、陈依序更迭的南朝，中国历史进入南北朝时期。后来北魏分裂成东魏和西魏，又分别建立北齐与北周政权，与南朝形成三足鼎立之势。"大一统"思想在南北朝时期依然存在，看似简单，实际却复杂而生动，并产生了深远的历史影响。目前，关于南北朝时期"大一统"思想的研究成果比较丰富，但是较多地聚焦于北朝少数民族"大一统"思想研究，[1] 对南北朝时期"大一统"思想传承与发展、理论与实践的总体格局关注不够。有鉴于此，本文不揣浅陋，在学习借鉴前贤研究成果的基础上，试从政治大一统、文化大一统和华夷大一统三个方面，对南北朝时期"大一统"的思想观念与政治实践进行探讨，以期加强对历史上"大一统"思想的研究，更好地理解和揭示中华民族共同体历史演进的内生动力源泉。

## 一 政治"大一统"思想与实践

政治"大一统"，是"大一统"思想的核心内容。南北朝时期，无论是南朝统治者还是北朝统治者，无论是华夏还是少数民族，无论是统治者还是普通民众，皆对实现政治"大一统"怀着强烈的渴望和追求。

北朝君臣、民众对政治"大一统"有强烈的认同与期待。早在北魏建立政权之初，北魏开国皇帝道武帝拓跋珪颁布诏书曰："春秋之义，大

---

① 相关成果有邱久荣《魏晋南北朝时期的"大一统"思想》，《中央民族学院学报》1993年第4期；崔彦、郭秀琦《儒学"大一统"思想对十六国、北朝的影响》，魏坚、武燕主编《北魏六镇学术研讨会论文集》，内蒙古人民出版社，2014；冉诗泽《共筑中华民族共同体：大一统思想在少数民族中的实践研究》，硕士学位论文，兰州大学，2020。

一统之美，吴楚僭号，久加诛绝，君子贱其伪名，比之尘垢"，①强调《春秋》的"大一统"义理，贬斥东晋为"比之尘垢"的僭伪政权，宣扬北魏的正统性，也表明新兴的北魏政权追求政治"大一统"的决心，为整个北魏政权定下了基调。北魏太武帝拓跋焘多次在诏书中表明政治"大一统"的立场，如"思阐洪基，廓清九服"②、"期在扫清埔残，宁济万宇"③。北魏后期权臣尔朱荣在平定关陇起义以后，不断进行狩猎，并要求阵型整齐划一，声称"未能开拓境土，混一海内"，④结合当时情况，这个回答可能有违心的成分，但也说明了尔朱荣有统一天下的梦想。

东西魏分立后，东魏孝静帝元善见在禅位给高洋的过程中，册封并赞美高洋"王风声振赫，九域咸绥，远人率俾"，⑤强调高洋的政治声望让四方安宁，远人纷纷前来归附，说明了政治"大一统"功绩对成为统治者的重要价值。北齐武帝高洋称帝祭天诏书曰："夫四海至公，天下为一"，⑥宣称天下合为一统，体现了高洋的政治"大一统"思想。西魏宇文泰在名臣苏绰去世后，十分悲痛地说："方欲共定天下，不幸遂舍我去，奈何！"⑦他还曾对官员们赞扬名将田弘，说："人人如弘尽心，天下岂不早定。"⑧这都体现了宇文泰对实现政治"大一统"的渴望。北周孝闵帝宇文觉在将领赵贵被杀后下诏曰："冀此一心，平定宇内"⑨，他希望臣属们同心协力统一天下。北周武帝宇文邕进攻北齐，俘虏了北齐宗室高延宗，下诏宣称当时的情况为"八纮共贯，六合同风"⑩。后来他甚至在遗诏中表示，"将欲包举六合，混同文轨"⑪，表达了对无法实现统一天下志向的遗憾，体现了他的政治"大一统"思想。

① 《魏书》卷2《太祖纪》，中华书局，1974，第37页。
② 《魏书》卷4上《世祖纪》，第80页。
③ 《魏书》卷4上《世祖纪》，第83页。
④ 《魏书》卷74《尔朱荣列传》，第1653页。
⑤ 《北齐书》卷4《文宣纪》，中华书局，1972，第47页。
⑥ 《北齐书》卷4《文宣纪》，第50页。
⑦ 《周书》卷23《苏绰列传》，中华书局，1971，第395页。
⑧ 《周书》卷27《田弘列传》，第449页。
⑨ 《周书》卷3《孝闵帝纪》，第48页。
⑩ 《周书》卷6《武帝纪下》，第99页。
⑪ 《周书》卷6《武帝纪下》，第106页。

北朝反映民众意愿的石刻史料中亦有朴素的政治"大一统"观念。这方面的资料很多。如《比邱法胜题记》录文记载"上为皇帝延祚无穷，万国熙顺"①，体现了民众对万国归服的赞美与期望。再如：《僧渊造像记》录文记载"又愿国祚求隆，万化同一"②；《邢多五十人等造象记》录文记载"皇祚遐□，业化清熙，泽洽九区，恩过八极"③；《七宝山灵光寺造像记》录文记载"愿福钟皇家，绵历延绪，八荒钦风，□□归仁，变彼戎夷，莫不来往"④；《建崇寺造相记》录文记载"又愿帝祀永隆，万国来助，普济一切"⑤；等等。北朝民众可能对政治"大一统"没有深刻的见解，但对此也表达了发自内心的真诚祝愿。

南朝君臣与民众对政治"大一统"同样非常认同和憧憬。宋文帝刘义隆想要励精图治，强调"区宇未一，师馑代有"，⑥ 即天下没有统一且战乱灾荒不断，并常常感到忧虑，体现他渴望实现政治"大一统"的梦想。齐武帝萧赜颁布诏书曰："春颁秋敛，万邦所以惟怀，柔远能迩，兆民所以允殖。"⑦ 他要让万邦归顺并怀柔远人，体现了以政治"大一统"为目标的治理思想。梁武帝萧衍梦到收复了中原，将梦告诉大臣朱异，朱异对答"此宇内方一之征"，⑧ 如此回答迎合了梁武帝萧衍心中的政治"大一统"梦想。陈武帝陈霸先称帝在祭天诏书中曰："九域八荒，同布衷款"，⑨ 宣称"九域八荒"都期待自己称帝。陈宣帝陈顼在诏书中曰：

---

① （清）陆增祥撰《八琼室金石补正》卷17，国家图书馆善本金石组编《先秦秦汉魏晋南北朝石刻文献全编（一）》，北京图书馆出版社，2003，第159页。

② （清）陆增祥撰《八琼室金石补正》卷23，国家图书馆善本金石组编《先秦秦汉魏晋南北朝石刻文献全编（一）》，第241页。

③ （清）陆耀遹纂《金石续编》卷2，国家图书馆善本金石组编《先秦秦汉魏晋南北朝石刻文献全编（二）》，北京图书馆出版社，2003，第289页。

④ 牛诚修撰《定襄金石考》卷1，国家图书馆善本金石组编《先秦秦汉魏晋南北朝石刻文献全编（二）》，北京图书馆出版社，2003，第446页。

⑤ 张维纂《陇右金石录》卷1，国家图书馆善本金石组编《先秦秦汉魏晋南北朝石刻文献全编（二）》，北京图书馆出版社，2003，第727页。

⑥ 《宋书》卷95《索虏列传》，中华书局，1972，第2341页。

⑦ 《南齐书》卷3《武帝本纪》，中华书局，1972，第55页。

⑧ 《梁书》卷38《朱异列传》，中华书局，1973，第539页。

⑨ 《陈书》卷3《高祖本纪下》，中华书局，1972，第31页。

"六合未混，旰食弥忧"，① 因天下没有统一而寝食难安。他后来又在遗诏中表示"方欲荡清四海，包吞八荒"，② 表明自己渴望统一天下，因无法实现而抱憾终身。

值得一提的是，在南朝臣僚的诗乐歌赋中，政治"大一统"思想均有体现，试举以下例子。刘宋谢庄《舞马赋应诏》中曰："天子驭三光，总万宇"，③ 声称天子统御日月星辰，总领天地间万物。南梁张缵在《南征赋》中曰："六夷膜拜，八蛮同轨"，④ 赞扬梁武帝萧衍让六夷服拜称臣。宫廷乐歌如刘宋王韶之《宋四箱乐歌》之《大会行礼歌》曰："光宅宇宙，赫赫明明"，⑤ 赞扬刘宋政权居有天下万邦，声威显赫。刘宋宫廷乐歌《食举歌》曰："德泽被八纮，干宁轨万国"⑥、"礼仪焕帝庭，要荒服遐外"⑦、"宁八表，康九服"⑧。王韶之作《后舞歌》曰："海外有截，九围无尘。"⑨ 南齐齐明帝萧鸾神室演奏《明德凯容之乐》曰："四海来祭，万国咸宁。"⑩ 南齐宫廷乐歌《食举歌》曰："德泽被八纮，礼章轨万国。"⑪ 这些史料体现了南朝君臣渴望实现政治"大一统"的心态。

由此可见，南北朝时期"大一统"思想包含以下内容：一是强调本政权的正统性和其他政权的僭伪性，认为理应由本政权实现政治和疆域上的统一；二是尽管没有真正实现"大一统"，南北政权各阶层也笼统地宣称本政权是实现了政治"大一统"的政权，由此表达出对政治"大一统"的认同和向往。

南北朝统治者对政治"大一统"的认同与向往，不仅停留在口头上、

---

① 《陈书》卷5《宣帝本纪》，第86页。
② 《陈书》卷5《宣帝本纪》，第99页。
③ 《宋书》卷85《谢庄列传》，第2175页。
④ 《梁书》卷34《张缵列传》，第496页。
⑤ 《宋书》卷20《乐志二》，第593页。
⑥ 《宋书》卷20《乐志二》，第596页。
⑦ 《宋书》卷20《乐志二》，第596页。
⑧ 《宋书》卷20《乐志二》，第596页。
⑨ 《宋书》卷20《乐志二》，第597页。
⑩ 《南齐书》卷11《乐志》，第184页。
⑪ 《南齐书》卷11《乐志》，第188页。

文字上，而且体现在政治实践中。为了实现政治"大一统"，南北朝诸政权皆采取了系列政治举措，励精图治，力图增强国力，超越其他政权。由此形成了元嘉之治、永明之治等诸多短暂的治世。对外采取了系列军事行动，发动统一战争。南北各主要政权以"大一统"思想为指导，南朝多次北伐，北朝也多次南征，东西魏分裂后东西政权之间同样相互征伐。战争无疑给国家和民众带来巨大的灾难，但不可否认在客观上加速了南北统一。此外，南北朝诸政权不遗余力地宣扬以自身政权为核心的"大一统"秩序。在南北互动交流中，通常宣扬己方政权始终要统一对方。但在对峙的过程中，都无力统一对方，只能退而求其次，阐释对峙格局依然符合稳定的"大一统"天下秩序。南北政权都会将自身政权地位塑造为"大一统"天下秩序的中心，表明自己的正统地位，也维护了以自身政权为核心的"大一统"秩序。如南齐永明七年（489），南齐颜幼明、刘思敩出使北魏，朝会上二人的座位与高句丽使者座位相连，颜幼明表达不满"况东夷小貊，臣属朝廷，今日乃敢与我蹲踞"，刘思敩也认为"我圣朝处魏使，未尝与小国列"。[①] 北魏对南齐使臣的座位安排，实际上体现了北魏安排的"大一统"天下秩序；而南齐使臣则强烈抗议与"东夷"的座位相连，力争要与北魏平等。

综上所述，在"大一统"思想的指导下，南北朝时期的社会各阶层，包括君臣、民众在内，皆认同和向往"大一统"政治局面。统治者以"大一统"思想为指导，积极采取系列政治、军事举措。这些举措有力地促进了各民族的交往交流交融，为隋朝发动统一战争、结束政治分裂奠定了坚实的基础，推动了统一的历史进程。

## 二 文化"大一统"思想与实践

南北朝时期"大一统"思想的内容之二是文化"大一统"。有学者指出："南北朝时期虽然在政治上还暂时对峙，但在理念上却是统一

---

① 《南齐书》卷47《东南夷列传》，第1010页。

的。人们并不因政权建立者族属的不同而相互排斥，而是在文化的标准下取得认同。"① 在南北朝时期人们的认知和表述中，文化"大一统"是实现统一的重要内容和衡量标准。面对分裂的局面，南北政权都希望实现文德教化，以道德和文化的力量凝聚人心，实现文化"大一统"的理想。

对于文化"大一统"的追求和向往，南北政权君臣几乎是高度一致的。北魏大臣张衮给明元帝拓跋嗣上奏希望拓跋嗣在用武力征服的同时也要重视发挥"文德"的作用，这样"太平之化，康哉之美，复隆于今，不独前世"，② 教化美好的局面才会出现，体现了张衮重视文化的作用，寄托了对实现文化"大一统"的期盼。刘宋时期，谢灵运建议宋文帝刘义隆讨伐河北，他在奏疏中叙及刘义隆之父宋武帝刘裕的抱负，即："将欲荡定赵魏，大同文轨，使久沦反于正化，偏俗归于华风。"③ 他认为刘裕北伐的目的是实现车同轨、书同文，重振中原华夏文明，并使偏远边陲地区也被华夏文明所浸润。这一表述体现了谢灵运对文化"大一统"的追求。齐高帝萧道成下诏修建学校，推行教化，在诏书中曰："今关燧无虞，时和岁稔，远迩同风，华夷慕义"，④ 描述当时的社会祥和局面，如远近风俗相同，华夷各族钦慕礼义教化。南齐宫廷乐歌《食举歌》曰："王道四达，流仁德。……德泽被八纮，礼章轨万国。"⑤ 乐歌赞颂了天子教化天下，王道仁德到达四面八方，万国遵守礼制典章，体现了对文化"大一统"的赞美。

南北政权往往将实现统一形容为实现"车同轨，书同文"，蕴含文化"大一统"之意。这样的表述有很多，如北魏明元帝拓跋嗣曰："朕方混一车书，席卷吴会"，⑥ 将统一天下表述为"混一车书"，实际上也有实

① 刘正寅：《"大一统"思想与中国古代疆域的形成》，《中国边疆史地研究》2010 年第 2 期，第 16 页。
② 《魏书》卷 24《张衮列传》，第 614 页。
③ 《宋书》卷 67《谢灵运列传》，第 1772 页。
④ 《南齐书》卷 2《高帝本纪下》，第 37 页。
⑤ 《南齐书》卷 11《乐志》，第 188 页。
⑥ 《魏书》卷 38《王慧龙传》，第 875 页。

现文轨一致的文化"大一统"的含义。再如东西魏邙山之战，东魏封子绘曰："混一车书，正在今日"①；西魏柳桧曰："然而四方未静，车书不一"②；梁武帝萧衍在诏书中曰："疆场多阻，车书未一"。③

南北政权君臣充分认识到在治理过程中要发挥文教的作用，同时希望通过文化的力量，即通过王化、教化的途径实现"大一统"。如北魏宣武帝元恪下诏曰："江海方同，车书宜一，诸州轨辙南北不等。今可申敕四方，使远近无二。"④ 他下令在北魏疆域内实现"车同轨"，这反映了元恪的文化"大一统"治理思想。再如北魏派使臣向南齐求取典籍，南齐大臣王融建议齐武帝萧赜同意北魏的请求。他认为北魏统治者治理无方才来求典籍，"若来之以文德，赐之以副书"，华夏制度文化就能重新进入北方，到那时不需要打仗，自然就会出现"提浆伫俟，挥戈愿倒，三秦大同，六汉一统"⑤ 的局面。王融想通过王化、教化途径实现"大一统"，这也体现了对文化"大一统"的重视。

由此可见，南北朝时期文化"大一统"蕴含以下内容：一是南北政权都希望实现文化上的统一；二是将实现统一比作实现"车同轨，书同文"；三是南北政权君臣充分认识到在治理过程中要发挥文教的作用，同时希望通过文化的方式，即通过王化、教化的途径实现"大一统"。可见，在南北朝时期人们的认知和表述中，文化"大一统"是实现统一的重要组成部分和衡量标准。

对此，南北朝诸政权统治者均采取了系列举措，将文德教化的理念付诸国家治理的实践。在他们的实现"大一统"的具体方案中，不只是有发动统一战争的军事方案，同时注重发挥文化的力量，推广儒学，重视教化，试图以文化和道德的影响力，达到不战而屈人之兵的效果，以此推动统一大业的进程。

早在东晋建立前，当时的散骑常侍戴邈就上表司马睿，否定了"今

---

① 《北齐书》卷21《封子绘列传》，第305页。
② 《周书》卷46《孝义列传》，第828页。
③ 《梁书》卷3《武帝本纪下》，第80页。
④ 《魏书》卷8《世宗纪》，第208页。
⑤ 《南齐书》卷47《王融列传》，第819页。

或以天下未一，非兴礼学之时"①的言论，认为在"天下未一"的乱世同样要"兴礼学"，因为"儒道深奥，不可仓卒而成"，否则天下太平之时没有人可以制定礼乐。东晋时期类似的观点还有很多，如征西将军庾亮在武昌开置学官时认为北方少数民族"文教未洽，不足绥之邪"；南方政治安定，如果也不推行礼乐教化，发展教育，"其何以训彝伦而来远人乎"。②可见庾亮认为实行教化的目标是浸润远人，实现统一。《宋书》修史者沈约在编写刘宋的礼志时，将这些史料放入，从一个侧面体现此观点在南朝的代表性和广泛性。

受"大一统"思想的影响，南北朝诸政权对礼义教化都十分重视。南朝君臣大力提倡设置国子学，倡导儒学教育。宋武帝刘裕下诏："便宜博延胄子，陶奖童蒙，选备儒官，弘振国学。"③齐高帝萧道成下诏"修建教学，精选儒官，广延国胄"。④梁武帝萧衍下诏"宜大启庠教，博延胄子"⑤。陈朝延续前朝有"皇太子亲释奠于太学"⑥、"皇太子出太学，讲孝经"⑦等活动事务。同时，臣僚也积极建议统治者重视礼义教化，如南齐步兵校尉何佟之提议礼典和文教要时常更新，这样才能"使四方观化者，莫不欣欣而颂美"。⑧再如南陈沈不害因南梁末年的动荡导致国学未立，上书建议"宜其弘振礼乐，建立庠序"。⑨

北朝统治者对礼义教化同样非常重视，早在北魏建立时，北魏道武帝拓跋珪"立太学，置五经博士生员千有余人"。⑩孝文帝元宏更是重视礼义教化，被评价为"文教之事，所未遑也"。⑪宣武帝元恪下诏"可敕

---

① 《晋书》卷 69《戴邈列传》，第 1849 页。
② 《宋书》卷 14《礼志一》，第 363—364 页。
③ 《宋书》卷 3《武帝本纪下》，第 58 页。
④ 《南齐书》卷 2《高帝本纪下》，第 38 页。
⑤ 《梁书》卷 2《武帝本纪中》，第 46 页。
⑥ 《陈书》卷 5《宣帝本纪》，第 80 页。
⑦ 《陈书》卷 6《后主本纪》，第 112 页。
⑧ 《南齐书》卷 9《礼志一》，第 141 页。
⑨ 《陈书》卷 33《儒林列传》，第 447 页。
⑩ 《魏书》卷 84《儒林列传》，第 1841 页。
⑪ 《魏书》卷 7 下《高祖纪下》，第 187 页。

有司依汉魏旧章，营缮国学"。① 孝明帝元诩下诏"有司可豫缮国学，图饰圣贤，置官简牲，择吉备礼"。② 北齐文宣帝高洋"诏郡国修立黉序，广延髦儁，敦述儒风"。③ 北周武帝宇文邕多次亲自宣讲儒家经典《礼记》："集群臣亲讲礼记"④、"集百僚及沙门道士等，亲讲礼记"⑤。

综上所述，南北朝时期诸政权以"大一统"思想为指导，推广儒学，重视礼义教化，推动了南北、华夷之间共同文化心理的形成和发展，为结束南北分裂、实现国家统一奠定了深厚的文化底蕴和社会心理基础。由此可见，古代中国的"大一统"具有深厚的文化底蕴和社会基础，与古罗马依靠武力建立形式上的统一帝国具有截然不同的性质，体现了南北朝时期的中国与古代罗马不同的历史特点和历史道路，也预示了二者不同的历史命运与结果。

## 三 华夷"大一统"思想与实践

华夷"大一统"是"大一统"思想的重要组成部分，也是南北朝时期"大一统"思想中尤为敏感的内容之一。南北朝诸政权皆对华夷和谐相处、融为一体怀有热切的期待，并采取了相应举措。

关于南北朝时期华夷"大一统"的认知与表述的相关史料虽然不多，但通过有限的史料，仍然可以对其略微窥知一二。北朝石刻史料《七宝山灵光寺造像记》录文记载"愿福钟皇家，绵历延绪，八荒钦风，□□归仁，变彼戎夷，莫不来往"⑥，体现了北朝民众希望华夷各族能够广泛交往。北魏节闵帝元恭与元翌、薛孝通作韵取乐，其中节闵帝元恭所做的一句为"君臣体鱼水，书轨一华戎"，⑦ 这一表述尤为突出地体现了元

---

① 《魏书》卷 8《世宗纪》，第 198 页。
② 《魏书》卷 9《肃宗纪》，第 229 页。
③ 《北齐书》卷 4《文宣帝纪》，第 53 页。
④ 《周书》卷 5《武帝纪上》，第 72 页。
⑤ 《北史》卷 10《周本纪下》，第 354 页。
⑥ 牛诚修撰《定襄金石考》卷 1，载国家图书馆善本金石组编《先秦秦汉魏晋南北朝石刻文献全编（二）》，北京图书馆出版社，2003，第 446 页。
⑦ 《北史》卷 36《薛孝通列传》，中华书局，1974，第 1334 页。

恭的华夷"大一统"思想。东魏孝静帝元善见在禅位给高洋的过程中，册封高洋时叙述他的功劳有"持衡匡合，华戎混一",[①] 即宣称高洋保持了稳定统一的国家并且使华戎各族融为一体，反映了对华夷"大一统"的认同。魏收在《魏书·地形志》中论述到"战国分并，秦吞海内，割裂都邑，混一华夷",[②] 如此记载与论述至少说明生活于北魏、北齐时代的魏收对秦朝"混一华夷"持肯定态度，拥有华夷"大一统"思想。再如宋顺帝刘准禅让皇位给萧道成，策书提到萧道成的功绩有"殊类同规，华戎一揆",[③] 即赞扬萧道成让华夷各族有相同的制度和准则。《南史》对此也有记载，其文曰："殊类同规，华戎一族",[④] 即华夷各族遵守相同的制度，成为一族。由此可见，南北朝诸政权君臣普遍将华夷一体视为国家繁荣、正常的标志，体现了对华夷"大一统"的肯定和期待。

由上可知，南北朝时期的华夷"大一统"包含以下内容：一是希望各民族和谐相处，密切交往；二是强调华夷各民族是一个密不可分的整体。华夷"大一统"思想在隋朝得到延续和发展。如《西域图记》编写者裴矩赞扬隋炀帝"应天育物，无隔华夷",[⑤] 认可隋炀帝顺应天命抚育万物，使华夷之间没有隔阂。再如隋炀帝在诏书中曰："随才任用，无隔夷夏",[⑥] 即根据才能用人，不受华夷的限制，这些都与南北朝时期华夷"大一统"思想一脉相承。

与此同时，南北朝时期诸政权以"大一统"思想为指导，制定民族政策，处理内部民族问题，进行"华戎一体"的实践。南朝政权内部面临的民族问题主要是如何对待"蛮""俚""僚"等南方少数民族，民族政策相对来说更为传统，基本上与历代王朝民族政策一脉相承，并有所发展。相关研究认为，南朝对蛮、僚、俚等南方各族的具体措施主要有三个方面：其一是在少数民族聚居区设置左郡、左县，与汉族杂居的少

---

① 《北齐书》卷4《文宣纪》，第45页。
② 《魏书》卷106上《地形志上》，第2455页。
③ 《南齐书》卷1《高帝本纪上》，第21页。
④ 《南史》卷4《齐本纪上》，中华书局，1975，第108页。
⑤ 《北史》卷38《裴矩列传》，第1389页。
⑥ 《北史》卷12《隋本纪下》，第458页。

数民族采取编户齐民的措施；其二是"以夷制夷"；其三是征收赎物租赋及讨伐掠夺。① 特别是在第一个方面，南朝逐步将少数民族变为郡县编户齐民，极大地推进了南朝"华戎一体"的进程。

与南朝相比，北朝民族问题更为复杂严峻，既有胡汉矛盾，又有北方少数民族之间的矛盾。北魏太武帝拓跋焘统一北方后，即面临此困境。北魏虽然统一了北方，但其疆域内汉、匈奴、鲜卑、羯、氐、羌交错杂居，各族首领和上层分子各怀异心，政局不稳，汉人士族与鲜卑贵族的矛盾尤为尖锐。这种局面促使北朝统治者采取系列民族政策，推动各民族交往交流交融，以巩固本政权的统治。面对困局，拓跋焘只能尽量平衡二者以稳定政局。汉人士族崔浩主张"齐整人伦，分明姓族"，② 试图通过恢复门阀制度来缓解胡汉矛盾，但最终自己因"国史之狱"被杀，这说明北魏前期推进"华戎一体"的阻力很大。但是，北魏历代统治者积极采取汉化措施，促进各民族的交往交流交融，取得了明显的成效。孝文帝汉化改革进一步缓解了胡汉矛盾，推动了北方的民族融合，为中华民族共同体的形成与发展发挥了积极作用。

北魏分裂为东魏、西魏以后，东魏、西魏各自面临严重的胡汉矛盾问题。特别是在东魏，鲜卑人和汉人隔阂较深。东魏权臣高欢灵活运用自己的"双重身份"——既出身于鲜卑聚居地的六镇之一怀朔镇，又自称渤海高氏之后，努力平衡胡汉关系，缓和二者的矛盾。高欢劝导鲜卑人说："汉民是汝奴"，对汉人说："鲜卑是汝作客"，③ 凭借灵活的处事风格，东魏胡汉关系得到一定程度的缓解，胡汉统治阶层上层虽然表面上看来发生了一些尖锐的冲突，但没有造成胡汉群体性关系的根本性、社会性转变，民族关系相对比较平稳，为东魏、北齐的创建奠定了基础。

西魏同样面临如何推进"华戎一体"的问题。权臣宇文泰在苏绰的帮助下，创建府兵制，设置六军，其形式与周礼相吻合；同时又仿照鲜卑早期的八部制，设置八柱国，得到鲜卑族的认可，巧妙地做到了将胡

① 参见翁独健主编《中国民族关系史纲要》，中国社会科学出版社，2005，第255—258页。
② 《魏书》卷47《卢玄列传》，第1045页。
③ 《资治通鉴》卷157《梁纪十三》，中华书局，1956，第4882页。

汉制度文化融合为一体。从鲜卑族的角度看，通过设置八柱国和十二大将军，提升了军功将领的政治地位，同时附加改籍贯和恢复鲜卑旧姓等条件，取得了鲜卑人的支持。从汉人的角度看，赐鲜卑姓虽然带有鲜卑化的色彩，但往往同时伴随个人的升迁和获得采邑，符合汉人的切身实际利益。且宇文泰在国家治理上以恢复"周礼"为旗号，迎合了治域内汉人的心理，客观上增强了胡、汉各族对宇文氏的认同，推进了"华戎一体"的形成进程，为建立和巩固西魏、北周的统治奠定了基础。

总体来说，北朝统治者特别是北魏统治者的民族政策是比较成功的。孝文帝汉化改革取得巨大成效，古往今来获得众多肯定和赞誉。其后的东魏北齐、西魏北周政权的民族政策同样不乏可圈可点之处。例如《北齐书》对高欢的民族政策给予高度评价，认为高欢规划长远，成效显著，"至南威梁国，北怀蠕蠕，吐谷浑、阿至罗咸所招纳，获其力用，规略远矣"。[1] 再如《周书》描述了华戎交融的景象："浇淳之变，无隔华戎""戎夏离错，风俗混并"，[2] 这实际上也是对北周民族政策的肯定。

综上所述，南北朝时期诸政权深受华夷"大一统"思想的影响，重视民族关系，强调华夷一体，并采取了相应的民族政策，竭力推进"华戎一体"，达到了维护和巩固统治的目的，客观上增强了各民族的交往交流交融，推动了中华民族多元一体格局的形成，促进了中华民族共同体的形成和发展，具有积极的历史作用。

# 结　语

通过从思想与实践两个维度对南北朝时期"大一统"进行考察，本文形成如下几点粗浅的认识。

其一，南北朝时期的"大一统"思想具有内涵丰富、影响广泛的突出特点。从内容上看，"大一统"思想包含了政治"大一统"、文化"大一统"、华夷"大一统"三个方面，这些内容通过皇帝、臣僚、民众各阶

---

①　《北齐书》卷2《神武帝纪下》，第25页。
②　《周书》卷50《异域列传下》，第921页。

层的认知和表述得到充分呈现。从社会影响面来看，南北朝时期虽然是中国历史的分裂时期，但皇帝、臣僚、民众各阶层都有与"大一统"相关的认知和表述，说明"大一统"思想已经深入人心，并被南北朝时期华夷各族广泛接受，成为南北朝时期的社会共识和政治主流意识。

其二，南北朝时期"大一统"思想对当时诸多政权的治国理政具有重要的指导意义。南北朝时期的"大一统"思想不仅表现在认知层面，而且深入渗透到国家治理的实践层面，成为南北朝时期诸多政权治理国家的指导思想。南北朝时期虽然是分裂动荡时期，但南北双方政权，无论最终成败，都以"大一统"思想为指导，将实现"大一统"作为共同信念与至高理想，并竭力付诸实践。"大一统"思想通过无形的力量推动了南北朝历史走向统一。

其三，南北朝时期的"大一统"思想与实践对中华民族共同体的历史演进起到了重要的推动和引领作用。"大一统"思想深深植入南北朝时期各民族的内心，成为隋唐实现统一的直接的精神动力源泉。受"大一统"思想的影响，南北朝时期诸政权制定了一系列符合实际需要、顺应历史发展的民族政策，不仅巩固了本政权的统治，而且客观上推动了各民族的文化整合与民族交融，增强了各民族亲密互动、水乳交融的关系，提升了中华民族的凝聚力与生命力，加快了南北朝结束分裂、走向统一的历史进程，推动了中华民族共同体的形成和发展，具有深远的历史意义。

# 从沙陀将门到尚儒业举

## ——五代入宋的安氏家族及其时势因应

孟泽众*

**摘 要** 安审琦家族本属沙陀族群，是代北集团的重要成员。从五代、北宋、南宋三个阶段考察其家族家世，发现在仕宦、婚姻、交游等各方面呈现出不同特点。五代时，安氏家族为将门之家，五人为正任节度使；北宋时，家族保持与宗室通婚，子孙多在京师担任武选官；南宋时，后人在明州与地方士人交游，在诗学、理学方面取得成就，逐渐走上科举传家之路。此外，分析安氏家族的地域迁徙，可看出地域文化深刻影响着其家族文化，进而发现正是逐渐通过构建共同的历史记忆勾连了家族与地域、国家之间的认同。

**关键词** 沙陀；安氏家族；仕宦；婚姻；地域

## 引　言

沙陀，又称"沙陀三部落"，是指沙陀、索葛、安庆三部落，一般认为其族群源自昭武九姓粟特人。① 这个族群活跃于唐末五代时期，五代中后唐、后晋、后汉都是由沙陀人建立的，称为沙陀三王朝，可谓烜赫一时，但入宋后却又销声匿迹，逐渐消失在史籍的叙述之中。目前学界关

---

＊　孟泽众，湖南大学岳麓书院博士后。

①　张广达：《唐代六胡州等地的昭武九姓》，《北京大学学报》（哲学社会科学版）1986年第2期，第73—84页。

于沙陀族研究主要集中在唐末五代，而很少关注沙陀后人的入宋境况。[①]
笔者此前搜集到五代沙陀大将安金全后人的两方出土墓志，后在宋人文
集中又发现四方安氏家族墓志，这些墓志为我们了解安氏家族在五代两
宋的生存状况提供了宝贵的材料。基于此，本文拟以这六方墓志材料为
主，结合其他相关记载，对沙陀后人安氏家族五代至宋末300年的家族变
迁进行一番初步探索。并以安氏家族为个案，尝试分析两宋时期的少数
民族家族的身份转换及其对族属、地方与国家之间的认同，进而展现时
代变迁与家族命运的纠葛。

## 一　将门之家：五代时期的安氏家族

五代是一个武人专政的时代，以至武将公然喊出："天子，兵强马壮
者当为之，宁有种耶?"[②] 在此期间，代北地区崛起并集中的一批武将成
为历史舞台上的主角，学界亦有所谓"代北集团"[③] 提法，本文所论安氏
家族即是其中重要一支。下面先从五代追溯。

### （一）五代安氏家族谱系钩沉与复原

《旧五代史》《新五代史》《册府元龟》等传世文献都为安氏家族诸
人立有传记，但谱系并不清楚。根据安金全第三子安审韬墓志铭，[④] 参之
以其他相关记载，可较为完整复原五代安氏家族谱系。

---

① 沙陀族群后人及其家族的相关研究，主要集中于安丙这一南宋时期的著名人物。参见唐
　　云梅《安丙及其家族成员考略》，《中国历史文物》2002年第6期，第62—66页；蔡东
　　洲《安丙家族考论》，《文献》2004年第4期，第244—360页；蔡东洲、胡宁《安丙研
　　究》，巴蜀书社，2004年。也有学者关注到安氏家族的变迁，参见杨晓敏《南北·胡汉·
　　文武——唐宋时期代北安氏家族变迁考论》，载姜锡东主编《宋史研究论丛》第26辑，
　　科学出版社，2020，第278—294页。
② 《旧五代史》卷98《晋书·安重荣传》，中华书局，1976，第1302页。
③ 樊文礼：《唐末五代的代北集团》，中国文联出版社，2000，第5页。
④ （宋）李撰：《大宋故武宁军节度副使光禄大夫检校司徒兼御史大夫上柱国安定郡开国
　　侯食邑一千户安府君（审韬）墓志铭并序》。拓片及录文见吴业恒等《河南省洛阳市北
　　宋安番（审）韬墓发掘简报》，《洛阳考古》2015年第1期。其中录文有误，在具体引
　　用时有说明（以下简称《安审韬墓志》）。

表1　五代时期安氏家族世系

| 代数 | 姓名 | 职官 | 史料来源 |
|---|---|---|---|
| 第一代 | 安明 | 贞晦不仕，累赠太傅 | 李擢《安府君（审韬）墓志铭并序》 |
| 第二代 | 安山盛 | 朔州牢城都校，赠太傅 | 薛居正《旧五代史》卷123《安审琦传》 |
| 第三代 | 安金祐 | 世为沙陀部偏裨，名闻边塞 | 薛居正《旧五代史》卷123《安审信传》 |
| | 安金全 | 唐振武节度使，同中书门下平章事 | 张宗海《安守忠墓志铭》 |
| 第四代 | 安审晖 | 故邢州节度使太子太师致仕，赠侍中 | 李擢《安府君（审韬）墓志铭并序》 |
| | 安审琦 | 青州节度使陈王，赠齐王 | |
| | 安审韬 | 授武宁军节度副使，检校司徒 | |
| | 安审玉 | 郓州节度副使，检校司徒 | |
| | 安审寓（通） | 沧州节度使，检校太傅 | 薛居正《旧五代史》卷61《安审通传》 |
| | 安审卿（信） | 同州节度使，龙武大将军，检校司空 | 薛居正《旧五代史》卷123《安审信传》 |
| | 安审霸 | 充东头供奉官 | 李擢《安府君（审韬）墓志铭并序》 |
| 第五代 | 安守镖 | 赞善大夫 | 薛居正《旧五代史》卷123《安审晖传》 |
| | 安守镬 | 太子左赞善大夫 | 张宗海《安守忠墓志铭》 |
| | 安守忠 | 感德军节度观察留后，检校太傅 | |
| | 安守鉴 | 无官任 | |
| | 安守鎏 | 东头供奉官 | |
| | 安守功 | 永兴子城使 | 李擢《安府君（审韬）墓志铭并序》 |
| | 安守一 | 西头供奉官 | |
| | 安守仁 | 殿直 | |
| | 安守寿 | 无官任 | |

第一代，安明不见史载，仅在《安审韬墓志铭》中有追述，当是因子孙军功而赠官太傅。第二代，安山盛在朔州发迹，开始从军，担任牢城

都校。但在《安守忠墓志铭》中为"唐朔州都指挥使"，可见只是在军中担任军职，未正式得到朝廷任命职官。① 第三代，安金全为后唐时期的重要将领。在李克用为雁门节度使时，安金全已担任骑帅开始跟随左右。在唐庄宗时，安金全守太原有功；唐明宗时，任朔州振武军节度使，为家族兴盛奠定了基础。第四代，安金全有四子：安审晖、安审琦、安审韬、安审玉。《旧五代史》为安审晖、安审琦立传。安金祐有三子：安审信、安审通、安审霸。《册府元龟·贵盛》与《安审韬墓志铭》所记相同作"安审寓，安审卿"。《旧五代史》、《资治通鉴》和《册府元龟》中其他部之下作"安审信、安审通"。七人之中，有四人曾担任过正任节度使。家族如此之鼎盛，"将门之盛，近代罕俦"，在五代时期这种现象并不多见。② 但安氏家族很快又在第五代开始转衰，除安守忠外，其他人只担任低级中下层武官。其中，安守鏻为安审晖之子；安守鏻、安守忠、安守鉴、安守鋬为安审琦之子；安守功、安守一、安守仁、安守寿为安审韬之子。

### （二）五代安氏家族的仕宦

关于五代时期安氏家族的仕宦情况，樊文礼、刘冲已对安金全、安金祐、安审琦、安审晖、安审信、安审通等人都有细致的分析。③ 在此基础之上，笔者将结合近年来新发现的《安审韬墓志铭》加以考证，略做补充。

安审韬生于唐昭宗光化四年（901），25岁时跟随其父振武军节度使安金全，补军职为振武军都知兵马使。振武军位于朔州（今山西朔州），雁门关以北，战略位置重要。一方面，云、朔二州是代北集团的起家龙

---

① （宋）张宗海：《安守忠墓志铭》，载《北京图书馆藏中国历代石刻拓本汇编》第38册，中州古籍出版社，1990，第4页。录文参见曾枣庄、刘琳编《全宋文》卷269《张宗海》，上海辞书出版社，2006，第310—314页。

② （宋）王钦若等编纂，周勋初等校订《册府元龟》卷866《总录部·贵盛》，凤凰出版社，2006，第10097页。

③ 樊文礼：《唐末五代的代北集团》，中国文联出版社，2000，第67—68页；刘冲：《五代宋初军政职官制度与人事变迁研究》，博士学位论文，西北大学，2016。

兴之地，一旦河东太原有失可以退回关外，需密迩亲信之人驻守；另一方面，此地为契丹王朝与中原政权的交界地带，常常面临侵扰，需骁勇善战之人防卫，安金全父子恰适宜担当此任。

在安金全去世后，安审韬任安州行军司马。后唐长兴年间（930—933），安审韬被授以禁军军职，右神武将军属。清泰年间（934—936），担任怀、孟、魏府、邢等州转运副使。五代时期的转运副使，又称"随军转运副使"，主要负责配合军事作战和军队粮草供应。在清泰年间，其兄安审琦任邢州节度使，与石敬瑭、契丹作战，安审韬很有可能为其兄所领之军作粮草供应补给。在后晋时，因安审琦、安审信有助石敬瑭建国之功，安审晖、安审琦、安审信皆为正任节度使。[①] 安审韬也获得更高的任命，担任河阳节度副使，知军府事，后又任贝州节度副使，定州节度副使，知军府事。安审韬常常扮演着节镇治州军政实际掌权者的角色。在后汉时，安审韬为同州节度副使，随匡国节度使张彦威左右，参与平定了李守贞叛乱。[②] 安审韬受到了赏赐，"加司空，增户封"，任郓州节度副使。后周时期，安审韬为陕州（今河南省三门峡市陕州区）节度副使，跟随"陕帅折公（折从阮）"。建隆元年（960），安审韬在徐州武宁军节度副使任上去世。

通过对安审韬仕宦的考察可以透视出五代政权政治集团的变迁和官僚政治结构的重建。从政治集团变迁而言，安氏家族"将门之盛，近代罕俦"的直接原因是代北武人集团长期主导王朝递嬗。安氏家族中五人担任正任节度使，皆由代北所出天子任命。安金全因"（唐）明宗与之有旧"受到器重领方镇；安审寓（通）因隋唐明宗多建有功勋任节度使；安审琦、安审晖、安审信皆因临阵倒戈拥立晋高祖石敬瑭而获领节镇。随着后周代北集团势力逐渐式微，安氏家族未再出现新任节度使。

## （三）五代安氏家族的通婚

五代时期，安氏家族最多的是与代北集团内部的通婚。比如第五代

---

① 樊文礼：《唐末五代的代北集团》，第99页。
② 《资治通鉴》卷288，后汉乾祐元年九月，第9379页。

安守仁，"次曰守仁，殿直。先娶杨氏，神武大将军之女，后娶皇甫氏，故华州节度使、太子太师致仕之女"。① "华州节度使"应指皇甫立。皇甫立，代北人，清泰三年（936）时，任华州节度使；后汉高祖刘知远时期，以太子太师致仕。② 皇甫立深受唐明宗信任，"王建立、安重诲策名委质，皆在（皇甫）立后"。③ 后来权倾一时担任枢密使的安重诲，进入唐明宗所构建的武将集团，排位也在皇甫立之后，可见皇甫立资历之深。

除此之外，安氏家族也与积极向代北集团靠拢的武将成员通婚。诸如，安审琦之子：

> （安）守一，西头供奉官。先娶赵氏，故□牧太保之女，早亡。④

爬梳《旧五代史》《新五代史》《册府元龟》《五代会要》后，笔者发现赵姓官员只有赵在礼一人官任太保，"天成元年五月，授滑州节度使、检校太保"。⑤ 有趣的是，安守忠之妻也为赵在礼之女，"夫人赵氏，故中书令讳在礼之女也"。⑥ 赵在礼，涿州（今河北涿州）人，本属河朔藩镇刘仁恭集团的部下，后才投靠李存勖。他积极与安氏家族通婚，显然是为了取得唐庄宗、唐明宗的信任，以及由河朔融入代北集团。另外，安金全和赵在礼在唐明宗时期都受到了重用，赵在礼曾为唐明宗能够顺利夺权登基的骨干人员。后唐庄宗同光四年（926），魏州发生兵乱，拥立赵在礼为帅。李嗣源被唐庄宗派遣前去镇压，赵在礼开城接纳，随后唐明宗进入洛阳登基。赵在礼非但没有因作乱受到诛杀，相反"授滑州节度使、检校太保"。⑦ 而唐明宗即位后，朝廷授予一直赋闲在太原的安金全振武军节度使，掌控代北地区。

---

① （宋）李擢：《安审琦墓志》。
② 《旧五代史》卷106《汉书·皇甫立传》，第1398页。
③ 《旧五代史》卷106《汉书·皇甫立传》，第1398页。
④ （宋）李擢：《安审琦墓志》。
⑤ 《旧五代史》卷90《晋书·赵在礼传》，第1178页。
⑥ （宋）张宗海：《安守忠墓志铭》，载《北京图书馆藏中国历代石刻拓本汇编》第38册，中州古籍出版社，1990，第4页。
⑦ 刘冲：《五代宋初军政职官制度与人事变迁研究》，第26页。

安氏家族伴随沙陀三王朝始终。安金全在李克用代北起家之时，就跟随其左右，南征北伐。在唐庄宗时，安金全父子守太原有功。在唐明宗时，安金全任代北集团的根本之地朔州振武军节度使。安氏家族无论是与代北集团内部通婚，还是与后起的武将集团通婚，目的都是在仕途上获得扶持。但是正如刘冲先生所言："婚姻对于军功集团维持其家世所起作用较小或未充分得到体现。"[1] 安氏第五代的沦落就是明证，除安守忠外其他人只能在中下级武官职级徘徊。

综上所述，安氏家族扮演五代沙陀王朝天子爪牙的角色，在后唐、后晋时期家族势力达到全盛，共5人担任正任节度使。通过在代北集团内部通婚，相互扶持攀缘巩固家族势力。但因代北集团逐渐在后周失势，藩镇节帅人选也发生变化，安氏家族成员逐渐走向没落。

## 二　京师旧勋：北宋时期的安氏家族

宋初太祖、太宗"杯酒释兵权"、藩镇郡县化等一系列中央集权的措施，导致安氏家族所依存的五代藩镇结构不复存在。宋代以"事为之防，曲为之制"为理念的武将选拔系统，改变了五代单纯以军功任将的旧例，转而走向"循资格""以文御武"的路子，这是以军功见长的安氏家族所面临的新挑战。同时，以天子为首的宗室与武将集团通婚的五代传统，却保留了下来，这对安氏家族影响较大。

### （一）北宋安氏家族谱系钩沉与复原

北宋时期，安氏家族多与宗室通婚。依制，宗子配偶的墓志铭多由翰林学士、中书舍人等撰写，后收入文集得以流传至今。笔者从张方平、范祖禹文集中分别觅得《左骁卫大将军世谧夫人仁寿县君安氏墓志铭（赵世谧妻）》《赠开府仪同三司昌国公妻同安郡君安氏墓志铭（赵仲騑妻）》，墓志中都对祖先世系加以追述。另外，南宋时楼钥所撰《安光远墓志铭》也曾叙述北宋祖先。相关信息互相勾连，得以将安守忠一支世系复原。

---

[1]　刘冲：《五代宋初军政职官制度与人事变迁研究》，第90页。

表 2　北宋时期安氏家族世系

| 代数 | 姓名 | 职官 | 史料来源 |
|---|---|---|---|
| 第六代* | 安继绩 | 濮州衙内 | 张宗海《安守忠墓志铭》 |
| | 安继昌 | 如京副使 | 李焘《续资治通鉴长编》卷76 |
| | 安继能 | 无官任 | 李擢《安府君（审韬）墓志铭并序》 |
| 第七代 | 安习 | 解州防御使 | 范祖禹《范太史集》卷49《赠开府仪同三司昌国公妻同安郡君安氏墓志铭（安承祐女、赵仲騑妻）》 |
| 第八代 | 安惟演 | 东头供奉官 | 张方平撰，郑涵点校《张方平集》卷38《左骁卫大将军世谥夫人仁寿县君安氏墓志铭（赵世谥妻）》 |
| | 安怀正 | 左侍禁 | |
| 第九代 | 安承祐 | 东头供奉官 | 范祖禹《范太史集》卷49《赠开府仪同三司昌国公妻同安郡君安氏墓志铭（安承祐女、赵仲騑妻）》 |
| 第十代 | （缺） | | |
| 第十一代 | 安希文 | 崇信军节度使 | 楼钥撰，顾大朋点校《楼钥集》卷111《安光远墓志铭》 |
| 第十二代 | 安昮 | 武德大夫、真定中山府路廉访使者 | |

　　*南宋初年安之所撰《宋故安君墓志铭（安觌）》所述安守忠、安成永、安育、安觌、安寿之、安祐之、安镇六世的世系，与张宗海所撰《安守忠墓志铭》完全不同，但现存传世文献暂无法完全证实相关记载，有待进一步考证。墓志拓片参见 http://csid. zju. edu. cn/tomb/stone/detail? id =40288b957845339d017a0d333692159b&rubbingId =40288b957845339d017a0d33369a159c。

　　第六代，安继绩、安继昌为安守忠之子。安继能为安审韬之孙。安继昌得到宋真宗的赏识，担任供备库使，还曾知丹州，多次使辽。第七代，安习，根据楼钥所撰《安光远墓志铭》中所记"国朝勋籍节度留后守忠，即君之九世祖。司徒忠果雄勇功臣习，七世祖也"。[①] 此为安氏后人安昭祖追述祖先家世的记述，墓志记载当无误，显然安习为安守忠之孙。第八代，安惟演，根据张方平所撰赵世谥妻安氏的墓志铭中称"祖习，解州防御。考惟演，东头供奉官"。[②] 可知安惟演是安习之子。同时

①　（宋）楼钥撰，顾大朋点校《楼钥集》卷111《安光远墓志铭》，浙江古籍出版社，2010，第1922页。
②　（宋）张方平撰，郑涵点校《张方平集》卷38《左骁卫大将军世谥夫人仁寿县君安氏墓志铭（赵世谥妻）》，中州古籍出版社，2000，第665页。

"曾祖解州防御使习，祖左侍禁怀正"。① 可证安习的另一子为安怀正。第九代，安怀正，根据"曾祖解州防御使习，祖左侍禁怀正，父东头供奉官承祐"。知安承祐为安怀正之子。第十一代，安希文，据《安光远墓志铭》中追述"司徒忠果雄勇功臣习，七世祖也。曾祖希文，崇信军节度使"。② 七世祖与曾祖（三世祖）相差三代，故第十代（待考）。第十二代，安县"以文采受知祐陵"，受到徽宗赏识。③ 靖康元年（1126），跟随刘韐、刘子羽守真定。靖康二年，刘韐不肯降金，自缢而死。安县与刘子羽护丧，安县不幸死于途中。④

### （二）北宋安氏家族的仕宦与通婚

北宋建立以后，安氏家族历代保持与宗室通婚。这得益于安守忠、安继昌父子的仕宦经历，以及与宋代前四朝皇帝之间亲密的关系。安守忠与宋太祖有"朱祐故旧之契"，二人相识定交于宋太祖登基之前。待宋太祖平蜀之后，安守忠知兴元府，太祖每派遣官员至四川都会嘱咐"安某在蜀，汝将见之，律身之方，亟可景行"，宋太祖告诫在蜀官员要以安守忠为自律的榜样，足见宋太祖对故知旧交安守忠的器重。在宋太宗登基后，也常常询问安守忠关于夏州节度使处置方略。至道三年（997），宋真宗称赞已年老的安守忠"今列牧之臣，有干城之功，而才可任者，唯安公耳"。⑤ 可以说，安守忠深得宋初三朝天子的赞誉和赏识。

明道二年（1033），安守忠之子安继昌曾跟随章得象使辽，⑥ 可见安继昌受到宋仁宗的器重。正如贾志扬先生所提到的"至少到仁宗朝为止，

---

① （宋）范祖禹：《范太史集》卷49《赠开府仪同三司昌国公妻同安郡君安氏墓志铭（安承祐女、赵仲骓妻）》，《宋集珍本丛刊》影印清钞本，线装书局，2004，第24册，第454页b。

② （宋）楼钥撰《楼钥集》卷111《安光远墓志铭》，第1922页。

③ （宋）楼钥撰《楼钥集》卷111《安光远墓志铭》，第1922页。

④ （宋）楼钥撰《楼钥集》卷68《跋安光远所藏祖廉访诗跋》，第1214页。

⑤ （宋）张宗海：《安守忠墓志铭》，载《北京图书馆藏中国历代石刻拓本汇编》，中州古籍出版社，1990，第4页。

⑥ （宋）李焘：《续资治通鉴长编》卷112，明道二年四月庚子，中华书局，2004，第2610页。

宗室婚姻不成文的特点是无论皇帝还是宗室，其结婚对象绝大多数来自武官家族"。① 宋初立有军功的安氏家族与宗室通婚也在情理之中。不过，因为安氏家族出身沙陀，在后周、宋初其势力已经衰落，自然无法与曹氏、李氏等攀龙附凤之家相比，只能与宗室的旁支通婚。

根据张方平所撰《左骁卫大将军世谥夫人仁寿县君安氏墓志铭（赵世谥妻）》，可知第八代安惟演之女，是"赠左骁卫大将军世谥之配"。② 安氏生于天圣五年（1027），庆历元年（1041）嫁于赵世谥。赵世谥之父为赵从颖，祖为赵惟忠，曾祖为赵德昭。③ 他作为宋太祖的后人，北宋时在宗室内部并没有多少影响力。

另外，根据范祖禹所撰《赠开府仪同三司昌国公妻同安郡君安氏墓志铭（安承祐女、赵仲騑妻）》，第九代安承祐之女，是宗子赵仲騑之妻。

> （熙宁八年二月十三日）以皇兄仲騑、仲伋、仲濬、仲越、仲迂为汝、沂、解、莱、登等州防御使。先是仲騑等并羽林军大将军、衡、汉、昭、楚、贺州团练使。帝以英宗昔自藩邸入居皇子位，仲騑等以宗子从，逮帝嗣位，未有加宠，且眷其属近，故并进官。④

嘉祐七年（1062）八月，因英宗赵宗实成为皇子，赵仲騑以宗子的身份跟随入宫，可见是濮安懿王赵允让之孙。⑤ 在宋神宗熙宁八年（1075），赵仲騑作为皇兄优待加官为汝州防御使。安氏生于景祐三年（1036），皇祐五年（1053）嫁于赵仲騑。墓志铭由范祖禹撰写，模式化色彩浓厚，强调侍奉舅姑孝顺有礼，以"慈俭"著称。

---

① 〔美〕贾志扬：《天潢贵胄：宋代宗室史》，赵冬梅译，江苏人民出版社，2005，第 54 页。
② （宋）张方平撰《张方平集》卷 48《左骁卫大将军世谥夫人仁寿县君安氏墓志铭（赵世谥妻）》，第 665 页。
③ 《宋史》卷 117《宗室世系》，中华书局，1985，第 5871 页。
④ （清）徐松等辑，刘琳等校点《宋会要辑稿》帝系 4 之 28，上海古籍出版社，2014，第 114 页。
⑤ （宋）李焘：《续资治通鉴长编》卷 197，嘉祐七年八月辛丑，第 4777 页。

第十一代、第十二代、第十三代可能皆娶赵氏宗女。楼钥所撰《安光远墓志铭》追述祖先时提到"曾祖希文，崇信军节度使。祖县，武德大夫、真定中山府路廉访使者。父时，从义郎。三世皆娶赵氏，家开封祥符县"。①

综上，北宋安氏家族以军功授官只持续到了宋真宗朝的第五代安守忠，第六代安继昌已经不再继续担任军职，转而担任武选官，后代也不曾置身行伍之间。其中原因大概有二。其一，远离边地，无法建功立业。在五代时期出身代北的安氏家族，安审琦、安审信等诸人在边地与契丹多次作战，得以建功勋。而北宋后人第五代后多安逸于京师，不再赴疆场。其二，武选官"循资格"管理方式的制约。安氏家族成员在北宋多以"左侍禁""东头供奉官"等低级武选官起家，距离防御使、节度使等武将带兵序列遥遥无期。转而与宗室通婚变成了宋初勋业带给安氏家族后人的优待，成为影响维持家族兴盛的重要因素。因安守忠、安继昌与历任皇帝的亲密关系，安氏家族获得多达6代与宗室通婚的特权。王曾瑜先生在《宋朝阶级结构》一书中，将宗室纳入官户门类下分析，原因是宗室具有类似官户一样的特权。② 在北宋，安氏家族通过与宗室通婚获得荫补为官的机会，维持品官之家，同时也获得了免税等特权。

## 三　诗书传家：南宋时期的安氏家族

南宋从建立之日起，就面临强大的军事压力，故其"军事财政"特征尤为明显。③ 一方面，庞大的军费开支，使得国家财政对宗室的支持更加微薄。另一方面，南宋宗室的通婚对象也发生了变化，"到了南宋，宗室几乎只与文官精英集团联姻"。④ 作为武将后裔的安氏家族也不例外，

---

① （宋）楼钥撰《楼钥集》卷111《安光远墓志铭》，第1922页。
② 王曾瑜：《宋朝阶级结构》，河北教育出版社，1996，第258页。
③ 〔日〕宫泽知之：《北宋的财政和货币经济》，《宋代中国的国家与经济——财政、市场、货币》，创文社，1998，第33—90页。
④ 〔美〕贾志扬：《天潢贵胄：宋代宗室史》，赵冬梅译，第160页。

不再延续与宗室的惯例，在明州（今浙江宁波）定居。

## （一）南宋安氏家族谱系的钩沉与复原

安氏后人安昭祖在明州地区与地方文人交游甚密，文坛领袖楼钥为其撰写《安光远墓志铭》。另，袁桷撰《师友渊源录》中所载安刘，可能为安氏家族后人。运用这两方面的材料，可勾勒出南宋安氏家族的世系。

表3　南宋时期安氏家族世系

| 代数 | 姓名 | 职官 | 史料来源 |
|---|---|---|---|
| 第十三代 | 安时 | 从义郎 | 楼钥撰，顾大朋点校《楼钥集》卷111《安光远墓志铭》 |
| 第十四代 | 安昭祖 | 无官任 | |
| 第十五代 | 安胜非 | 无官任 | |
| | 安辟强 | 无官任 | |
| | 安去华 | 无官任 | |
| | 安弃疾 | 无官任 | |
| 后人 | 安刘 | 淳祐四年（1244）进士、淮南东路转运判官* | 佚名撰，张富祥点校《南宋馆阁续录》卷7《官联·丞》 |

\* （宋）佚名撰，张富祥点校《南宋馆阁续录》卷七《官联·丞》，中华书局，1998，第270页。

第十三代，安时善于作诗，"指物命题，脱手成句"。① 建炎年间，安时从开封逃难于明州小溪镇。第十四代，安昭祖从事举业，终身未中，著有文集《通村遗稿》。安刘可能为安昭祖后人，并没有直接证据，但间接证据有三。第一，祖籍为开封。"安刘，汴人"，安昭祖为"开封祥符县人"。第二，后都居住于明州（庆元府）鄞县小溪镇，安刘"居鄞之小溪镇"。第三，都工于诗。安昭祖"好为古文，尤工于诗，平澹敷腴，不为艰深之词"。与当时的江湖诗派代表人张良臣交往密切。② 安

---

① （宋）楼钥撰《楼钥集》卷111《安光远墓志铭》，第1922页。
② （宋）楼钥撰《楼钥集》卷111《安光远墓志铭》，第1923页。

刘"以诗义冠多士，善清言"。① 据此，安刘可能为代北安氏家族迁居明州的后人。

## （二）南宋安氏家族的交游与仕宦——以安昭祖、安刘为中心

建炎南渡之后，安氏家族于绍兴三十年（1160）迁至明州寓居小溪镇。据《乾道四明图经》，唐开元二十六年（738），明州与越州分离，州治就设在鄞县县治小溪镇。建炎以来，明州成为士大夫聚族而居之地，"平江、常、润、湖、杭、明、越，号为士大夫渊薮"，② 而小溪镇"北客多乐居之"。③ 可以说，小溪镇成为南宋中后期文人雅士的聚居之渊薮，这对迁居至此安氏家族的交游与仕宦影响至深。

据楼钥所撰墓志来看，安氏家族迁居于小溪镇的后人积极与地方士人交游，维持家族兴旺的手段逐渐向科举、理学、诗学靠拢。第十三代，安时善于作诗"指物命题，脱手成句"，"见类书辄屏去，曰：'此豫以不能待人者。'"安氏家族开始注重文学修养，讲究作诗浑然天成，发自本心，反对矫揉造作，不以寻章摘句为能。同时，安时对其子安昭祖的言传身教也相当重视，"择师以教，日益秀发。父子短檠相对，至十余载，自为知己，出入不能相舍"，十余年陪伴左右期待后人有所成就。第十四代，安昭祖听从其父嘱托，开始从事举业，"自以世袭衣冠，未有以文发身者，扁其室曰'观行'，朝暮激昂，期绍先志"，希望能够改变安氏家族没有以科举出仕的现状。可惜举业并非一帆风顺，绍熙四年（1193），五十岁的安昭祖依然没有中举，于是感慨"科举之不效，命也"。遭逢打击，安昭祖一心钻研"义理性命之学"，成为明州士人宰相魏杞的门客。魏杞曾任宋孝宗时期的宰相，在明州地区声望极高，为当地文人士大夫

---

① （元）袁桷撰，杨亮校注《袁桷集校注》卷33《先君子善承师友晚固艰贞习益之训传于过庭述师友渊源录》，中华书局，2012，第1532页；（清）黄宗羲撰，全祖望补修，陈金生、梁运华点校《宋元学案》卷76《广平定川学案·三江门人·吏部安先生刘》，中华书局，1986，第2563页。

② （宋）李心传撰，胡坤点校《建炎以来系年要录》卷20，建炎三年二月庚午，中华书局，2013，第471页。

③ （元）袁桷撰《袁桷集校注》卷19《鄞县小溪巡检司记》，第985页。

所景仰。淳熙六年（1179），魏杞卜筑于小溪镇，"丞相寿春魏公退处碧溪，山中之客惟雪窗张武子与君"，张良臣、安昭祖共同受教于魏杞。① 魏杞的学术造诣也在义理、理学方面，"平生属意性理之学，深造自得"。② 值得注意的是，魏杞早年受教于赵敦临，赵敦临受教于杨时，杨时受教于二程。显然，安昭祖所谓"义理性命之学"，乃学有渊源，归宗于二程一脉。正如清人在《宋元学案补遗》中将安昭祖列于龟山（杨时）学案之下"魏氏（杞）门人"。③ 可见当时安氏家族虽然举业不成，但理学传承却实为正宗。

安氏家族的诗学成就主要集中于安昭祖，与当时南宋盛行的江湖诗派渊源颇深。从诗人的身份、诗作风格义旨、交游状况的角度来看，应靠近江湖诗派。从身份上讲，安昭祖因不能与赵氏宗室通婚，没有取得授官的特权，成为一介布衣，却以诗人自居。从诗风来看，安昭祖"好为古文，尤工于诗，平澹敷腴，不为艰深之词。每曰：'工夫到处，却无奇特。'"④ 不拘于典故，在字句锻炼上倾注心血，这与江湖诗派追求晚唐姚合、贾岛的诗风一致。另外，安昭祖与王良臣等江湖诗派的核心人物相互交游酬唱。"山中之客惟雪窗张武子与君，从容觞咏，如裴迪之在辋川也。郑黄中、王德新、龚养正、薛清卿、汤孙将诸君，皆相与为文会酬倡之友。"⑤ 可以说，安昭祖的诗风是因受到江湖诗派张良臣的影响所致。由此来看，安昭祖即便不属于严格意义上的江湖诗派，也无疑是位江湖诗人。

及至安昭祖的后人安刘，终于完成先人"以文发身"，以科举出仕的遗愿。在淳祐四年（1244），安刘以进士中举。由此安氏家族300多年来成员首次被授以文官，景定元年（1260）安刘以太府寺丞除秘书丞，景定二年（1261）任淮南东路转运判官。⑥ 进而走出小溪镇的交际圈，结交

---

① （宋）楼钥撰《楼钥集》卷111《安光远墓志铭》，第1923页。
② （宋）朱熹撰《魏丞相行状》，载《魏文节遗书》附录引《魏氏宗谱》，四明丛书本。
③ （清）王梓材、冯云濠编撰，沈芝盈、梁运华点校《宋元学案补遗》卷25《龟山学案补遗·魏氏门人·安道村先生昭祖》，中华书局，2012，第1714页。
④ （宋）楼钥撰《楼钥集》卷111《安光远墓志铭》，第1923页。
⑤ （宋）楼钥撰《楼钥集》卷111《安光远墓志铭》，第1923页。
⑥ （宋）佚名撰，张富祥点校《南宋馆阁续录》卷7《官联·丞》，中华书局，1998，第270页。

权臣，安刘曾经是宰相贾似道的门客，但始终未得到重用。

综上，南宋时期，安氏家族不再与宗室通婚，这直接导致安氏家族不再享有荫补授官的权利。但是因家族迁徙之地明州经济发达、社会繁荣、文教兴盛，成为士大夫显贵的聚居之所。特别是小溪镇浓郁的理学、诗学氛围更是对安氏家族影响至深，家族成员交游于硕学大儒、达官显贵，构建了地方士人交际网络。以此为基础，安氏家族逐渐重视科举教育，在南宋末年后人终于以进士取得功名。

## 四　安氏家族的迁徙与文化认同

安氏家族为沙陀索葛部后裔，古人所称"胡人"，笔者通过上文的考察，基本理清了安氏家族300多年十五代人的家族谱系。这个家族对汉族文化或者儒家文化从认同到践行的过程，是一个很好的社会学、人类学解剖样本。

笔者进一步分析后认为，安氏家族在中原王朝统辖范围之内的迁徙地域对于家族成员的文化心理和文化认同造成一定的影响。根据前文考述，安氏家族迁徙历程大致如下：代北——晋阳——开封（祥符县）——明州（小溪镇）。

代北。《旧五代史》中《安金全传》记载，"代北人"。而安山盛曾任朔州牢城都校。代北，地处华夏边缘，自古就是游牧部落与农耕文明的交界地带。在唐末五代时期，主要为"沙陀三部落"所居之地，以"胡风"为主导。与安审琦为同辈人的唐庄宗回忆儿时经历"我本蕃人，以羊马为活业"，[1] 沙陀族群并没有改变游牧的生产生活方式。安氏家族之所以成为代北集团的核心成员，是因其"世为沙陁部偏裨"，世代从军，给家族烙上了尚武的印记。

晋阳。安氏家族中首次提到地缘为晋阳人，是在《安审韬墓志铭》中"河东晋阳人"。后《旧五代史》中《安守忠传》也称为"并州晋阳

---

[1] 《旧五代史》卷91《晋书·康福传》，第1200页。

人"。在唐庄宗时，安金全"以老病退居太原"。所以大致时间在后唐至宋初，恰处于安氏家族最为辉煌的时期。在后梁、后唐时期，李克用父子积极营造李唐王朝继承者的氛围，形成"唯王之土不易于吾唐之风""唐礼尽在于此"的局面。[1] 无论是契丹，还是河东政权内部都视自身为"华夏"，而非"夷狄"。可以想见，作为代北集团核心成员的安氏家族，在此时代背景之下，亦难免逐渐淡化"沙陀"身份，而强化"华夏"认同。

另外，安审晖、安审信、安审寓（通）、安审琦皆为正任节度使。《韩熙载夜宴图》和王处直墓的规模之大，可以看出五代藩镇长官积累了大量财富，并以奢侈享乐为尚。[2] 作为安氏家族姻家的赵在礼为了榨取民脂民膏，更是有所谓"拔丁钱"的说法。除了依然保持尚武的文化，五代藩镇的奢侈享乐之风弥漫到安氏家族。安审信在后晋许州、兖州担任节镇时"以聚敛为务，民甚苦之"，用于自身享乐。[3] 安审琦家中妾与仆人私通，因害怕事泄，二人合谋令安审琦死于非命。[4] 此时安氏家族的传记中依然是武人驰骋疆场、建功立业的形象，虽任一方长官，难寻吏治才干的踪影。

开封（祥符县）。没有准确记载安氏家族何时迁于开封，只在第九代安承祐之女的墓志铭中称"京师人"，后第十四代安昭祖在追述时称"家于开封祥符县"。但安守忠在咸平三年去世于"京师龙华坊之第"，很有可能在北宋安守忠子孙皆为京师人。正如前文所言，凭借与宗室通婚，安氏家族获得担任低级武选官的特权，如刘冲先生所言担任信息传递、道路修整、军事监督的职责。[5] 一方面，家族成员不在边地任官，无法获得军功，丧失了尚武之风；另一方面，没有从事举业，家族也没有产生从文的传统。比如，安氏嫁于宗子的赵世谧之妻、赵仲腓之妻的墓志铭

① 闫建飞：《五代后期的政权嬗代：从"天子，兵强马壮者当为之，宁有种耶"谈起》，载杜文玉主编《唐史论丛》第29辑，三秦出版社，2019。
② 河北省文物研究所、保定市文物管理处：《五代王处直墓》，文物出版社，1998。
③ 《旧五代史》卷123《周书·安审信传》，第1617页。
④ 《旧五代史》卷123《周书·安审琦传》，第1614页。
⑤ 刘冲：《五代宋初军政职官制度与人事变迁研究》，第94页。

中也没有鼓励子孙读书、劝夫从事科举的记述。安氏家族在北宋就是生活在城市的特权阶层，享受着免税、不服劳役的优待，从事着近于吏人的职事。

明州（小溪镇）。除了上文所谈到的诗学、理学对安氏家族的影响之外，家族的祖先记忆、文化认同发生了重要变化。靖康建炎期间，金兵南下给宋朝官员、民众带来深重灾难，安氏家族也不例外。楼钥曾为安昭祖所藏祖辈安县的诗卷作跋记述此事：

> 廉访公以文受知徽皇，屡将使指。刘延康之守真定，公实佐之。分守京城，又引以自助，寻执节以死。公与其三子宝学公以下护丧，间关兵火中，送之建阳，未至而死于道，其为人可知。钥顷以假吏过赵石桥，色深碧，而累甃坚致，中为大洞，跨水两旁。桥基各为小洞三，若品字。洞中多前良题刻，不能详记，意公诗在其中也。此轴多北刻，无别本，安氏尤当宝之。①

廉访公指安县。靖康元年安县跟随刘韐、刘子羽在真定、京师守城，后城陷。刘韐自缢而死，有遗书：

> 大金不以予为有罪，而以予为可用。夫贞女不侍两夫，忠臣不事两君，况主忧臣辱，主辱臣死，以顺为正，妾妇之道。所谓大丈夫富贵不能淫，威武不能屈，予今日所以有死而已。②

刘韐的宁死不降金，忠义大节备受推崇，"天下仰其忠节"③，是南宋士大夫的精神模范。而安县为刘韐护丧，将刘韐遗骸由开封运至建阳，变乱之际，其艰难险阻可想而知。安县竟去世于护丧路途之中，此

---

① （宋）楼钥撰：《楼钥集》卷68《跋安光远所藏祖廉访诗跋》，第1214页。
② （宋）徐梦莘：《三朝北盟会编》卷75，影印清许涵度刻本，上海古籍出版社，1987，第563页b。
③ （宋）真德秀：《西山文集》卷29《刘氏传忠录后序》，《宋集珍本丛刊》影印明正德刻本，线装书局，2004，第76册，第250页a。

忠厚之行也为楼钥这样的名士所赞赏，为安县的诗卷作跋。正如王明珂先生所言："我们每一个人都生活在许多以集体记忆结合的社会群体中。我们许多的社会活动是为了强固我们与某一社会群体其他成员间的集体记忆，以延续群体的凝聚。"靖康之耻、建炎南渡成为安氏家族和南渡士人共同的"集体记忆"。"集体记忆有赖某种媒介，如实质文物（artifact）及图像（iconography）、文献，或各种集体活动来保存、强化或重温。"① 安昭祖所藏安县的诗卷就是这样的媒介，此媒介标识着安氏家族与朝廷或国家之关系，家难即国难，家史即国史。安氏家族在南北宋之际之所行，得到了南渡士人的认同，也构建了他们共同的文化心理。这才使后代安昭祖、安时融入文人士大夫社交圈，传承诗学、理学。

整体来看，每一次的地域迁徙都导致了安氏家族文化的改变。代北地区尚武的传统，晋阳后唐、后晋时期的藩镇享乐之风，开封都城的吏治文化，四明地区的士人儒学文化都深深地影响了安氏家族。深究其因，大概如仇鹿鸣先生所言：沙陀人"更多地可以被视为基于'认同'而非'血缘'形塑而成的民族共同体"，② 唐末五代以沙陀人身份为傲，而在宋代沙陀身份并不能带来显著的特权，故逐渐由族群认同转向王朝认同和地域认同。随之而来，地域文化影响安氏家族文化就不足为奇了。

## 余　论

上文只注重了家族地域空间的流动，而忽视了社会空间的流动。西方史家彼得·伯克谈到社会流动时，曾提醒要注意两个区别："向上流动与向下流动的区别，个体流动与群体流动的区别"。③ 从五代到宋初，虽

---

①　王明珂：《华夏边缘：历史记忆与族群认同》，上海人民出版社，2020，第89、90页。
②　仇鹿鸣：《药元福墓志考——兼论药氏的源流与沙陀化》，《敦煌学辑刊》2014年第3期。
③　〔美〕彼得·伯克：《历史学与社会理论》，李康译，上海人民出版社，2019，第105页。

是安氏家族个体的流动，但实际展示着沙陀代北集团的群体流动，代北集团不再活跃于左右政权存亡的政治舞台核心，渐渐走向边缘。就安氏家族而言，从晚唐到五代，通过军功安氏由军校至五人领节镇，是一个向上阶层流动的过程；从北宋到南宋初，是一个向下阶层流动的过程，逐渐丧失与宗室通婚的特权，不再荫补为官，以至"悠游田里"；而南宋初到南宋末，又是一个向上阶层流动的过程，通过科举来改变家族命运。向上与向下流动的关键是政权的制度与政策，家族永远在或被动，或主动地适应统治者所设计的制度与规定。

从少数民族史的研究来看，除了关注少数民族政权和族群之外，更应该注重微观个案的解剖式的研究，少数民族家族史的研究或许就是一种新的尝试。这更有利于我们反思"汉化""胡化""涵化"等一些传统概念，而去运用"认同""记忆"等概念展示更具体、更宽广的面向，以勾连个人、家族、族群、地域、国家之间各个要素的关系。通过安氏家族考察，在五代晋阳期间，国家认同影响了族群认同，李克用父子的河东政权厉行改革以"华夏"自居，使安氏家族胡族沙陀认同逐渐弱化；在南宋明州期间，地域认同加固了国家认同，通过与地方士人的交际，安氏家族逐渐跻身于国家精英士大夫阶层。族群与国家之间最大的精神纽带是历史记忆，历史记忆的选择与遗忘决定着族群与国家之间的关系。透过安氏家族墓志铭书写我们可以推测，内迁沙陀族群对宋王朝认同以及汉文化的认同，最关键的是两方面的历史记忆。其一，北宋建国的历史记忆。虽然宋非沙陀王朝，但依然保留了一些沙陀族群的将领，如药氏、安氏，这些武将的勋业成为联系族群与王朝的基础。王朝通过反复表彰和优待，诸如给予与宗室通婚的特权，得以让这种历史记忆在族群后代之中长期保留和强化。其二，靖康之耻、建炎南渡的历史记忆。南宋时沙陀后人与士大夫阶层构成了共同的"集体记忆"，增进了彼此的认同，服膺于儒家汉文化。

附录： 安氏世系图

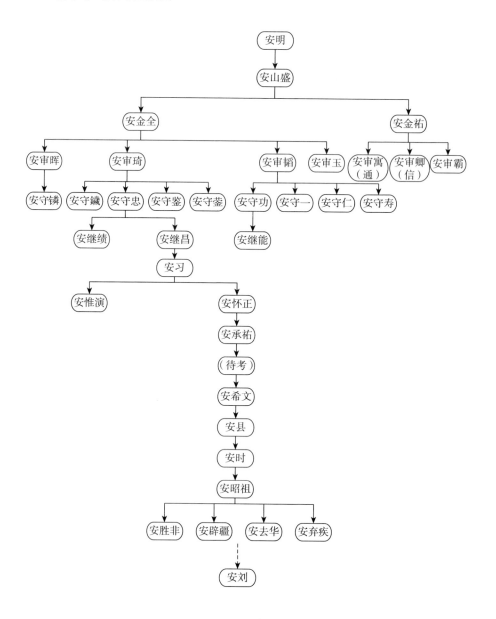

# 凝聚与认同：辽初国家祭祀的政治寓意<sup>*</sup>

祁　丽<sup>**</sup>

**摘　要**　辽初祭祀活动在征战、政治活动中蕴含重要寓意。耶律阿保机面对前两次"剌葛之乱"时，以祭祀方式代替行刑，凝聚剌葛等诸弟；在征伐第三次"剌葛之乱"中，耶律阿保机射鬼箭祈福厌禳而告捷；耶律阿保机对外征伐时，通过祭山、祭天地，旨在强调"君权神授"观念，彰显其皇权正统性与即位合法性，巩固皇权，具有凝聚诸外部落及国家的政治寓意。耶律德光即位初期，曾频繁祭祀祖先，通过对祖先历史记忆的溯源与延绵，耶律德光树正统地位，强化契丹人的祖源文化认同、凝聚国家；耶律德光将祭山仪增加"诣菩萨堂仪"，祭拜观音与木叶山并举，体现了契丹人对中原文化的认同。

**关键词**　辽初；祭祀；凝聚力；文化认同；交往交流交融

在中国古代神权政治时期，神权主导的祭祀活动深刻影响着中国古代国家的政治活动，甚至决定国家的发展方向。辽初的国家祭祀活动经常发生在征伐战争中。梳理《辽史·太祖纪》载耶律阿保机时期祭祀活动，可以发现此时期的祭祀活动，主要集中在耶律阿保机对内平定"剌葛之乱"与对外征伐渤海国过程中。耶律德光时期的祭祀活动，以祭祀

───────────

\* 本文系中国社会科学院大学 2023 年度"研创计划"科学研究项目"辽南京（今北京）耶律淳政权研究"（项目编号：2023 - KY - 96）的阶段性研究成果；2022 年度国家民委民族研究委托项目"凝聚与升华：宋辽金夏时期多民族社会交融的历史演进"（项目编号：2022 - GMI - 078）的阶段性成果；2019 年度国家社科基金重大项目"渤海、女真、满洲族源谱系关系研究"（项目编号：19ZDA180）的阶段性研究成果。

\*\* 祁丽，中国社会科学院大学社会与民族学院在读博士研究生。

祖先为主。受佛教文化发展影响，耶律德光变革祭山仪，将传统祭山文化融入中原文化元素，促进了中原文化与契丹文化间的交融。

## 一　平定"刺葛之乱"：耶律阿保机利用祭祀活动凝聚诸弟

按《辽史·太祖纪》载，耶律阿保机打破了原有遥辇氏即位可汗之传统，于太祖元年（907）即皇帝位，"元年春正月庚寅，命有司设坛于如迂王集会埚，燔柴告天，即皇帝位"①。耶律阿保机即位后，受原部落时期世选制观念影响，在遥辇氏家族内部曾爆发三次"刺葛之乱"，也称"诸弟之乱"。耶律阿保机在平定三次"刺葛之乱"中，曾频繁地举行祭祀活动，其中包括祭天地、燔柴、射鬼箭等。

辽太祖五年（911），诸弟首次"谋反"。对于此次"谋反"，耶律阿保机没有对诸弟行刑，而是采取登山祭祀天地的方式告诫诸弟，并加封官职，"五月，皇弟刺葛、迭刺、寅底石、安端谋反。安端妻粘睦姑知之，以告，得实。上不忍加诛，乃与诸弟登山刑牲，告天地为誓而赦其罪。出刺葛为迭刺部夷离堇，封粘睦姑为晋国夫人"②。辽太祖六年（912）十月，刺葛等诸弟"复叛"，"冬十月戊寅，刺葛破平州，还，复与迭刺、寅底石、安端等反"③。第二次"刺葛之乱"中，耶律阿保机同样也采取"非暴力"方式对待刺葛等诸弟，"是日，燔柴。翼日，次七渡河，诸弟各遣人谢罪。上犹矜怜，许以自新"④。此次燔柴祭祀活动获得良效，耶律阿保机对诸弟的谢罪加以原谅，允许其改过自新。对于前两次"刺葛之乱"，耶律阿保机都以举行祭祀活动的"怀柔方式"加以处置，一方面由于耶律阿保机对受早期世选制传统观念影响下的"诸弟叛乱"的"姑息"；另一方面耶律阿保机以祭祀活动取代残酷的行刑，通过燔柴祀天向诸弟及众人宣告其"君权神授"即位的正统地位，在一定程

---

① 《辽史》卷1《太祖纪上》，中华书局，2017，第3页。
② 《辽史》卷1《太祖纪上》，第5页。
③ 《辽史》卷1《太祖纪上》，第6页。
④ 《辽史》卷1《太祖纪上》，第6页。

度上可使刺葛等诸弟，更加从内心深处被说服，以此凝聚诸弟，稳固自身权力。

辽太祖七年（913），刺葛等第三次"谋反"，"三月癸丑，次芦水。弟迭刺哥图为奚王，与安端拥千余骑而至，绐称入觐。上怒曰：'尔曹始谋逆乱，朕特恕之，使改过自新，尚尔反覆，将不利于朕！'遂拘之，以所部分隶诸军"①。参与此次"谋反"者，除了参与前两次"谋反"的诸弟以外，巫师神速姑也在其中。在三次"刺葛之乱"中，此次"谋反"规模最大、损失最为惨重，"刺葛遣其党寅底石引兵径趋行宫，焚其辎重、庐帐，纵兵大杀。皇后急遣蜀古鲁救之，仅得天子旗鼓而已。其党神速姑复劫西楼，焚明王楼"②。耶律阿保机在平定此次"谋反"时，开始以武力征伐以刺葛为首的诸弟。

耶律阿保机利用数月时间来平定第三次"刺葛之乱"。据《辽史·太祖纪》载，在耶律阿保机平定第三次"刺葛之乱"过程中，曾进行过射鬼箭祭祀活动。射鬼箭是辽朝皇帝征伐战争时，为了祈祷战争后凯旋、祈福厌禳的祭祀祖先活动。"射鬼箭，凡帝亲征，服介胄，祭诸先帝，出则取死囚一人，置所向之方，乱矢射之，名'射鬼箭'，以祓不祥。及班师，则射所俘。后因为刑法之用。"③ 射鬼箭是耶律阿保机建国前契丹历史时期的原始崇拜、信仰活动，王银婷认为："射鬼箭与射柳活动是辽代皇帝将射箭活动运用于礼制中的表现。"④ 此次祭祀活动发生在耶律阿保机北追其弟刺葛的路途中，耶律阿保机在木叶山射鬼箭，"夏四月戊寅，北追刺葛。己卯，次弥里，问（闻）诸弟面木叶山射鬼箭厌禳，乃执叛人解里向彼，亦以其法厌之"⑤。

太祖七年（913）五月至六月，刺葛等被擒，其余诸弟也被相继处置，"刺葛之乱"暂告段落，耶律阿保机随即祭祀天地，"遂以黑白羊祭天地"⑥。

---

① 《辽史》卷1《太祖纪上》，第6—7页。
② 《辽史》卷1《太祖纪上》，第7页。
③ 《辽史》卷116《国语解》，第1691页。
④ 王银婷：《射箭运动在辽代的发展研究》，《体育成人教育学刊》2013年第6期。
⑤ 《辽史》卷1《太祖纪上》，第7页。
⑥ 《辽史》卷1《太祖纪上》，第7页。

"丙寅，至库里，以青牛白马祭天地。"① 三次"剌葛之乱"被平复，耶律阿保机再次通过这些祭祀天地活动，进一步证明其即位的合法性与正统性，巩固皇权。"在祭天地、祀祖先以及仪式举行的各环节中，突出了皇权神授，帝权至上的思想，而庄严宏大的礼仪过程在凝聚契丹民族向心力方面更有深远的意义。"②

## 二　凝聚诸部与皇权巩固：耶律阿保机对外征伐与祭祀

耶律阿保机对内平定"剌葛之乱"后，于神册元年（916）改元称号，神册四年（919）开始，对外征伐乌古、吐浑、党项等部。天赞四年（925），耶律阿保机征伐渤海国。在对外征伐中，耶律阿保机频繁地举行祭祀活动，这些祭祀活动对于鼓舞士气、协同作战、凝聚诸外部落，起到了至关重要的作用。

神册四年（919），耶律阿保机征伐乌古部，"九月，征乌古部，道闻皇太后不豫，一日驰六百里还，侍太后，病间，复还军中"③。"冬十月丙午，次乌古部，天大风雪，兵不能进，上祷于天，俄顷而霁。"④ 耶律阿保机在征伐乌古部时祭天；天赞三年（924）六月，耶律阿保机征伐吐浑、党项等部，"是日，大举征吐浑、党项、阻卜等部"⑤。八月，耶律阿保机分别在乌孤山、业得思山举行了祭天、祭山活动，"八月乙酉，至乌孤山，以鹅祭天。甲午，次古单于国，登阿里典压得斯山，以麃鹿祭"⑥。九月，耶律阿保机祭祀木叶山"丁巳，凿金河水，取乌山石，辇致潢河、木叶山，以示山川朝海宗岳之意"⑦。耶律阿保机此次祭祀木叶山，具有典型的原始崇拜色彩，沿袭了耶律阿保机建国前契丹人的礼俗信仰，"通过

---

① 《辽史》卷 1《太祖纪上》，第 8 页。
② 吕富华、杨福瑞：《契丹祭山礼仪考论》，《北方文物》2014 年第 3 期。
③ 《辽史》卷 2《太祖纪下》，第 17 页。
④ 《辽史》卷 2《太祖纪下》，第 17 页。
⑤ 《辽史》卷 2《太祖纪下》，第 22 页。
⑥ 《辽史》卷 2《太祖纪下》，第 22 页。
⑦ 《辽史》卷 2《太祖纪下》，第 22 页。

'取水凿石'的象征行为，确立了木叶山为众山之首的'宗岳'地位"①。同月耶律阿保机祭天地，"是月，破胡母思山诸蕃部，次业得思山，以赤牛青马祭天地"②。

天赞四年（925），耶律阿保机征伐渤海国，"十二月乙亥，诏曰：'所谓两事，一事已毕，惟渤海世仇未雪，岂宜安驻！'乃举兵亲征渤海大諲譔"③。同年闰十二月，耶律阿保机祭木叶山、天地及射鬼箭，"闰月壬辰，祠木叶山。壬寅，以青牛白马祭天地于乌山。己酉，次撒葛山，射鬼箭。丁巳，次商岭，夜围扶余府"④。天显元年（926）正月，耶律阿保机攻下渤海国扶余府，"庚申，拔扶余城，诛其守将。丙寅，命惕隐安端、前北府宰相萧阿古只等将万骑为先锋，遇諲譔老相兵，破之"⑤。耶律阿保机攻下扶余府后，諲譔曾复叛"丁丑，諲譔复叛，攻其城，破之。驾幸城中，諲譔请罪马前。诏以兵卫諲譔及族属以出"⑥。耶律阿保机再次镇压諲譔之后祭拜天地，"祭告天地，复还军中"⑦。天显元年（926）二月，渤海国被灭后，耶律阿保机祭拜天地，"壬辰，以青牛白马祭天地。大赦，改元天显"⑧。

耶律阿保机在对外征伐乌古、吐浑、党项等部及渤海国时，多次举行祭山、祭天地等活动，旨在强调"君权神授"观念，彰显其皇权正统性与即位合法性，巩固皇权，促使诸外部归服于辽。同时这些祭祀活动可为耶律阿保机对外征战祈福厌禳、鼓舞士气、凝心聚力辅助征战胜利，具有凝聚诸外部及国家的政治寓意。

## 三　祭祀祖先与文化认同：耶律德光加强祖源历史记忆凝聚力

耶律德光为加强契丹人对祖先的历史记忆凝聚力，曾频繁祭祀祖先。

---

① 吕富华，杨福瑞：《契丹祭山礼仪考论》，《北方文物》2014年第3期。
② 《辽史》卷2《太祖纪下》，第22页。
③ 《辽史》卷2《太祖纪下》，第23页。
④ 《辽史》卷2《太祖纪下》，第23页。
⑤ 《辽史》卷2《太祖纪下》，第24页。
⑥ 《辽史》卷2《太祖纪下》，第24页。
⑦ 《辽史》卷2《太祖纪下》，第24页。
⑧ 《辽史》卷2《太祖纪下》，第24页。

据相关研究者对耶律德光祭祀祖先活动细致统计，"辽太宗的年平均次数最高"①。耶律德光频繁祭祀祖先的另外一个重要原因，与耶律德光以非嫡长子即位身份有关；同时面对述律后、人皇王耶律倍等权势威胁，频繁祭祀祖先也是为了突显独享祭祀祖先特权，证明其即位的正统地位，加强皇权及凝聚国家，"即位之后的太宗，需要强调自身对太祖功业、品德的继承，从而巩固其皇位。从整个辽国的内部协调而言，也需要太宗时常对先祖，尤其是对太祖进行祭祀，以保证其凝聚力"②。并且通过频繁祭祀祖先活动，耶律德光强化了契丹人对祖源历史的文化认同。

耶律德光时期，祭祀祖先活动以祭祀太祖庙、祖陵、木叶山等为主。据《辽史·太宗纪》载，耶律德光即位初期的祭祀祖先活动主要为祭祀太祖庙。天显四年（929），耶律德光开始祭祀祖陵。《辽史》没有明确记载太祖庙的地理位置，学术界对此问题观点不一。辽祖陵为耶律阿保机的陵地，"二年（927）八月丁酉，葬太祖皇帝于祖陵，置祖州天城军节度使以奉陵寝"③。祖陵遗址"位于内蒙古自治区赤峰市巴林左旗查干哈达苏木石房子嘎查石房子村西1公里的深阔山谷中"④。梳理《辽史·太宗纪》，汇总耶律德光祭祀祖先活动的文献记载如表1所示。

**表1　耶律德光祭祀祖先活动**

| 祭祖时间（年份） | 祭祖时间（月份） | 祭祀内容 |
| --- | --- | --- |
| 天显二年（927） | 十一月 | 谒太祖庙 |
| | 十二月 | 谒太祖庙 |
| 天显三年（928） | 七月 | 谒太祖庙 |
| | 十月 | 谒太祖庙 |
| 天显四年（929） | 四月 | 谒太祖庙、祖陵、谒太祖行宫 |
| | 八月 | 谒太祖庙（2次） |

---

① 高科冕：《辽代皇帝祭祀先祖行为分析》，《北方文物》2017年第2期。
② 高科冕：《辽代皇帝祭祀先祖行为分析》，《北方文物》2017年第2期。
③ 《辽史》卷2《太祖纪下》，第26页。
④ 塔拉、陈永志、曹建恩：《考古揽胜——内蒙古自治区文物考古研究所60年重大考古发现》，文物出版社，2014。

续表

| 祭祖时间（年份） | 祭祖时间（月份） | 祭祀内容 |
|---|---|---|
| 天显五年（930） | 四月 | 谒太祖庙、祖陵 |
| | 五月 | 谒太祖庙、拜太祖御容 |
| | 七月 | 太祖庙 |
| | 九月 | 谒祖庙 |
| 天显六年（931） | 五月 | 谒太祖陵 |
| | 七月 | 荐时果于太祖庙 |
| | 八月 | 告太祖庙 |
| | 十二月 | 祭太祖庙 |
| 天显七年（932） | 五月 | 谒太祖陵 |
| | 七月 | 荐新于太祖庙 |
| 天显十一年（936） | 四月 | 谒祖陵、谒太祖庙 |
| 天显十二年（937） | 正月 | 告功太祖行宫 |
| 会同二年（939） | 二月 | 谒太祖庙 |
| 会同三年（940） | 十二月 | 谒太祖行宫 |
| 会同五年（942） | 六月 | 告太祖庙 |
| 会同八年（945） | 十二月 | 朝谒太祖行宫 |
| 会同九年（946） | 六月 | 谒祖陵 |

《辽史·地理志》永州条记载了契丹青牛白马祖源传说："相传有神人乘白马，自马盂山浮土河而东，有天女驾青牛车由平地松林泛潢河而下。至木叶山，二水合流，相遇为配偶，生八子。其后族属渐盛，分为八部。"① 辽朝皇帝将木叶山视为祖源发祥地频繁祭祀，祭祀木叶山蕴含祭祀祖先的寓意。辽朝木叶山的地望问题一直是学界争议较多的议题，至今莫衷一是。耶律德光即位初期，祭祀木叶山活动常与祭祀太祖庙、祖陵活动相继发生。

据《辽史·太宗纪》载，天显四年（929）八月，耶律德光祭祀太祖庙"八月辛丑，至自凉陉，谒太祖庙。癸卯，幸人皇王第。己酉，谒太

① 《辽史》卷37《地理志一》，第504页。

祖庙"①。九月，耶律德光祭祀木叶山"九月庚午，如南京。戊寅，祠木叶山"②。天显六年（931）五月，耶律德光第二次祭祀木叶山，同月祭祖陵，"五月乙丑，祠木叶山。乙亥，至自南京。壬午，谒太祖陵"③。天显六年（931）十二月，耶律德光祭祀太祖庙，"十二月甲寅朔，祭太祖庙。丙辰，遣人以诏赐唐卢龙军节度使赵德钧"④。天显七年（932）正月，耶律德光第三次祭祀木叶山，"七年春正月壬辰，征西将军课里遣拽剌铎括奏军事。己亥，唐遣使来聘。癸卯，遣人使唐。戊申，祠木叶山"⑤。

祭祀祖先活动是中国古代祭祀活动中的重要内容，寓以表达后人对祖源记忆的历史情怀，"人类族群认同常藉共同的祖源记忆来产生一体情感"⑥。辽朝诸帝祭祀祖先具有重要的政治意义。因祭祀祖先活动为辽朝皇帝独属祭祀活动，祭祀祖先可彰显耶律德光即位的正统性，以此稳固皇权；祭祀祖先承载了契丹人对始祖的缅怀与历史记忆，耶律德光频繁祭祀祖先，缅怀始祖，加强契丹人对祖源历史的文化的认同，"祖先崇拜活动作为'示不忘本'的手段，起到了维系契丹民族凝聚与团结的重要作用"⑦。通过对共同祖先历史记忆的溯源，借文化认同与政治认同的相互交融，耶律德光强化契丹人的政治认同，从而凝聚国家。

## 四 祭拜观音与木叶山：耶律德光强化契丹人对中原文化的认同

耶律阿保机建国前契丹先世时期，契丹人就有崇山、祭山的传统礼俗，"遥辇胡剌可汗制祭山仪，苏可汗制瑟瑟仪，阻午可汗制柴册、再生仪"⑧。祭山活动为原始崇拜信仰文化的内容之一，辽朝皇帝在木叶山举行祭山仪，

---

① 《辽史》卷3《太宗纪上》，第33页。
② 《辽史》卷3《太宗纪上》，第33页。
③ 《辽史》卷3《太宗纪上》，第35页。
④ 《辽史》卷3《太宗纪上》，第35页。
⑤ 《辽史》卷3《太宗纪上》，第35页。
⑥ 王明珂：《华夏边缘：历史记忆与族群认同》，浙江人民出版社，2013，第22页。
⑦ 席岫峰、宋志发：《试析契丹族人的祖先崇拜活动》，《社会科学辑刊》1994年第3期。
⑧ 《辽史》卷49《礼志一》，第927页。

"祭山仪：设天神、地祇位于木叶山，东乡"①。祭山仪在《辽史·礼志》吉礼条居首位，可见祭山仪在辽朝仪礼中的地位，"祭服：辽国以祭山为大礼，服饰尤盛"②。祭山仪是辽朝仪礼活动中一项重要的仪礼活动。

耶律阿保机时期，佛教已经传入契丹地区。神册三年（918），耶律阿保机下诏建佛寺，"五月乙亥，诏建孔子庙、佛寺、道观"③。耶律德光时期，佛教发展较快，耶律德光虔诚信奉观音菩萨，《辽史·太宗纪》有耶律德光曾到佛寺庙堂为皇后及皇太后饭僧的文献记载，天显十年（935），"冬十一月丙午，幸弘福寺为皇后饭僧，见观音画像，乃大圣皇帝、应天皇后及人皇王所施，顾左右曰：'昔与父母兄弟聚观于此，岁时未几，今我独来！'悲叹不已"④。会同五年（942）六月，"丁丑，闻皇太后不豫，上弛入侍，汤药必亲尝。仍告太祖庙，幸菩萨堂，饭僧五万人。七月乃愈"⑤。"从祭山仪的发展演变过程可以看出，辽朝皇帝主要目的是为了突出君权神授和皇权至上的思想。"⑥

受佛教发展影响，加之耶律德光尊崇佛教，耶律德光将传统祭山仪增加"诣菩萨堂仪"。按《辽史·地理志》永州条载："兴王寺，有白衣观音像。太宗援石晋主中国，自潞州回，入幽州，幸大悲阁，指此像曰：'我梦神人令送石郎为中国帝，即此也。'因移木叶山，建庙，春秋告赛，尊为家神。兴军必告之，乃合符传箭于诸部。"⑦《辽史·礼志》也载："太宗幸幽州大悲阁，迁白衣观音像，建庙木叶山，尊为家神。于拜山仪过树之后，增'诣菩萨堂仪'一节，然后拜神，非胡剌可汗之故也。"⑧

耶律德光变革传统祭山仪，在当时的社会背景下具有重要的政治寓意。伴随辽朝版图的扩大，更多汉人融入契丹社会，会同元年（938），"是月，晋复遣赵莹奉表来贺，以幽、蓟、瀛、莫、涿、檀、顺、妫、

① 《辽史》卷49《礼志一》，第928页。
② 《辽史》卷56《仪卫志二》，第1008页。
③ 《辽史》卷1《太祖纪上》，第13页。
④ 《辽史》卷3《太宗纪上》，第39页。
⑤ 《辽史》卷4《太宗纪下》，第56页。
⑥ 吕富华、杨福瑞：《契丹祭山礼仪考论》，《北方文物》2014年第3期。
⑦ 《辽史》卷37《地理志一》，第504页。
⑧ 《辽史》卷49《礼志一》，第929页。

儒、新、武、云、应、朔、寰、蔚十六州并图籍来献"①。燕云十六州的并入，促进了契丹人与中原汉人间的交往交流交融。耶律德光积极地借鉴、吸收中原文化，以此凝聚汉人。传统祭山仪的变革是契丹人与汉人交往交流交融的结果，祭拜仪礼的多元发展使祭山仪的内容更加丰富。耶律德光将中原文化与契丹本土文化并存、结合发展，传统祭山仪实现了多元文化的融合。耶律德光在祭山仪中强调中原文化佛教元素，增加"诣菩萨堂仪"于祭山仪，将祭拜观音与木叶山并举，恰是体现了契丹人对中原文化的认同。

① 《辽史》卷4《太宗纪下》，第49页。

# 政治仪式视域下辽朝柴册仪研究

王　峤[*]

**摘　要**　柴册仪的举行有一定的政治背景和宗教背景，新君即位需要通过柴册仪来确认君权；举行柴册仪的时间、地点、物品以及仪式程序都在为君权提供合法性资源；同时，通过立石、封赐、大赦天下等手段，将君权确立的结果昭告天下。

**关键词**　政治仪式；柴册仪；合法性

柴册仪是辽朝皇帝即位时所举行的政治典礼。根据《辽史》记载，除了太祖和穆宗外，其余皇帝在即位后都举行了柴册仪，其在辽朝政治生活中的重要作用不言而喻。在过往对辽朝柴册仪的研究中，前辈学者们多从历史学角度出发，关注点在于其起源和发展，以及相关史实的考证。[①] 2018 年，李月新在论文中采用人类学视角，对柴册仪的仪式构建和精神旨趣进行了分析。[②] 尽管文章的结论又落入了传统研究的窠臼，以汉文化与契丹文化的融合作为结束。但这却是一个非常有意义的、跨学科

---

[*]　王峤，白城师范学院讲师。

[①]　陈述：《契丹史论证稿》，北平研究院，1948；王民信：《契丹柴册仪与再生仪》，《契丹史论丛》，学海出版社，1973；朱子方：《论辽代柴册礼》，《社会科学辑刊》1985 年第 1 期；舒焚：《辽帝的柴册仪》，《辽金史论集》（第四辑），书目文献出版社，1989；田广林：《契丹礼俗考论》，哈尔滨出版社，1995；宋军：《契丹柴册制度考》，《北京教育学院学报》2007 年第 2 期；陈俊达：《契丹柴册时地考》，《哈尔滨学院学报》2015 年第 1 期；王凯：《辽朝礼制研究》，博士学位论文，吉林大学，2017；葛华廷：《试探辽朝柴册仪之坛及相关的两个问题》，载姜锡东主编《宋史研究论丛》第 23 辑，科学出版社，2018；等等。

[②]　李月新：《契丹柴册仪的仪式构建与精神旨趣》，《赤峰学院学报》（汉文哲学社会科学版）2018 年第 5 期。

研究的尝试，为推进该课题进一步深入研究树立了良好榜样。

近些年来兴起的政治仪式理论研究为我们考察柴册仪提供了另外一个足资参考的视角。所谓政治仪式，"它的举办者是政党和政府等最具政治权力的行为体，在程序、时间和空间上遵循与日常生活完全不同的规则，借助具有丰富象征意义的事物和行为，对参与者和观众的政治情感、态度和价值观念等产生巨大的影响力"①。在研究政治仪式是如何实现权力的生产和再生产以及如何构建权力合法性时，学者们普遍从展布、操演、改编和刻写四个角度进行分析。本文拟借鉴政治学中政治仪式理论的分析模式，在前辈学者的研究基础上进一步诠释柴册仪在辽朝政治生活中的作用。不当之处，敬请方家指教。

## 一　展布

展布是指举行政治仪式之前的准备工作，包括政治仪式举办的时势、时间、地点、设备、参与人员等。下文将结合史料以及相关论述逐一分析上述各要素及其意义。

时势是指政治仪式的外部环境——文化、政制以及事件。在契丹人的政治文化中，大汗是由众人在一定的家族范围内推选出来的才具有合法性。在此文化背景下，举行包含有大汗推举痕迹的柴册仪才能让即位的皇帝更加符合契丹人的心理预期。从宗教层面来说，契丹人信奉萨满教，认为君权来自天授，新君即位后，需要采用柴册仪的形式来祭祀上天，宣示君权神授。同时，契丹人固有的文化传统也决定了柴册仪中始终保留了大量的契丹元素。

在契丹王朝的政治体制中，帝位继承进入立嫡立长的轨道在圣宗之后，即兴宗、道宗、天祚继承皇位相对顺利，以往诸帝继承皇位均有推

---

① 王海洲：《政治仪式——权力生产和再生产的政治文化分析》，江苏人民出版社，2016，第3页。目前，学界对于政治仪式的定义较为繁杂，而且由于视角的不同造成了关注重心的不同。本文所研究的辽代柴册仪，更多地将目光集中于该仪式如何在辽朝的政治生活中发挥作用。故采用功能主义学派对于政治仪式所给出的定义。下文对于政治仪式相关概念的描述均参考此书，为避免繁芜，不一一作注。

举的因素。① 在没有成文法来确保君主权力合法性的政治体制中，往往需要通过特定的政治仪式来告诸臣民君主更替的状态，柴册仪无疑是比较合适的媒介。这也成为觊觎权力者谋夺政治地位的有效契机，《辽史》中曾记载了这样一个故事："遥辇痕德堇可汗时，异母兄罨古只为迭剌部夷离堇。故事，为夷离堇者，得行再生礼。罨古只方就帐易服，辖底遂取红袍、貂蝉冠，乘白马而出。乃令党人大呼曰：'夷离堇出矣！'众皆罗拜，因行柴册礼，自立为夷离堇。"② 从这个故事中，我们可以看出柴册礼在权力交接时的重大作用。故新君即位后，不得不举行柴册礼。即便在政治权力得以顺利过渡的辽朝后期，柴册仪的举行也起到了画龙点睛的作用。

然而，并非每个辽帝即位后都立即举行柴册仪。辽太宗即位后数天即举行柴册仪，史载："（天显二年十一月）是日即皇帝位。癸亥，谒太祖庙。丙寅，行柴册礼。戊辰，还都。"③ 从辽圣宗即位后到行柴册仪，中间隔了整整二十七年。④ 这与辽朝独特的政治生态有关。辽朝时期，后族政治地位较高，对政治生活具有强大的影响力。⑤ 曾经数次出现皇太后摄政的局面，因此新君即位并不等于即时取得至高无上的政治权力，需要通过举行柴册仪来确认其政治地位。故而，纵观有辽一代，柴册仪举行的政治机缘均在新君真正掌握政治权力之后。

---

① 关于辽帝推举即位的具体考证和论述见陈述《契丹政治史稿》，人民出版社，1986，第66—81 页。林鹄认为，陈述先生所举三个细节并不足以证明柴册仪中含有推举的痕迹。参见氏著《契丹选汗说商兑——兼论所谓北族推选传统》，载《田余庆先生九十华诞讼寿论文集》，中华书局，2014。然而，林氏所言亦仅为仁智互见之论。他对陈述先生所举"捉认戎主""戎主推辞"二例所做的解释并无其他的史料支持。况且，在柴册仪的册文中还有"当选贤者"（《辽史·礼志》）字样，这足以证明柴册仪中的确包含有推举大汗的文化传统。

② 《辽史》卷 112《逆臣上·耶律辖底传》，中华书局，2016，第 1648 页。

③ 《辽史》卷 3《太宗本纪上》，第 30 页。

④ 据《辽史》载，圣宗乾亨四年（982）即位，统和二十七年（1009）行柴册仪。另外，有学者认为辽太祖即位当天举行了柴册仪，参见宋军《契丹柴册制度考》，《北京教育学院学报》2007 年第 2 期。也有学者认为辽太祖没有举行过柴册仪，参见朱子方《论辽代柴册礼》，《社会科学辑刊》1985 年第 1 期。

⑤ 具体关于后族政治势力的论述参见王善军《论辽代后族》，《黑龙江民族丛刊》2007 年第 2 期。

辽朝柴册仪举行的具体时间和地点均有规律可循。有学者经过考证指出："柴册礼的举行时间多在十一月，是由于后世效仿辽太宗的缘故。柴册礼的举行地点与四时捺钵相同，皆分为两个时期，即太宗至景宗时期，在木叶山行柴册礼；圣宗至天祚帝时期，在白岭行柴册礼。"① 举行柴册礼的时间多选择在十一月，除了效仿辽太宗外，还与契丹王朝的行政传统有关，冬季是辽帝处理全国政务的重要时期，辽帝"与北南大臣会议国事，时出校猎讲武，兼受南宋及诸国礼贡"②。举行柴册仪的地点均在捺钵之内，据宋人的描述，辽道宗举行柴册仪的具体地点在"小禁围"和"大禁围"中。③ 地点的选择也有深层次的政治含义，尽管辽朝先后设立五京，但其政治中心始终在皇帝的四时捺钵之中。捺钵本身具有的权力象征为柴册仪所需要的权力生产提供了合法性来源。另外，木叶山在辽朝政治生活中也极具象征性，史载："木叶山，上建契丹始祖庙。奇首可汗在南庙，可敦在北庙，绘塑二圣并八子神像。相传有神人乘白马，自马盂山浮土河而东，有天女驾青牛车由平地松林泛潢河而下。至木叶山，二水合流，相遇为配偶，生八子。其后族属渐盛，分为八部。每行军及春秋时祭，必用白马青牛，示不忘本云。"④ 由此可见，木叶山代表着契丹族崛起之地，这为柴册仪所要达到的目的做了坚实的传统支持。辽朝后期，柴册仪的地点改于白岭举行，恐怕是与圣宗之后皇位继承走上正轨有关。

举行柴册仪需要准备柴册殿、柴册坛（柴笼）⑤、再生室、马、毡、先帝御容等物。柴册殿的形制在史书中找不到相关记载，有学者根据冬捺钵里省方殿、寿宁殿的形制推测："柴册殿，也大抵类似形制，由半固定的汉式建筑和契丹庐帐混合组成。另契丹尚黑，所搭建毡帐的毡

---

① 陈俊达：《契丹柴册时地考》，《哈尔滨学院学报》2015 年第 1 期。
② 《辽史》卷 32《营卫志中》，第 425 页。
③ （宋）王易：《重编燕北录》，《全宋笔记》第 10 编 12 册，大象出版社，2018，第 78 页。
④ 《辽史》卷 37《地理志一》，第 504 页。
⑤ 《重修燕北录》中记载有"柴笼受册"一句，舒焚先生认为，"柴笼"即"柴册坛"。参见氏著《辽帝的柴册仪》，《辽金史论集》第 4 辑，书目文献出版社，1989，第 39 页。

子应该均为黑毡，《重编燕北录》中称黑龙殿的，很有可能就是指的柴册殿。"① 在史料中，仅有一句——"翼日，皇帝出册殿，护卫太保扶翼升坛。"② 提到了柴册殿，所以我们推测在整个柴册仪过程中，柴册殿的作用似乎仅为皇帝过夜之所。

柴册坛的规模是有严格规定的，史载："坛之制，厚积薪，以木为三级，坛置其上。席百尺毡，龙文方茵。"③ 另，据《重编燕北录》记载："柴笼之制，高三十二尺，用带皮榆柴叠就，上安黑漆木坛三层，坛上安御帐。"由此可知，柴册坛大体上可以分为两部分，底座和木坛。其中底座是由榆木叠积而成，高三十二尺。木坛用绣着"龙文方茵"的百尺毛毡覆盖。有学者根据上述两条史料，并结合蒙古高原的自然条件以及举行礼仪时的要求来推测，"此坛柴堆的体积约有 10 万立方尺，即使按此规模的一半计算，柴坛的体积也有 5 万立方尺，约合 5500 立方米。就以当时民众拥有的运输工具头牛拉的草原勒勒车来说，以每车运柴 2 立方米计，也需要拉 2700 多车。建设此坛的工程量不可谓小"④。浩大的工程量为整个仪式增添了庄重感，使参与其役的人们心生敬畏。同时，也给参加仪式的人们以强烈的视觉冲击并增强人们对于政治仪式所暗示的权力的认同感。

柴册仪的举行分为两天，第一天需要举行再生仪。再生仪是辽朝比较隆重的礼仪，只有皇帝、皇后、夷离堇才有资格举行。其过程并不繁复，史载："前期，禁门北除地置再生室、母后室、先帝神主舆。在再生室东南倒植三岐木。其日，以童子及产医妪置室中，一妇人执酒，一叟持矢箙，立于室外。有司请神主降舆，致奠。奠讫，皇帝出寝殿，诣再生室。群臣奉迎，再拜。皇帝入室，释服，跣。以童子从，三过岐木之下。每过，产医妪致词，拂拭帝躬。童子过岐木七，皇帝卧木侧，叟击

---

① 李月新：《契丹柴册仪的仪式构建与精神旨趣》，《赤峰学院学报》（汉文哲学社会科学版）2018 年第 5 期。

② 《辽史》卷 49《礼志一》，第 930 页。

③ 《辽史》卷 49《礼志一》，第 930 页。

④ 葛华廷：《试探辽朝柴册仪之坛及相关的两个问题》，载姜锡东主编《宋史研究论丛》第 23 辑，第 373 页。

箙曰：‘生男矣。’太巫幪皇帝首，兴，群臣称贺，再拜。产医妪受酒于执酒妇以进，太巫奉襁褓、彩结等物赞祝之。预选七叟，各立御名系于彩，皆跪进。皇帝选嘉名受之，赐物。再拜，退。群臣皆进襁褓、彩结等物。皇帝拜先帝诸御容，遂宴群臣。”① 由此可知，举行再生仪需要再生室、母后室、先帝神主、三歧木、襁褓、彩结等。三歧木表示女阴，代表着女性生殖力崇拜。②

马是柴册仪中必备之物，在游牧社会中，人们对于马的感情十分深厚。马不仅是游牧经济中的重要组成部分，同时也是游牧民族进行战争的不二利器。所以，马在游牧社会中属于珍品。③ 毡是用来包裹君主的，史载：“拜日毕，乘马，选外戚之老者御。皇帝疾驰，仆御者、从者以毡覆之。”④ 毡是辽代社会乃至游牧社会中的常见日用品，不可或缺。传说中契丹古代三位贤明国王之一的乃呵，“此主特一骷髅，在穹庐中，覆之一毡”⑤。另外，契丹帝王死后，“穹庐中置小毡殿，帝及后皆铸金像纳焉”⑥。在上述两个例子中，帝后的金像以及乃呵本人都是用毡来覆盖的。

柴册仪举行时，还需要先帝御容和赤娘子。先帝御容代表着祖先，意味着权力传承。赤娘子亦为祖先象征，据宋人描述：“赤娘子者，番语谓之‘掠胡奥’，俗传是阴山七骑所得黄河中流下一妇人，因生其族类，其形木雕彩装，常时于木叶山庙内安置，每一新戎主行柴册礼时，于庙内取来作仪注，第三日送归本庙。”⑦

参加柴册仪的人员众多，除了皇帝之外，还包括宰相、北南院大王、

---

① 《辽史》卷53《礼志六》，第976页。

② 葛华廷：《契丹“再生仪”探微》，《昭乌达蒙族师专学报》（汉文哲学社会科学版）1998年第3期。

③ 对于马在游牧社会中地位的具体论述见马骏骐《马在游牧社会的地位述论》，《贵州师范大学学报》（社会科学版）1994年第4期。

④ 《辽史》卷49《礼志一》，第930页。

⑤ （宋）叶隆礼撰，贾敬颜、林荣贵点校《契丹国志》卷首“契丹国初兴本末”，中华书局，2014年。

⑥ 《辽史》卷49《礼志一》，第932页。

⑦ 《重编燕北录》，第79页。

诸部帅、群臣、"外戚之老者"以及"八部之叟"。① 但是汉族人却被明令禁止参加柴册仪，"凡受册，积柴升其上，大会番人其下，已乃燔柴告天，而汉人不得预"②。

"外戚之老者"代表了外戚势力。前文已经说过，辽朝后族政治、军事力量非常庞大，是辽朝立国的重要支柱。同时，皇族与后族联系亲密，向来有"耶律与萧，世为甥舅，义同休戚"③ 的说法。"八部"代表的是契丹部落，辽朝立国以后，部落之数远远不止八个，所谓"八部"有其历史渊源，史载："契丹之先曰奇首可汗，生八子。其后族属渐盛，分为八部，居松漠之间。"④ 辽朝建国后，部落众多，但仍然习惯以"八部"代指全体部族。⑤ 另外，八部聚议也是契丹大汗更换的方式之一，史载："部之长号大人，而常推一人建旗鼓以统八部。至其岁久，或其国有灾疾而畜牧衰，则八部聚议，以旗鼓立其次而代之，被代者以为约本如此，不敢争。"⑥ 可以看出，参加柴册仪的成员来源包含了契丹社会的各级社会组织，诸位代表在仪式中各司其职，共同保证仪式的顺利进行，也保证了仪式的政治效力能够传递到社会各个阶层。

## 二　操演

操演是指仪式的举行过程，亦为仪式精髓的集中展示。西方学者云："没有操演，就没有仪式。"⑦ 操演将仪式呈现在观众面前，将皇帝的权威通过一系列的行为模式表现出来。完整的柴册仪过程持续两天，第一天是通过一系列仪式展示出尘世众人认同皇帝天授权力的过程。主要包括

---

① 《辽史》卷49《礼志一》，第930页。
② （南宋）李焘：《续资治通鉴长编》卷110引《仁宗实录》，中华书局，2004，第2651页。
③ 《辽史》卷30《天祚皇帝本纪四》"赞"，第405页。
④ 《辽史》卷37《地理志一》，第504页。
⑤ 陈述先生认为，"八部"之"八"是包含全部的意思。参见氏著《契丹政治史稿》，第41页。
⑥ 《新五代史》卷72《四夷附录》，中华书局，第1002页。
⑦ 〔美〕保罗·康纳顿：《社会如何记忆》，纳日碧力戈译，上海人民出版社，2000，第66页。

再生仪和君臣对话两部分。①

再生仪的过程已经在前文有所提及，兹不赘述。有学者将其单纯地理解为北族与汉族长期交流中引入北地的十二属相纪年法。② 这种说法貌似合理却过于简单，对于"惟有帝与太后、太子及夷离堇得行之"③ 的再生礼，恐怕不能单纯地理解为生活习俗。另有学者从人类学的角度出发，认为："此仪式绝不是生命周期礼仪，而是标志最高统治权易人的一种社会身份转变礼仪。"④ 这种解释似乎更接近事实。

再生仪之后，"八部之叟前导后扈，左右扶翼皇帝册殿之东北隅。拜日毕，乘马，选外戚之老者御。皇帝疾驰，仆，御者、从者以毡覆之。皇帝诣高阜地，大臣、诸部帅列仪仗，遥望以拜"⑤。在宋人的记载中，这种仪式被称为"捉认天子"，且方式与此不同，"于契丹官内拣选九人，与戎主身材一般大小者，各赐戎主所着衣服一套，令结束九人假作戎主。不许别人知觉。于当夜子时，与戎主共十人相离出小禁围，入大禁围内，分头各入一帐，每帐内只有蜡烛一条，椅子一只，并无一人。于三日辰时，每帐前有契丹大人一员，各自入帐列何骨膌（汉语捉认天时也），若捉认得戎主者，宣赐牛羊驼马各一千"⑥。这两种仪式尽管差异颇大，但是笔者认为其本质是相同的。皇帝乘马疾驰，马仆倒后，侍从人等用毡子将皇帝覆盖。至高阜之处，群臣遥拜。这一系列仪式"都在强调君主的神秘性、

---

① 王凯根据朱子方对于辽代再生礼来源及举行情况的研究认为，在契丹古代社会中，二者共同作为君主即位的礼仪而存在，自耶律阿保机变家为国之后，二者呈现出分离状态，柴册礼中并不包含再生仪，再生仪成为祈福、庆贺的礼仪。参见氏著《辽朝礼制研究》，博士学位论文，吉林大学，2017，第24—25页。笔者认为，朱子方的研究并非定论，后文有涉及之处会进行辨析，兹不赘述。在没有确切的文献支持之前，武断否定《辽史·礼志》的记载，认定柴册仪中并不包括再生仪尚显草率，故本文依然按照《辽史·礼志》的记载来展开论述。
② 朱子方：《辽代复诞礼管窥》，载陈述主编《辽金史论集》第1辑，上海古籍出版社，1987，第115页。
③ 《辽史》卷116《国语解》，第1693页。
④ 艾荫范：《反屠王：对辽代再生仪的重新解读》，《重庆三峡学院学报》2005年第4期。
⑤ 《辽史》卷49《礼志一》，第930页。
⑥ 《重编燕北录》，第78页。

神圣性，即通天神的属性"①。而宋人所记的仪式中，事先选择与皇帝身材相似者九人，身着皇帝服饰，"不许别人知觉"，分处帐中令契丹大人辨认。这同样是强调君主权力的神秘性和神圣性。只不过由纵马疾驰、马仆而捉改为契丹大人在帐篷中捉认，其含义并无变化。而具体表现形式的变化恐怕是出于安全的考虑。

"捉认天子"之后，有一番君臣对话。《辽史》记载："皇帝遣使敕曰：'先帝升遐，有伯叔父兄在，当选贤者。冲人不德，何以为谋？'群臣对曰：'臣等以先帝厚恩，陛下明德，咸愿尽心，敢有他图。'皇帝令曰：'必从汝等所愿，我将信明赏罚。尔有功，陟而任之；尔有罪，黜而弃之。若听朕命，则当谟之。'佥曰：'唯帝命是从。'"② 宋人对此记载则相对平实，"当日宋国大王（戎主亲弟）于第八帐内捉认得戎主，番仪须得言道'我不是的皇帝'，其宋国大王却言道'你的是皇帝'。如此往来，番语三遍，戎主方始言是"③。《辽史·礼志》中关于君臣对话的记录"近似《尚书》典、谟之文，显然经过了史家的润改"④。此番对话相当于君臣之间口头达成了一个契约，即臣子承认皇帝的无上权力，同时，也向参与典礼的人们传递了一个政治信号——皇帝的政治权力业已得到群臣的认可。

柴册仪第二天所举行的仪式亦可大致分为两部分，册封皇帝与燔柴告天。册封皇帝仪式在柴册坛上举行，史载："翼日，皇帝出册殿，护卫太保扶翼升坛。奉七庙神主置龙文方茵。北、南府宰相率群臣圜立，各举毡边，赞祝讫，枢密使奉玉宝、玉册入。有司读册讫，枢密使称尊号以进，群臣三称万岁，皆拜。宰相、北南院大王、诸部帅进赭、白羊各一群。皇帝更衣，拜诸帝御容。"⑤ 在宋人的描述中，册封皇帝与再生仪在同一天举行，据载："先望日四拜，次拜七祖殿木叶山神，次拜金神，

---

① 李月新：《契丹柴册仪的仪式构建与精神旨趣》，《赤峰学院学报》（汉文哲学社会科学版）2018 年第 5 期。
② 《辽史》卷 49《礼志一》，第 930 页。
③ 《重编燕北录》，第 78 页。
④ 陈述：《契丹政治史稿》，第 63 页。
⑤ 《辽史》卷 49《礼志一》，第 930 页。

次拜太后，次拜赤娘子，次拜七祖眷属，次上柴笼受册。次入黑龙殿受贺。当日行礼罢，与太后太叔同出大禁围，却入小禁门内，与近上番仪臣僚夜宴至三更退。"① 对于宋人记载的柴册仪时间和《辽史·礼志》中的差异，笔者认为《辽史》中所记的两天更为可靠。首先，宋朝人对于柴册仪的记载来自其他人的转述，宋人并未亲身参与，很可能将两天内的活动记为同一天。而且，流传至今的宋人笔记并非完本，其间有多少缺漏已无从了解。其次，在宋人所记载的柴册仪中，关于赤娘子一条，出现了"第三日送归本庙"的字样，按此，可以认为柴册仪分为两天举行。这样，赤娘子的木像在第三天被送回供奉的庙宇才能解释得更加合理。

在册封皇帝的仪式中，有几个细节值得我们注意。一是皇帝登上柴册坛后，群臣各举毡边环立。此毡应为前一日再生仪中用于覆盖皇帝的毡子，象征着群臣对于再生皇帝的爱戴和拥护。二是皇帝登上柴册坛之前，祭拜木叶山神、金神、赤娘子、七祖眷属等。所谓七祖眷属者，"七祖眷属七人俱是木人，着红锦衣，亦于木叶山庙内取到"②，象征着契丹祖先。而祭祀木叶山，亦为祭天。③ 在此环节中，重申了皇帝权力来源于上天和先祖两个方面。三是有司奉上玉册并当众宣读。颁布玉册者，很可能是明殿学士以先皇口吻来执行的。在欧阳修笔下所描述的辽代陵寝制度，可以发现一些蛛丝马迹，"其母述律，遣人赍书及阿保机明殿书赐德光，明殿若中国陵寝下宫之制，其国君死，葬，则于其墓侧起屋，谓之明殿。置官署职司，岁时奉表，起居如事生。置明殿学士一人，掌答书诏，每国有大庆吊，学士以先君之命，为书以赐国君，其书常曰'报儿皇帝'云"④。尽管文献中找不到关于玉册内容的记载，但是也不外乎权力交替的种种。其意义在于册封行为本身，代表着先帝对于权力传承的认可。

---

① 《重编燕北录》，第 78 页。
② 《重编燕北录》，第 79 页。
③ 杨钊、赵敏艳：《契丹礼仪中的祭天现象》，《赤峰学院学报》（汉文哲学社会科学版）2016 年第 11 期。
④ 《新五代史》卷 72《四夷附录一》，第 1014 页。

册封之后，燔柴告天。这一环节见于《辽史·国语解》："柴册，礼名。积薪为坛，受群臣玉册。礼毕，燔柴，祀天。"《辽史·礼志》："柴册仪"条中未记载燔柴，有学者认为这是《礼志》的疏漏。[①] 笔者认可这个观点。燔柴之际，青烟袅袅，直冲云霄。在游牧民族看来，这是与上天沟通的有效方式。以燔柴作为柴册仪的结束，笔者认为有两层含义，一是君主感谢上天赐予的世俗权力。二是昭告天下，君主权力已经得到上天的认可。

## 三　改编与刻写

政治仪式并不是一成不变的。政治形势的变化、政治诉求的调整以及突发的偶然事件都会造成政治仪式的改编。改编带来的效果是显而易见的，"通过对传统政治仪式的改编和重演，塑造和传达了新的权力关系，并开始构建新的合法性系统"[②]。

然而遗憾的是，由于史料的缺失，关于辽代柴册仪的改编情况，知之甚少。仅能就现存的史料略加分析。比较完整的关于柴册仪的记载主要出自《辽史·礼志》和《重编燕北录》。《重编燕北录》的史料来源较为清晰，为辽道宗所行之柴册仪。而《辽史·礼志》所描述的柴册仪发生在辽朝哪个皇帝在任期间却存在歧义。陈述先生以"七庙神主"为依据，认为道宗之前，辽朝共有七位皇帝，因此《礼志》中所描述的柴册仪是辽道宗时期的。[③] 李月新则认为，所谓"七庙神主"在圣宗朝即已出现，并不能以此将《礼志》中对于柴册仪的记载归之于道宗时期。李月新进而指出："《礼志》中记载的柴册仪程序并不一定确指某位皇帝的某次柴册礼，很有可能出自辽代史官之手，加以润色，删减而成。甚至还可能经过了金元史官的综合与加工，也不排除金元修史者将辽王朝的其

---

① 葛华廷：《试探辽朝柴册仪之坛及相关的两个问题》，载姜锡东主编《宋史研究论丛》第 23 辑，第 373 页。有学者在阐述柴册仪的程序时，亦未将燔柴纳入其中，参见王凯《辽朝礼制研究》，博士学位论文，吉林大学，2017，第 22 页。

② 王海洲：《政治仪式——权力生产和再生产的政治文化分析》，第 232 页。

③ 陈述：《契丹政治史稿》，第 63 页。

他册礼糅合的可能。"① 纵观整个《辽史》的成书过程，本纪部分史料价值最高，而各志修撰混乱，叠床架屋之处比比皆是。所以，笔者认为李月新的估计可能要更加符合实际。因此，在考察辽代柴册仪的改编方面，以《礼志》的记载与《重编燕北录》的比较为主。

一个比较显著的改编是前文曾经提及的"捉认天子"方式的改变。道宗时期，"捉认天子"的方式比较温和，以身材相似的九人假冒皇帝，分别住在不同的帐篷中，大臣们需要在这十人中找到皇帝。在此之前柴册仪的相应环节中，"捉认天子"的方式则较为激烈，皇帝纵马疾驰，马在山坡上仆倒后，随从人员一拥而上，用毡子将皇帝包裹住。之后抬到高阜之上，与群臣相见。导致这一变化的因素目前找不到史料方面的依据，但是笔者推测，除了安全因素的考虑外，辽朝中期以后政治风气以及皇帝个人素质的变化也是导致柴册仪仪式变化的主要原因。元代史臣曾经概括性地描述过有辽一代的政治风气："辽起松漠，太祖以兵经略方内，礼文之事固所未遑。及太宗入汴，取晋图书、礼器而北，然后制度渐以修举。至景、圣间，则科目聿兴，士有由下僚擢升侍从，骎骎崇儒之美。但其风气刚劲，三面邻敌，岁时以蒐狝为务，而典章文物视古犹阙。"② 由此可见，尽管在典章文物方面无法与汉唐媲美，但是在景宗、圣宗之后，儒家文化开始得到君主的重视。而且，辽朝中后期的君主，对汉族文明均保持了很高的兴趣。以辽兴宗为例，此人醉心翰墨，热爱诗赋，经常赐诗给宗王大臣。僧人海山曾作《和兴宗诗》，第二首第一句便是"天子天才已善吟"。③ "善吟"二字肯定是出于对兴宗的吹捧，但是也反映出兴宗对汉文化的热爱。考虑到上述两个因素，可以认为柴册仪中"捉认天子"环节的改变，不仅是出于对皇帝的保护，同时也是辽朝政治风气转变的结果。另外，"捉认天子"的人员也发生了变化。由过

---

① 李月新：《契丹柴册仪的仪式构建与精神旨趣》，《赤峰学院学报》（汉文哲学社会科学版）2018 年第 5 期。
② 《辽史》卷 103《文学传上》，第 1593 页。
③ （金）王寂：《辽东行部志》，金毓黻主编《辽海丛书》第 4 册，辽沈书社，1936，第2532 页。

去的"御者、从者"① 改为"契丹大人""宋国国王（戎主亲弟）"②。人员的政治身份发生了巨大变化，这也寓意着君主权力在更大程度上得到了宗室亲王、大臣的认可。

刻写是指政治仪式将自身的仪式原则和仪式经验通过操演过程，转化为日常生活的政治记忆，发挥出政治范式和政治常识的作用。质言之，所谓刻写即为将政治仪式中所生产的政治权力通过某种方式普及于政治仪式的观众以及潜在的受众。辽代柴册仪举行之际，刻写分为三种方式，一是在仪式举行过程中强调传统，借此来唤起受众的共同记忆。包括祭祀祖先、赤娘子、七祖眷属以及在"捉认天子"过程中全程使用契丹语对话等等。二是在仪式中设立具有纪念意义的建筑物。据《辽史·礼志》记载，柴册仪第一天君臣对话之后，"皇帝于所识之地，封土石以志之"③。"封土石"的行为来源于秦汉时期的封禅。所谓封，是指聚土为坛以此祭天。三是仪式之后的封赐。如表1所示。

**表1**

| 天祚德妃 | 以柴册礼……加妃号赞翼 | 《辽史·后妃传》 |
|---|---|---|
| 天祚文妃 | 以柴册，加号承翼 | 《辽史·后妃传》 |
| 萧常哥 | 以柴册礼，加兼侍中 | 《辽史·萧常哥传》 |
| 萧撒八 | 以柴册礼恩，加检校太傅、永兴宫使 | 《辽史·萧撒八传》 |
| 萧孝友 | 以柴册恩，遥授洛京留守，益赐纯德功臣 | 《辽史·萧孝友传》 |
| 耶律术者 | 因柴册，加观察使 | 《辽史·耶律术者传》 |
| 耶律挞鲁 | 以柴册礼，封挞鲁燕国王 | 《辽史·后妃传》 |

表1所列在柴册礼后得到册封的七人中，后妃二人，其余五人出身各异。其中萧常哥为"国舅之族"④。萧撒八是北院枢密使萧孝穆之子，与

---

① 《辽史》卷49《礼志一》，第930页。
② 《重编燕北录》，第78页。
③ 《辽史》卷49《礼志一》，第930页。
④ 《辽史》卷82《萧常哥传》，第1295页。

兴宗仁懿皇后为亲兄妹。① 萧孝友为萧孝穆之弟，为仁懿皇后叔行。② 耶律挞鲁为天祚帝之子。③ 唯有耶律术者出身相对低一些，"于越蒲古只之后"④。蒲古只亦非寻常契丹人，他是六院皇族，懿祖仲子帖剌长子。⑤ 由此可见，封赐爵位的行为似乎仅仅施行于皇族和外戚之中。笔者认为，这种小范围的封赐并不是《辽史》疏简，抑或是辽代史料稀薄导致的，而是有其特定的政治背景，即聚合统治民族的政治效忠所造成的。钱穆先生以元朝之蒙古族与清朝之满族为例，指出："任何一个独裁者，都有拥护他独裁的特定的集团。"⑥ 阎步克先生将此观点进一步扩展开来，认为相对于汉族政权而言，"异族政权的结构性特点之一，就是存在特殊的效忠集团"⑦。辽帝在柴册仪后的封赐目的即与此相关，通过这种行为，让贵族们牢记其爵位来源于皇帝，借此将皇帝个人权力的合法性内化于贵族心目中。

由前文所述，参加柴册仪的人员包括"八部之叟""外戚之老者"以及众多臣僚，成员来源涵盖了契丹王朝统治阶层的各级社会组织。同时，凭借参与仪式者的社会影响力以及在各级政治机构中的权势，可以保证柴册仪的影响遍及契丹上层社会。另外，有的皇帝举行柴册礼之后大赦天下，如辽兴宗，"（重熙四年十一月）乙酉，行柴册礼于白岭，大赦"⑧。进一步将柴册礼的影响推广到包含奚族、渤海、汉族等在内的天下臣民。

## 结　语

柴册仪是辽朝政治生活中的一道非常炫目的风景线，每一任皇帝即

① 《辽史》卷87《萧撒八传》，第1333页。
② 《辽史》卷87《萧孝友传》，第1334页。
③ 《辽史》卷71《后妃传》，第1206页。
④ 《辽史》卷100《耶律术者传》，第1431页。
⑤ 关于蒲古只家族的考证参见韩世明《辽代皇族六院部夷离董房相关问题考》，《民族研究》2012年第2期。
⑥ 钱穆：《中国历代政治得失》，生活·读书·新知三联书店，2001，第150页。
⑦ 阎步克：《从爵本位到官本位——秦汉官僚品位结构研究》，生活·读书·新知三联书店，2017，第25页。
⑧ 《辽史》卷18《兴宗本纪一》，第245页。

位后必然会举行柴册仪。这一现象不仅牵动着契丹人民的注意力，同样引起了宋朝人的特殊关注并做了详细记录。对于辽代帝王构建君主权力而言，柴册仪将与君主权力有关的各种政治符号集结为一种庄严肃穆的信息系统，并通过具体的操演模式将权力生成信息传递给与会的契丹官员、皇室宗亲以及外戚。在此过程中，政治符号的多重含义得到了完美诠释，塑造了辽朝特有的政治文化、民族的政治认同。

更为重要的是，现存的权力关系得到了有效调整并强化了既有的政治序阶。皇帝通过柴册仪，将自己的身份真正置于政治权力系统的顶端。从功效性的角度来进行解释，"政治仪式如若真正发挥作用，一要依赖政治仪式的精心设计，二要依赖受众的心理需求，三要取决于前两者在多大程度上产生契合"[①]。从前述柴册仪所需要的设备以及仪式环节来看，一切都是统治者精心设计的结果。柴册仪所需之设备选择主要体现出两种倾向，富含传统的权力传承因素或契丹本民族因素。前者如传说中覆盖君主的毡以及先帝御容等，后者代表则为在契丹民族中备受珍视的骏马。仪式的进行也充分体现了游牧民族的特点，君主经过再生仪的洗礼后，具有了天选之子的神权属性，意味着在权力更迭之际拥有了与过往截然不同的身份属性。再通过"捉认天子""册封皇帝""燔柴告天"等环节，进一步确认了天子的世俗权力。这一系列过程非常符合契丹人的心理预期，在游牧社会中，人们对于上天的信仰使他们对于领袖均存在着拥有超越凡人能力的期许。而在严酷的自然环境中，游牧者对于君主的选择更多的是出于实用性的考虑而非礼制或血统的标准。在整个柴册仪过程中，设备与环节均在很大程度上迎合了契丹人对于君主的期待，故而能收到良好的效果。

与此同时，柴册仪还将饱含政治权力合法性的信息通过"封土石"、赐爵以及大赦天下等手段转化为政治记忆，代代相传，刻写在个人、群体以及社会的记忆中。由此，我们也可以理解辽朝皇帝在皇位继承走上正轨之后，柴册仪依然作为一项大典举行不辍的原因了。

---

① 王淑琴：《政治仪式推动政治认同的内在机理——兼论政治仪式的特性》，《中共福建省委党校学报》2018 年第 9 期。

# 拟构血缘与另塑正统：辽代契丹人的"华夏意识"*

李佳桧**

**摘　要**　在长期接触汉文化的基础上，辽代契丹人的"华夏意识"逐渐苏醒，对"中国"①的认同与日俱增。契丹人超越了一般"攀附"的范畴，将血缘关系嫁接于炎黄一系，改变了族际认知。另外，辽代契丹人逐渐开始以中华正朔自居，自称北朝，政治认同也随之改变。辽代契丹人萌发"华夏意识"是中国古代民族交往交流交融的必然产物，也是中华民族共同体演进发展的历史例证。

**关键词**　辽代；"华夏意识"；中华民族共同体

自元世祖起，元朝便陷于修宋、辽、金三史的分歧之中，其中最核心的问题便是以谁为正统，一派认为当独尊宋统，另一派则试图将此时段视为第二次南北朝，各以南北为正朔。《辽史》编纂遂受之影响，时而动议，时而搁置，议修三次却不见实质开展，修端《辽金宋正统辨》即云："泰和初，朝廷先有此论，故选官置院，创修《辽史》。后因南宋献馘告和，臣下奏言靖康间宋祚已绝，当承宋统，上乃罢修《辽史》。"②直至脱脱吸收虞集以来的观点，各予三国正统，各系年号，各书历史，

---

*　本文系 2019 年国家社会科学基金重大项目"渤海、女真、满洲族源谱系关系研究"（批准号：19ZDA180）的阶段性成果。

**　李佳桧，河北大学宋史研究中心博士研究生。

①　文中提及"中国"之意，与具体地域所指无涉，系泛指辽宋对峙引发的对中华正朔之源，天下正统归属的再认识，是一种政治、文化、族属等领域深层次的认同与理解。

②　（元）苏天爵编《元文类》卷 45，商务印书馆，1958，第 653 页。对于元修三史的讨论，参见刘浦江《德运之争与辽金王朝的正统性问题》，《中国社会科学》2004 年第 2 期。日本学者古松崇志对此问题也有讨论，参见〔日〕古松崇志《脩端「辯遼宋金正統」をめぐって—元代における「遼史」「金史」「宋史」三史編纂の過程》，《東方學報》第 75 册，2003。

虽未能真正解决问题，但至少搁置了争议，辽朝的正统性也由此渐为后世所认可。元朝对辽朝正统性的犹豫不决，一方面是受自身政治立场的影响，①另一方面则体现出辽朝对正统性的塑造影响了后继王朝的认识。辽代的契丹人很早便萌发了"华夏意识"，自视为华夏群体，而非夷狄。辽代契丹人华夏化的倾向成为元人追溯辽朝正朔的根源，即是说，辽代契丹人的"华夏意识"才是这场正统之争的症结所在。

这不免让人心生疑惑，辽代契丹人的"华夏意识"是通过何种途径实现的？契丹人在夷与夏的身份之间又是如何取舍的？厘清这些问题，方可洞悉契丹人融入华夏的历史路径。学界对此议题很早便予以阐释，很多学者纷纷加入该问题的研讨之中，②共鸣之余，争议亦不断，③不过既往探讨更多基于宏观视角的解读，如对辽朝正统观念的阐述，抑或考辨文献，思考文本生成背后的价值取向。这些研究无疑拓展了研究视野，但对于辽代契丹人萌发"华夏意识"，尝试融入华夏的具体表现仍有研讨的空间。本文即着眼于此，尝试由辽代契丹人"华夏意识"的实现路径切入，思考其族际认知转变的内在理路，及政治认同转变的历史痕迹，以期为中华民族共同体的演进提供一则历史实例。

## 一 拟构血缘与"攀附"炎黄

辽代契丹人欲实现华夏化的转变，首先要对族源做出合理诠释，即

---

① 承继辽统而舍弃宋统，并不符合元朝"混一天下"的政治宏图，但若尊宋统又与其民族身份冲突，有学者即认为："如果以宋为正统而以辽、金为偏闰，实际上就是在否定辽、金的同时否定自己政权的合法性……所以元修三史各予正统的做法是符合当时蒙古政权的切身利益的。"参见李哲《元修三史与正统之辨》，载杨共乐主编《史学理论与史学史学刊》总第11卷，社会科学文献出版社，2013，第131页。
② 孟古托力：《辽人"汉契一体"的中华观念述论》，载陈述主编《辽金史论集》第5辑，文津出版社，1991，第138—152页；宋德金：《辽朝正统观念的形成与发展》，《传统文化与现代化》1996年第1期；武玉环：《论契丹民族华夷同风的社会观》，《史学集刊》1998年第1期；郭康松：《辽朝夷夏观的演变》，《中国史研究》2001年第2期；刘浦江：《德运之争与辽金王朝的正统性问题》，《中国社会科学》2004年第2期；赵永春：《试论辽人的"中国"观》，《文史哲》2010年第3期。
③ 对契丹人"中国意识"觉醒的时间点的认识，刘浦江认为是在兴宗之后，赵永春则认为在辽前期即已出现。参见前引文。

荡涤草原民族的身份属性，拟构一套嫁接于华夏的血缘结构，从而合理地融入其中。这对于崛起自松漠之间的契丹人来说并非易事，不过鲜卑人早在此前便已做出了相对成功的尝试，直接影响了契丹人攀附华夏的方向。

北魏拓跋氏将祖源记忆与华夏始祖黄帝加以关联，立国之初便在官方层面确定了黄帝后裔的身份，据载：

> 有司定行次，正服色。群臣奏以国家继黄帝之后，宜为土德，故神兽如牛，牛土畜，又黄星显曜，其符也。于是始从土德，数用五，服尚黄，牺牲用白。祀天之礼用周典，以夏四月亲祀于西郊，徽帜有加焉。[①]

其后，围绕黄帝的祖源建构工作持续推进，最终在太和二十年（496）以诏令的形式确定了黄帝为内迁后北族的祖源，据载：

> 魏主下诏，以为："北人谓土为拓，后为跋。魏之先出于黄帝，以土德王，故为拓跋氏。夫土者，黄中之色，万物之元也；宜改姓元氏。诸功臣旧族自代来者，姓或重复，皆改之。"[②]

北魏拓跋氏的血缘拟构为后世所认可，故魏收在撰修《魏书》时将黄帝的祖源记忆模式列为开篇序言：

> 昔黄帝有子二十五人，或内列诸华，或外分荒服，昌意少子，受封北土，国有大鲜卑山，因以为号。其后，世为君长……黄帝以土德王，北俗谓土为托，谓后为跋，故以为氏。其裔始均，入仕尧世，逐女魃于弱水之北，民赖其勤，帝舜嘉之，命为田祖。[③]

---

① 《魏书》卷108《礼志一》，中华书局，1974，第2734页。
② 《资治通鉴》卷77《魏纪九》，中华书局，1956，第4393页。
③ 《魏书》卷1《序纪》，第1页。

北魏拓跋氏对"同源共祖"模式的借鉴与利用很大程度上促进了其政权正统性的塑造，同时也加速了"混一天下"的认同观念，刘正寅对此曾评价道："南北朝成为中华民族共同体意识形成的关键时期。在这一历史时期，无论是边疆民族还是中原民族，都自称炎黄等华夏先祖后裔，形成了各族'同源共祖'的历史记忆与'天下一家'的认同观念"。① 张军也认可此时期祖源建构的历史意义，其认为："这样的历史构建，对以后的中华民族的形成以及华夏认同的明确化，都有着极为深远的影响。这也是十六国北朝时期民族的融合与互动在中国历史上、尤其是中华民族形成的历史上有着如此重要意义的原因之一"。②

北魏拓跋氏的成功探索为契丹人拟构血缘提供了一个可行性极高的案例，不过与之不同的是，在《辽史》的书写体系中，辽代契丹人将"攀附"的对象由黄帝改为炎帝，据《辽史》云：

> 庖牺氏降，炎帝氏、黄帝氏子孙众多，王畿之封建有限，王政之布濩无穷，故君四方者，多二帝子孙，而自服土中者本同出也。考之宇文周之书，辽本炎帝之后，而耶律俨称辽为轩辕后。俨志晚出，盍从周书。盖炎帝之裔曰葛乌菟者，世雄朔陲，后为冒顿可汗所袭，保鲜卑山以居，号鲜卑氏。既而慕容燕破之，析其部曰宇文，曰库莫奚，曰契丹。契丹之名，昉见于此。③

《辽史·太祖本纪·赞曰》亦有载：

> 辽之先，出自炎帝，世为审吉国，其可知者盖自奇首云。④

可以清晰看到，起初耶律俨编修实录时是将契丹人系于轩辕之后的，

---

① 刘正寅：《中华民族共同体形成发展的历史思考》，《云南师范大学学报》（哲学社会科学版）2022 年第 1 期。
② 张军：《祖源攀附与十六国北朝时期意识形态建构》，《青海社会科学》2013 年第 4 期。
③ 《辽史》卷 63《世表》，中华书局，2016，第 1051 页。
④ 《辽史》卷 2《太祖本纪》，第 26 页。

即黄帝一系。这说明辽代的契丹人并未直接将血缘关系上溯至黄帝，而是巧妙地借助了鲜卑这一媒介，先是利用契丹源出鲜卑族群的表述，[1] 从而与北魏拓跋氏追认黄帝为祖源的建构关联在一起，取自《晋书》《魏书》等书以东胡、慕容鲜卑、拓跋鲜卑为黄帝之后的观点，间接获取了黄帝后裔身份。

辽代契丹人拟构黄帝一系血缘关系的行径在出土文献之中亦有佐证，《永清公主墓志》，其碑文称"盖国家系轩辕皇帝之后"[2]，《大契丹国夫人萧氏墓志》，碑文在谈到萧氏的丈夫耶律污斡里时亦说，"公讳污斡里，其先出自虞舜"[3]，明确将黄帝一系的后代孙虞舜说成是契丹人耶律污斡里的祖先。[4] 由此可见，辽代契丹人对华夏先祖的追认正是承袭自鲜卑人的认识，是以黄帝为共同祖源进行的"攀附"。

这一拟构工作因元人修史而发生变化，元人史官在编修《辽史》过程中对契丹的族源有着不一样的看法，经其考订，认为契丹一族当为宇文鲜卑直接演化而来。因此借助《周书》所载内容将契丹人的祖源予以"更正"，[5] 将契丹人的祖源改为炎帝。

由上可见，"攀附"炎黄更近乎一种范式化的书写，当北方游牧民族不断发展壮大，既有的血缘结构与祖源记忆只能在部族内取得共鸣，如"白马青牛"的传说便是仅限于契丹人内部的祖源传说，无法施用于征服而来的中原地区，故其急需诠释面向南方汉民的政权合法性，因此，"攀

---

① 辽代契丹人将族源系于鲜卑亦可求证于出土文献，《耶律羽之墓志》即言："公讳羽之，姓耶律氏，其先宗分佶首，派出石槐。"参见盖之庸《内蒙古辽代石刻文研究》，内蒙古大学出版社，2002，第2页。

② 袁海波、李宇峰：《辽代汉文〈永清公主墓志〉考释》，《中国历史文物》2004年第5期。

③ 盖之庸：《内蒙古辽代石刻文研究》，内蒙古大学出版社，2002，第118页。

④ 也有学者对该志文存在质疑，熊鸣琴认为"污斡里家族本为中原陈姓汉族，唐末五代之际没入契丹，成为辽太祖斡鲁朵下的宫户……耶律实非污斡里家族本姓，墓志所云污斡里'其先出自虞舜'是在叙述其本姓陈氏源流，与耶律氏无关"。熊氏之论旨在警示史料勿要泛用，这种担心不无道理，可即便志文所言不实，文中比附虞舜为祖先的做法亦可证明辽代的确存在着"攀附"黄帝的血缘拟构现象。参见熊鸣琴《辽耶律氏是"陈"姓后裔？——〈大契丹国夫人萧氏墓志〉新释》，《文献》2013年第5期。

⑤ "其先出自炎帝神农氏，为黄帝所灭，子孙遁居朔野"，参见《周书》卷3《孝闵帝纪》，中华书局，1971，第46页。

附”于炎黄一系血脉的意义得以凸显。祁美琴、王苏佳即认为，炎黄记忆在游牧民族中传继，或是源于部族时期中原记忆的不断衍化，进而变成一种模式化的表述，或是在政权演进的历程中，随着权力整合及统治对象的扩大，包容性更强的华夏记忆遂被置于首位。①

不过，黄帝也好，炎帝也罢，皆为契丹人“华夏意识”的明证，更是其攀附华夏先祖的历史痕迹。辽代契丹人借助拟构血缘达成了与华夏结为兄弟的政治目的，顺利成为炎黄子孙，赋予了己身政权更纯粹的正统地位，这便是王明珂所谓的华夏边缘人群假借华夏祖源记忆以成为华夏的过程。②辽代契丹人借助“同源共祖”增强文化凝聚力，这种凝聚力最终淬炼为中华民族共同体意识的文化基因，极大丰富了中华民族共同体的内涵。“同源共祖”神话就是中华各民族互助共融的历史记录，也是他们结成紧密而温暖的共同体的现实反映。不同民族均将自身融入中华民族人文始祖谱系中，这是构筑中华民族“多元一体”格局的鲜明表达和行动实践。③

## 二　自称北朝与另塑中华

除拟构血缘关系之外，辽朝在华夏化的过程中还须诠释政权的合法性，阐述与中华正朔的内在关联，此即辽代契丹人萌发“华夏意识”时所面临的第二个难题。与拟构血缘、“攀附”于炎黄不同，契丹人无法接继北魏拓跋氏的正统建构工作，只得独立探索阐释路径。这是因为此时辽朝还需额外解答宋辽对峙下的正统纠纷问题，宋朝作为正统“中国”的承继者，辽朝既无法否认这一事实，亦不能夺取其合法性，“中国”这一观念成为横亘在辽代契丹人华夏化之路上的最大阻遏。故辽朝急需重释“中国”概念，使“中国”正统不再作为宋朝的“私属品”，由此辽

---

① 参见祁美琴、王苏佳《解构“攀附”：民族起源的多源性与族源记忆中的华夏叙事根由》，《中国边疆史地研究》2021年第4期。
② 王明珂：《华夏边缘：历史记忆与族群认同》，上海人民出版社，2020，第279页。
③ 王丹：《“同源共祖”深化记忆：中华民族共同体形成的思想文化根基》，《西南民族大学学报》2021年第7期。

代契丹人开始了自称北朝与另塑中华的政治建构。

早在阿保机时，契丹人既已开启了"中国化"的进程，当时耶律阿保机借助与耶律倍的互动，将儒家思想在契丹境内予以推广，据《辽史·义宗倍传》所载：

> 时太祖问侍臣曰："受命之君，常事天敬神。有大功德者，朕欲祀之，何先？"皆以佛对。太祖曰："佛非中国教。"倍曰："孔子大圣，万世所尊，宜先。"太祖大悦，即建孔子庙，诏皇太子春秋释奠。①

《太祖本纪》对此事也有相应记载：

> 五月乙亥，诏建孔子庙、佛寺、道观；②
> 秋八月丁酉，谒孔子庙，命皇后、皇太子分谒寺观。③

很明显，耶律阿保机试图借助儒家文化构架君臣秩序，以此加强皇权政治，其中"佛非中国教"暴露了耶律阿保机试图将契丹转化为"中国"的企图。不过辽朝早期的"中国化"工作似乎收益不大，刘浦江曾指出，在北京房山北郑村辽塔塔基中发现的"大蕃天显岁次戊戌五月拾三日己未"文字砖中的"大蕃"，"应该是当地汉人对辽朝的尊称，意若'大朝'，而非正式的国号"。④ 也就是说，在汉人的眼中，契丹人建立的辽朝依然为"藩"，为夷狄，未在正统序列之内。

其后，辽代的契丹人不断通过"学唐比宋"的方式加深对"中国"的理解，⑤ 试图从制度层面完成向"中国"的转变，据《辽史·百官志

---

① 《辽史》卷72《宗室传》，第1209页。
② 《辽史》卷1《太祖本纪》，第13页。
③ 《辽史》卷2《太祖本纪》，第17页。
④ 刘浦江：《辽朝国号考释》，《历史研究》2001年第6期。
⑤ 陈述先生将辽朝对唐、宋体制的效仿称为"学唐比宋"，参见陈述《辽代史话》，河南人民出版社，1981，第47—48页。

三》载：

> 辽有北面朝官矣，既得燕、代十有六州，乃用唐制，复设南面三省、六部、台、院、寺、监、诸卫、东宫之官。诚有志帝王之盛制，亦以招徕中国之人也。①

可以看出，辽朝欲借助制度变革吸引更多"中国人"，试图依凭仕辽汉人的群体来扩大己身政权的影响力，从而消弭其与"中国"的边界。同时也可以发现，辽朝对唐制的吸收并不是简单地比附，而是在汲取精华，为之所用，有学者便对辽朝官职上的效仿予以肯定，认为"乃用唐制"不仅是在学习唐朝的政治制度，也是对中华文化的一种认同。②

不过可惜的是，辽代的契丹人始终无法摆脱蕃夷的属性，一心向华夏却始终不得其理。宋朝则在此处大做文章，时刻以"中国"，以"正统"自居，从礼制层面"打压"辽朝，如辽圣宗统和初年，萧和尚"使宋贺正，将宴，典仪者告，班节度使下。和尚曰：'班次如此，是不以大国之使相礼。且以锦服为贶，如待蕃部。若果如是，吾不预宴。'"③ 从"蕃部"等语境即可知，契丹人对自身蕃夷的身份颇为忌讳，"华夏意识"可见一斑。

屡屡碰壁的契丹人无奈只得另寻他途，传国玺的获取打开了这一困局。辽圣宗曾在获取传国玺之后作诗咏叹："一时制美宝，千载助兴王。中原既失鹿，此宝归北方。子孙宜慎守，世业当永昌。"④ 其实该枚传国玺实为晋高祖石敬瑭所铸，并非真正的秦玺，但这并不妨碍辽圣宗借机大做文章，以此为基打造中华正朔。但在无法规避宋朝的情况下，辽朝只得改换思路，借助南北朝的视域，转以地缘格局重新解构"中国"

---

① 《辽史》卷47《百官志三》，第864页。

② 王文光：《辽夏金的中华文化认同与中华民族共同体建设》，《烟台大学学报》（哲学社会科学版）2020年第4期。

③ 《辽史》卷86《萧和尚传》，第1460页。

④ 陈述：《全辽文》，中华书局，1982，第18页。

概念，将宋朝归为南朝，己身则纳入北朝系统，《萧孝恭墓志》开篇即称："北朝大辽国南宰相府所官初鲁得部族……食邑三百户萧孝恭墓志铭并序"。①

对此问题，刘浦江认为："自重熙年间起，辽朝开始以北朝自称。"②赵永春持不同见解，其认为辽人称自己为"北朝"的时间确定在辽兴宗以后，似乎与史实存在较大距离。实际上，早在辽宋交往之初，就已经有了"南朝"和"北朝"的称呼，到了辽圣宗与宋签订"澶渊之盟"时，已经正式确定下来。③二位先生对辽人自称北朝时间的争议在于评价标准的不同，前者以文献的确切出处为基，后者则以北朝这一概念为由，但这并不妨碍我们后续的讨论，自称北朝始于辽圣宗时期的认识并无问题。

自圣宗以降，辽代契丹人的心态也发生了转变，不再拘泥于既往的正统之争，因为在北朝的视域下，自己就是"中国"的一部分，其政权自然也是华夏正统的传继者，其"华夏意识"终于得以贯彻，据宋人洪皓《松漠纪闻》记载：

> 大辽道宗朝，有汉人讲《论语》至"北辰居其所而众星拱之"，道宗曰："吾闻北极之下为中国，此岂其地邪？"至"夷狄之有君"，疾读不敢讲。（道宗）则又曰："上世獯鬻、猃狁，荡无礼法，故谓之夷。吾修文物彬彬，不异中华（中国），何嫌之有！"卒令讲之。④

可以看出，辽道宗对"夷狄"之语并不在意，一是因为此时辽朝无论内外，皆采汉制，这给予了道宗充分的自信与底气；二是此时辽朝已完成了心理上的华夏意识建设，借助北朝解构了既往"中国观"，真正融入了华夏圈层之内，宋朝不再是中华正朔的唯一拥有者，甚至北朝已有

---

① 盖之庸：《内蒙古辽代石刻文研究》，内蒙古大学出版社，2002，第250页。
② 刘浦江：《德运之争与辽金王朝的正统性问题》，《中国社会科学》2004年第2期。
③ 赵永春：《试论辽人的"中国"观》，《文史哲》2010年第3期。
④ （宋）洪皓：《松漠纪闻》，吉林文史出版社，1986，第22页。

高于南朝的意向，[①] 与宋无异的辽朝自然有理由发出"不异于中华"的感慨。[②]

辽朝不止于心态上的转变，甚至在面对宋朝借助修史将辽入于"四夷"之时，亦采取有力回击，同样以撰述国史相应对，据《刘辉传》记载：

> 寿隆二年，复上书曰："宋欧阳修编五代史，附我朝于四夷，妄加贬訾。且宋人赖我朝宽大，许通和好，得尽兄弟之礼。今反令臣下妄意作史，恬不经意。臣请以赵氏初起事迹，详附国史。"上嘉其言，迁礼部郎中。[③]

欧阳修所编《新五代史》目的极为明确，就是要将辽朝再度打入蕃夷体系之中，可此时辽朝已非同日而语，其已借助北朝另塑中华正统，华夏化的进程已初步完成，这一趋向在契丹文字史料中亦有迹可循，1930 年出土的《辽道宗皇帝哀册》，篆盖上撰有相应契丹小字，经过学界释读，得出了契丹国就是"大中国"的认识，[④] 这足以说明契丹人已然对"中国"产生了足够的政治认同。

---

① 即实通过对契丹小字的解读，认为南有"下"之意，故有"北朝"高于"南朝"的观点。赵永春在此观点上予以进一步阐发，认为辽朝在澶渊之盟之后才渐渐有以北朝凸显其凌驾于宋朝之上的欲望。参见即实《谜林问径——契丹小字解读新程》，辽宁民族出版社，1996，第 223 页；赵永春《辽人自称"北朝"考述》，《史学集刊》2008 年第 5 期。

② 对于契丹人自称"中国"的同时也称宋朝为"中国"这一现象，赵永春曾有精辟论述，"契丹人自称"中国"之初并没有自称"正统"，直到辽圣宗后期才萌生自称"中国正统"的思想意识。辽人在自称"中国"的同时，仍然称宋朝为"中国"，在强调夷人懂礼是"中国"的同时，并不反对汉人懂礼也是"中国"，在自称"正统"的同时，仍然称宋朝是"中国"。辽人的"中国观"具有辽宋同为中国、华夷懂礼即同为中国以及"正统"与"非正统"都是"中国"等特点。参见赵永春《试论辽人的"中国"观》，《文史哲》2010 年第 3 期。

③ 《辽史》卷 104《文学传》，第 1604 页。

④ 参见即实《契丹小字字源举隅》，《民族语文》1982 年第 3 期；刘凤翥《契丹小字道宗哀册篆盖的解读》，《民族研究》1984 年第 5 期。

# 结　语

综上所述，辽代契丹人的"华夏意识"主要是通过两个领域实现的，一来通过拟构血缘，将祖源比附于炎黄，以"攀附"完成华夏的转变；二来是借助解构"中国观"，再度引入南北朝的概念，将辽纳入北朝系统，从而树立起中华正朔。

这两种途径更多地体现在辽朝统治阶层内，基层民众对中华正朔的认可受限于史料记述的缺失，难得其貌。但可以确定的是，部分基层契丹人同样被动地接受了认同转向，自五代时即有大量契丹人被俘后选择入仕于中原，抑或南下的归明人，亦即"契丹直"，这一群体的特殊性注定了他们无法获取辽的认可，只得尝试融入中原汉地。① 所以说，基层契丹人的"华夏化"进程可能开启得更早，其持续的时间也会更长，在辽朝灭亡后仍然持续推进，直至契丹人渐渐消融于北方汉人群体之中，至元代，契丹人已基本被视为汉人，据《南村辍耕录》"氏族·汉人八种"条即可知，该条录有下列氏族名：契丹、高丽、女真、竹因歹、术里阔歹、竹温、竹赤歹、渤海。②

辽代契丹人的"华夏化"极具历史意义，其"华夏意识"上承北魏拓跋氏，下启金朝女真人，超越了既往草原民族对中华正统的追求，为后世民族交往交流交融的进一步深化提供了坚实基础，也是中华民族共同体演进历史的重要实例。

---

① 关于"契丹直"的讨论可见任爱君《论五代时期的"银鞍契丹直"》《内蒙古社会科学》，2007 年第 3 期；刘浦江《在历史的夹缝中：五代北宋时期的"契丹直"》，《中华文史论丛》2012 年第 4 期。
② （元）陶宗仪：《南村辍耕录》，中华书局，1980，第 13—14 页。

# 辽代陈国公主墓出土琥珀璎珞的复合意蕴

田亦阳 *

**摘　要**　辽代陈国公主墓出土的琥珀制品中，以陈国公主和驸马颈上分别佩戴的四组琥珀璎珞最为醒目。其上雕刻的相关题材，如龙、莲花、荷叶等，在相互呼应的同时，也被纳入了由璎珞所组成的象征空间，并被镶嵌进整体结构当中进行考量，既包含有一定规律，同时也体现出规律之上的艺术发挥。琥珀璎珞不仅反映了墓主人陈国公主及其驸马尊贵的身份地位，也融合了对墓主人婚姻的美好祝愿。同时代出土的各类形制不同的璎珞中，琥珀材料所占的比重明确表示出其在契丹人观念中的重要地位，而从琥珀璎珞的制作方式和使用材质中，也能体现出契丹贵族对工艺和审美的严格要求。其不但通过材质、形制、艺术表达及审美倾向等多方面呈露出与契丹人的身份、等级、地位相关的宗教和文化内涵，亦展示出历史上契丹人对"美"的理解。而其在墓葬空间中所展示出来的独特的"喜"与"丧"交叠转换的双重特质，也反映了契丹人生活中多维度的观念融合。

**关键词**　琥珀璎珞；陈国公主墓；丧葬意识；审美与文化认同

陈国公主墓是辽代中期的上层贵族墓葬，其中出土了数量庞大的琥珀制品，质量上乘，工艺精美。出土时分别佩戴于公主和驸马颈上的 4 组琥珀璎珞非常醒目，消耗材料体量之大，制作之精美，令人惊叹。其中，公主佩戴琥珀璎珞 2 组（见图 1），佩戴于外圈的琥珀璎珞，1 组 264 件，由 5 串共计 257 颗红褐色、形状不规则的琥珀珠和 5 件琥珀浮雕饰

---

　*　田亦阳，中国社会科学院大学社会与民族学院在读博士研究生。

件、2 件素面琥珀料以银丝相间穿缀而成（出土时穿系琥珀串珠的银丝已残断，部分串珠散乱，整理时按出土原状，并参照驸马璎珞复原成形，形制与驸马璎珞基本相同），周长 159 厘米；佩于内圈的琥珀璎珞，1 组 69 件，由 60 颗琥珀珠和共计 9 件圆雕、浮雕、鸡心形、圆柱形琥珀饰件以细银丝相间穿缀而成（出土时珠串残断散乱，已复原），周长 113 厘米，银丝直径 0.1 厘米。驸马胸前亦佩有琥珀璎珞 2 组（见图 2），其中外圈璎珞 1 组 421 件，由 416 颗琥珀珠和 5 件琥珀浮雕饰件组成，用 7 根细银丝将琥珀珠与琥珀浮雕饰件相间穿缀而成（出土时珠串略有残断和散落，已复原），璎珞周长 173 厘米，银丝直径 0.1 厘米；同公主所佩相似，驸马颈上内圈璎珞为 1 组 73 件（出土时珠串右侧残断略有散乱，珠串左侧基本完好，已修复），由 64 颗圆球形琥珀珠和 9 件琥珀饰件以细银丝相间穿缀而成，周长 107 厘米，银丝直径 0.1 厘米。[①] 在陈国公主墓出土的上述 4 组琥珀璎珞中，有以精致的刀工进行各种题材雕刻的饰件，也有大小、颜色深浅各不相同的珠饰组合，其中所暗含的秩序与审美方式，值得从美术史的角度切入进行多维度的深入探讨。

**图 1　公主所佩琥珀璎珞 Y118（外）、Y104（内）**

资料来源：内蒙古自治区文物考古研究所、哲里木盟博物馆《辽陈国公主墓》，文物出版社，1993，彩版二五。

---

① 内蒙古自治区文物考古研究所、哲里木盟博物馆：《辽陈国公主墓》，文物出版社，1993。

**图 2　驸马所佩琥珀璎珞 X116（外）、X112（内）**

资料来源：内蒙古自治区文物考古研究所、哲里木盟博物馆《辽陈国公主墓》，彩版二五。

## 一　题材的关联与秩序

龙、莲花、荷叶这类图案主要体现在公主与驸马分别佩戴的 2 组大型璎珞之上。这些题材，在相互呼应的同时，也被纳入了由璎珞所组成的象征空间，并被镶嵌进整体结构当中进行考量，既包含有一定的大体规律，也体现出规律之上的艺术发挥。

整体来看，在璎珞中，除了数量较多的素面琥珀珠，其余饰件上，"龙"显然是雕刻装饰题材中的最大宗。在公主佩戴的较为大型的璎珞中，共有 7 件大型饰件，其中 5 件有浮雕（见图 3），2 件并未过多打磨的不规则饰件串缀在璎珞佩戴者的颈后部，其余 5 件均可垂挂于胸前。其中，穿于左侧上部的一件琥珀饰件，整体略呈不规则的椭圆形，色泽呈明亮、均匀的橘黄色，正面浮雕一条龙，龙昂首目视前方，一爪向前伸出，鼻孔微张，怒目圆睁，其尾部盘绕摆动，整体动势似在前行。侧面横向贯穿一孔，连缀在璎珞之上。饰件的侧、背面均打磨得十分平滑，但从整体形状来看仍是随琥珀材料本身的形状进行雕刻和轻微的塑造。穿于右侧上部的饰件，则是这 5 件之中唯一一件题材不是"龙"的饰件，此饰件整体呈略方的椭圆形，形状较为圆润，色泽呈橘黄色，与上一件十分相近，正面浮雕一朵形状饱满的莲花，莲蓬前方的莲瓣排布有三层，莲蓬两侧及后部的莲瓣则单层排布，共19瓣，刻画十分精细，正前方的莲瓣雕刻在整体呈圆形的琥珀材料的微微凸起处，立体感很强，侧背面同样打磨得光滑平整，侧面横贯一孔，穿缀于璎珞之中。穿于左侧下部的琥珀饰件，颜色橘黄，整体呈椭圆形，表面较为平整，正面浮雕一条盘曲身体的蟠龙，龙曲颈垂头向身后回视，可见一目大张，其尾部上卷，整个身体将头部盘在中间，三爪以不同方向分布在琥珀上部，整体构图饱满。该饰件材料稍薄，背面并未打磨至平滑，而是对材料有所保留，侧面中部偏下横穿1孔，串缀在璎珞上。穿于右侧下部的琥珀饰件，形状色泽与前述相近，但正面浮雕图案是行龙戏珠，龙的形态与穿于左侧上部的饰件相类似，只细节有所不同，且龙嘴前方刻有一枚火焰宝珠，该饰件背面与上一件相类似，并未打磨至完全平滑，但材料整体更厚，侧面正中横钻一圆孔。此璎珞上最大的琥珀饰件则是穿于下部正中的1件浮雕饰件，器物呈较扁的椭圆形，颜色比前述四件暗，呈褐红色。正面浮雕一条回首的蟠龙，龙头上角、须皆有刻画，且能看到龇出的牙齿。龙前爪呈蹲卧状，后爪蹲踞在地，龙身腾起卷曲，不可见全貌。龙尾则由后爪之间向头部伸出翘起，尾尖卷曲，与龙首相呼应。此件侧背面打磨异常平整圆滑，侧面正中横贯有一孔。且从正面垂挂的视角来看，除下部正中最大的饰件是以头上脚下的角度穿缀外，其他4件均是图案上部朝向左侧，下部朝向右侧。

驸马佩于颈部外圈的大型璎珞，为5件有浮雕的饰件（见图4），较公主所佩之璎珞少2件素面不规则饰件。不过驸马的璎珞从整体上看，周长更长，琥珀珠也更多，更为大型，适合男性佩戴。其中穿于上部左侧的琥珀饰件，色泽橘红，整体呈不规则的椭圆形，正面浮雕对鸟，构图呈中心对称分布，两只鸟儿以喙相接，展翅，尾巴修长卷曲，极具装饰性。鸟首之上与鸟腹下方皆雕刻对称的卷云做衬。背面打磨不算平整，有凹凸起伏感，侧面中心横穿一孔。穿于右侧上部的琥珀饰件，颜色稍暗，为红褐色，椭圆形，按照上述公主所佩璎珞浮雕饰件的方向排布，浮雕应为荷叶在上，其下雕刻游动姿态的双鱼，考古报告中所绘制的线

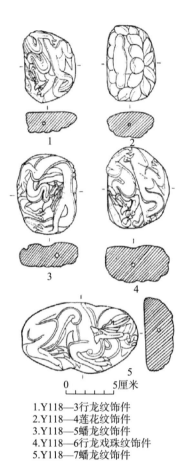

1.Y118—3行龙纹饰件
2.Y118—4莲花纹饰件
3.Y118—5蟠龙纹饰件
4.Y118—6行龙戏珠纹饰件
5.Y118—7蟠龙纹饰件

**图3  公主所佩大型璎珞 Y118 中的浮雕饰件**

资料来源：内蒙古自治区文物考古研究所、哲里木盟博物馆《辽陈国公主墓》，第
91 页。

图误将图案的方向倒置了。在此饰件的图案中，鱼游动之间荷叶上翻半
片，整体图案动感极强。穿于中部左侧的浮雕饰件则雕有一条蟠龙，材
料为红褐色，整体呈较方的椭圆形，浮雕图案中蟠龙回首怒目龇牙，龙
身整个浮于龙首上方，前爪与尾部相接。背面平整光滑，侧面中部横穿
一孔。穿于中部右侧的饰件色泽呈偏鲜艳的橘黄色，整体椭圆形，正面
浮雕身体相缠组成一个椭圆形的双龙，两龙均张口，以首相对，脚爪与
尾巴相互纠缠，图案正中雕刻一枚火焰宝珠。琥珀正面凸起，背面凹陷，

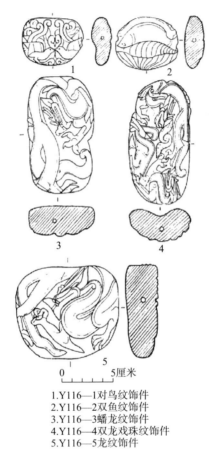

0——————5厘米

1.Y116—1对鸟纹饰件
2.Y116—2双鱼纹饰件
3.Y116—3蟠龙纹饰件
4.Y116—4双龙戏珠纹饰件
5.Y116—5龙纹饰件

**图4　驸马所佩大型璎珞 X116 中的浮雕饰件**

资料来源：内蒙古自治区文物考古研究所、哲里木盟博物馆《辽陈国公主墓》，第96页。

侧边中部横穿一孔。最后一件穿于下部正中的橘黄色饰件，呈椭圆形，浮雕一条曲颈昂首的龙，龙两前爪位于身体两侧，其中右前爪呈拳状，三趾清晰可见，龙尾部扭转向前与首相触，整体姿态似正在腾云驾雾向前行进。其背面十分平整，侧面中部偏上横贯一孔，穿于璎珞之中。上部的2件雕饰整体皆较为娇小，位置虽取代了公主之璎珞上的2件素面饰件，但具有浮雕的视觉效果，其排列应与公主之大型璎珞中的上中部2件浮雕饰件相对应，图案朝向也相一致。

在两组璎珞上有雕刻的饰件之中，按上文所推测的排布方式所示，其中两枚相同位置的饰件，一件装饰以莲花，另一件装饰为荷叶，这显示出二者之间可能具有某种特殊的呼应关系。璎珞配饰特殊的出土位置及其与墓主身体的紧密关系提示，此类贴身饰物是极具象征性的私人所有物。但它们的大小和体量又显示出它们不可能作为日常佩戴的首饰，而更偏向于是一种礼仪性的佩饰。很可能是公主下嫁驸马时，为其夫妇二人专门制作的陪葬用品。驸马先于公主亡故，驸马尸身上所穿戴的包括银丝网络、面具、服饰等都不大可能是在公主祔葬时再度穿戴上身的。而这类专门的礼仪用品，其上的题材有所讲究也不足为奇。在这些有浮雕的饰件上，包括图案的朝向，龙的条数均大体一致，不符合整体方向和题材的只有驸马大型璎珞上中部右侧的1件琥珀饰件的朝向，和驸马所佩璎珞上部左侧的对鸟浮雕饰的题材。相类似的题材排布在公主与驸马所佩的小型璎珞（内圈）中也有一定的表现。公主的小型璎珞上共7件有雕刻的琥珀饰件，均以龙为主题，而驸马所佩的小型璎珞上的雕刻题材则更多表现为狮子、狻猊，只有下部左右两侧的浮雕饰件题材是龙，其中两件小型璎珞中的鸡心形和圆柱形素面坠饰，则是辽代出土的璎珞中十分常见的固定配置。[①] 这四件璎珞上包括琥珀珠和饰件的间隔数量等并不能保持完全一致，可见这种题材和数量的排布并不是严格——对应的，而更像是一种大致规律下的自由发挥，这从侧面解释了驸马所佩大型璎珞的上中部右侧所穿琥珀饰件方向不一致的原因。

## 二　图像的精神和意蕴

龙、狮子这样的题材在诸多辽墓出土的琥珀中其实并不常见，除了陈国公主墓出土了上述大量以此为题材的琥珀制品外，仅见于少量佛塔和墓葬。如北镇耶律宗教墓中出土的1件琥珀狮饰（见图5），这件饰物整体色泽呈较为明亮的茶黄色，狮子呈侧卧状，狮身向左蜷缩，狮头向

---

① 于宝东认为此类饰件的内涵一是璎珞的组成构件，二则是唐辽时盛行的"蹀躞七事"中的两种饰件（于宝东：《辽金元玉器研究》，内蒙古大学出版社，2007，第31页）。

右趴伏在右前爪上，眉眼皆备，双目微合，整体状态似在休憩。其尾部略有残损，向上覆向后背，趾清晰可见，头、尾之上鬃毛卷曲，刻画精细，长5厘米、宽4厘米、高2.9厘米。耶律宗教墓早年被盗掘，出土随葬品并不丰富，但墓主正是陈国公主的异母兄弟，身份地位自可与陈国公主相对应，据出土墓志，其身居高位，也是权势颇盛的契丹大贵族。①再如朝阳北塔天宫中出土的1件琥珀盘龙（见图6），细观这件琥珀雕饰，其颜色整体呈褐色，正面浮雕一条身体蜷曲翻腾的盘龙，龙首位于画面正中，昂头，龙角高高耸起，目大张，其中一只后爪与尾部相纠缠，雕工细致，没有穿孔。朝阳北塔是皇家佛塔，其中遗物的规格也可与契丹皇室直接匹配。②再则，内蒙古科左中旗的小努日辽墓也出土有1件盘龙题材的琥珀握手（见图7），其整体是较为规则的椭圆形，正面浮雕图案的构图与上一件北塔天宫所出类似，画面上主体的龙身周围还雕刻有卷云纹。小努日辽墓虽无明确的墓主信息，但从出土随葬品的种类和工艺来看，墓主人的政治地位和经济实力都不容小觑，也应是契丹高等级贵族。③综上所述，"龙"与"狮子"题材的表现，应该是和契丹高等级贵族或皇家背景相匹配的。

**图5　耶律宗教墓出土的琥珀狮饰**

资料来源：鲁宝林、辛发、吴鹏《北镇辽耶律宗教墓》，载孙进己、冯永谦、苏天钧主编《中国考古集成》东北卷，辽（三），北京出版社，1997，第1593页。

---

① 鲁宝林、辛发、吴鹏：《北镇辽耶律宗教墓》，载孙进己、冯永谦、苏天钧主编《中国考古集成》东北卷，辽（三），北京出版社，1997，第1952—1956页。
② 朝阳北塔考古勘察队：《辽宁朝阳北塔天宫地宫清理简报》，《文物》1992年第7期。
③ 武亚芹、王瑞青：《内蒙古科左中旗小努日木辽墓》，《北方文物》2000年第3期。

**图 6　朝阳北塔天宫出土的琥珀盘龙**

资料来源：朝阳北塔考古勘察队《辽宁朝阳北塔天宫地宫清理简报》，《文物》
1992 年第 7 期。

**图 7　小努日辽墓出土的盘龙琥珀握手**

资料来源：武亚芹、王瑞青《内蒙古科左中旗小努日木辽墓》，《北方文物》2000
年第 3 期。

辽发展至圣宗时期，随着交流的加深，已经受到了中原儒家文化十
分广泛且深入的影响，这不仅表现在对民族正统的认知、思想观念的变
化上，也在多种类的艺术品以及日常生活中有所体现。如上文所述的龙、
莲花、荷叶、双鱼、双鸟等都是儒家文化中所常常使用和表现的题材。
龙自古以来是皇家的象征，辽代的龙纹，在陈国公主墓中有体现墓主身
份秩序的内涵。契丹民族对龙的尊敬与崇拜观念形成得很早，据《辽史·
地理志》记载，契丹民族最早的领袖奇首可汗所居住之地被称为"龙
庭"，亦即之后的"龙化州"。① 这是龙的意象在契丹皇族的早期观念中
占据重要地位的表现。契丹皇族对"龙"文化的认同，也表现出他们对

———————

① 《辽史》卷 37《地理志一》，中华书局，2016，第 505 页。

中原封建王朝的基本观念和礼仪、制度等方面的接受和吸纳。辽统治者把"尊孔崇儒"作为基本国策，[①] 辽后期的"华夷同风"之说，是契丹民族将自身的统治系统和政权融入华夏民族自古以来的传承谱系之中的直接体现，更表现出其对儒家文化的高度认同。[②] 正如辽早期时，契丹皇帝在捺钵时居留的可以移动的毡帐，其虽然不如后期修建的宫殿一般壮丽、辉煌，其装饰却也极尽华美，并且极力突出了龙的形象。这种多元文化结合的特征，既表明龙的形象一定程度上能够代表契丹皇室，同时也表明，契丹皇帝与中原王朝的帝王一样，都认为自己是龙这一神圣形象的化身。[③] 辽代龙题材图案的表现方式从另一方面来看，可以说与唐代一脉相承。契丹人刚刚建立辽国时，曾俘虏过大批汉人，其中不乏各种工匠，这些汉族工匠在辽皇权压迫的缝隙中不经意流露出的汉文化"碎片"，不仅是惊艳和奇特的，而且是符合当时皇帝所需要的。将儒家文化逐渐渗透于契丹人群中的趋势，或多或少地影响了契丹贵族的审美趣味。其中自然包括龙这种标志性纹样，也包括更多在汉地流行的花纹和样式。

而相应地，莲花、荷叶、双鱼则有可能是对公主、驸马二人夫妻身份的呼应。莲纹是辽代较为流行的装饰题材之一，多见于墓葬壁画、金银器及陶瓷器之上，这种现象应与辽代佞佛有一定的相关性，陈国公主墓中也出土有很大一部分此类题材的随葬品，但在陈国公主及其驸马佩戴的璎珞上，它们所体现出来的含义更为丰富。前文曾经提及，关于陈国公主墓的各种材质珍贵、工艺精美的随葬品中，有很大一部分是公主出嫁时的嫁妆，也有不少题材成双的饰物，包含有吉祥象征的信息。自古以来，各个民族在为男女双方结合、成婚而准备的聘礼或嫁妆中，往往不能缺少一类以期许夫妻生活和睦美满为主题的作品。可见契丹公主出嫁时，皇家为公主准备好的一系列陪嫁物品中，无论是专门制作的明

① 高福顺：《尊孔崇儒 华夷同风——辽朝文教政策的确立及其特点》，《学习与探索》2008年第5期。
② 武玉环：《论契丹民族华夷同风的社会观》，《史学集刊》1998年第1期；高福顺：《辽朝在中国古史谱系中的历史定位》，《中国边疆史地研究》2019年第2期。
③ 李锡厚、白滨：《中国政治制度通史 第七卷 辽金西夏》，社会科学文献出版社，2011，第47页。

器，还是日常生活中使用的器物，其中的物品包含有能够象征夫妻身份的题材是十分正常的。且辽代的夫妻合葬墓中，也有一些包含有此类题材的饰物出土。如万金山第 1 号墓出土的一件荷叶交颈鸳鸯琥珀饰件（见图 8），呈红褐色，略残，整体圆雕，底部雕刻一朵 12 瓣荷叶，荷叶上雕刻两只交颈而卧的鸳鸯，雕饰于荷叶正中间贯穿一孔。再如万金山第 2 号墓出土的一件残损较为严重的深红色琥珀饰件（见图 9），观其浮雕图案，与 M1 出土饰件中的荷叶部分十分类似，残损前，可能也是以荷叶为主题。万金山第 1、2 号辽墓均为合葬墓，其中 M2 应为一家三口人同葬。① 此外，还有新民巴图营子辽墓出土的一件荷叶式琥珀饰物（见图 10），其材质半透明，呈鲜艳的橘红色，整体略呈三角形，分为上下构图，雕刻成几片荷叶聚集在一处的景象。无独有偶，新民巴图营子辽墓也是二次葬的夫妻合葬墓，且墓主人身份等级不低。② 荷叶、莲花这类题材在合葬墓中的多次出现，是其对夫妻关系的一种反映。综上所述，公主与驸马所佩璎珞上题材整体的一致性和不对称性既体现出二人身份地位的微妙差距，也反映出二人作为夫妻从身份上的客观联系——莲花与荷叶相伴，叶下双鱼嬉戏，本就是一幅岁月静好的美妙图景。

又如陈国公主墓中出土的多件表现成双成对的鸟、鱼之类主题的饰物，其中鸳鸯是十分具有代表性的一个题材。鸳鸯向来成双成对出现，其中鸳为雄，鸯则为雌，因其习性，被人们认为是夫妻恩爱的象征。西晋崔豹《古今注》中有载："鸳鸯，水鸟，凫类也。雌雄未尝相离，人得其一，则一思而至死，故曰疋鸟。"③ 这也反映了古人对鸳鸯象征性的认识——对男女之间爱情的期许和象征。在世俗文化盛行的唐代，鸳鸯图像在生活中的应用非常普遍，唐代文学、艺术作品中以鸳鸯为表现主题的不胜枚举。而唐代的绘画、丝绸、瓷器及金银器上，鸳鸯的题材也是经常被使用的，其中往往包含着对夫妻关系的美好愿望。④ 又有类似双鱼这种成双

---

① 赤峰市博物馆、阿鲁科尔沁旗文管所：《赤峰阿旗罕苏木苏木辽墓清理简报》，《内蒙古文物考古》1998 年第 1 期。

② 冯永谦：《辽宁省建平、新民的三座辽墓》，《考古》1960 年第 2 期。

③ （西晋）崔豹：《古今注》卷中，中华书局，1985，第 12 页。

④ 王丽梅：《唐代金银器禽鸟图像研究》，《中华文化论坛》2016 年第 12 期。

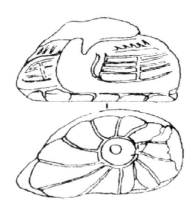

图 8　万金山 M1 出土的荷叶交颈鸳鸯琥珀饰

资料来源：赤峰市博物馆、阿鲁科尔沁旗文管所《赤峰阿旗罕苏木苏木辽墓清理简报》，《内蒙古文物考古》1998 年第 1 期。

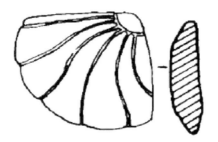

图 9　万金山 M2 出土的琥珀饰件

资料来源：赤峰市博物馆、阿鲁科尔沁旗文管所《赤峰阿旗罕苏木苏木辽墓清理简报》，《内蒙古文物考古》1998 年第 1 期。

图 10　新民巴图营子辽墓出土的荷叶式琥珀饰物（笔者摄于辽宁省博物馆）

成对出现的动物形象，也是此类的儒家题材。汉乐府诗歌中即有一首广
为流传的《采莲曲》："江南可采莲，莲叶何田田。鱼戏莲叶间，鱼戏莲
叶东，鱼戏莲叶西，鱼戏莲叶南，鱼戏莲叶北。"[①] 诗中鱼与莲叶的互动，
正是对男女之间交往的比兴。而此诗中的意象与上文描述的公主与驸马
所佩琥珀璎珞中暗喻夫妻身份的浮雕饰件题材正相吻合。唐代以"双鱼"
来比喻爱情的文学作品多不胜数。如韩愈有"青青水中蒲，下有一双鱼。
君今上陇去，我在与谁居"的诗句，[②] 岑参也有"昨见双鱼去，今看驷马
归"的感叹，[③] 均是以"双鱼"的意象来借指男女之间的夫妻关系。契
丹人受唐代影响颇多，对鸳鸯、双鱼有此类认知也不足为奇。

李清泉曾在其研究中提出"唐辽转型"——意即在辽代，复合的辽
文化总体的发展趋势，是各族文化融入汉族文化，而作为主体的汉文化，
在辽代墓葬中体现出了一种"平民化"的文化倾向。[④] 而在陈国公主墓中
出现的这类表现为双鱼、鸳鸯等题材的随葬品，乃至其中所体现出的世
俗文化进入墓葬的情形，正可以与此说相互印证。

## 三　材质的工艺及其设计内涵

在琥珀的使用过程中，被契丹人所重视的独特性质，也是非常值得
关注和讨论的切入点。琥珀质地的轻盈、柔软和脆弱，从另一方面带给
了它易于被打碎的优势，工匠可以轻易地重新塑造它，这是琥珀区别于
其他材质的一个重要属性。它的易于加工的材质和温暖柔润的触感，与
玉器所固有的寒冷和坚硬是完全不同的。这些琥珀质地的特殊性，直接
决定了它加工方式的灵活。虽然琥珀常常被归结为玉器中的一个种类，

---

① （北宋）郭茂倩编撰《乐府诗集》，聂世美、仓阳卿校点，上海古籍出版社，2016，第
　 638 页。
② （唐）韩愈：《青青水中蒲三首（其一）》，载（北宋）郭茂倩编撰《乐府诗集》，第
　 1099 页。
③ （唐）岑参：《奉送李宾客荆南迎亲》，载黄勇主编《唐诗宋词全集》，北京燕山出版社，
　 2007，第 594 页。
④ 李清泉：《宣化辽墓：墓葬艺术与辽代社会》，文物出版社，2008，第 337 页。

从而进入整体被书写，但是琥珀材料的有机、轻、软、易雕琢和易损等特征都指向了琥珀在制作工艺上与玉器或其他材料在制作上的区别。关于辽代琥珀的雕琢方式与制作工艺，文献与考古发现的出土实物中均不能找到任何有效的线索，但通过分析和观察现存的琥珀制器物，以及对其他种类玉器制作的考察，能够总结出其中一部分规律和特质。

辽代墓葬中出土的琥珀制品除打磨光滑的珠和素面题材的器物外，有雕饰的器物雕刻技法大致有浮雕、圆雕和镂雕，其中多数雕饰是采取浮雕手法，外加阴线刻画细节来完成的。浮雕是一种被压缩在平面上的雕塑形式，它的特点是不能像圆雕一样从各个角度观赏，而只能在平面内进行有效的观看。如公主和驸马所佩戴的璎珞上的浮雕饰物，其中的雕刻，均以削减琥珀地子为主要手法，最终呈现出来的效果即是图案凸出于器物表面的浮雕效果。圆雕的琥珀饰物在辽代出土的琥珀中也并不算少见，与浮雕有所不同，圆雕是一种立体的雕琢，经过多维的构建，从而可对器物进行四面环视。立体圆雕是一种更富于艺术特殊性的雕刻方式，饰物的空间感更强，雕饰图像所能容纳的信息也更多。而在众多辽代出土的琥珀制品中，也可以在少量的几件器物中看到镂雕手法的运用。镂雕又被称为镂空、透雕，一般是按照纹饰的造型决定镂空的安排，有圆雕器的镂雕，也有浮雕器的镂雕。在陈国公主墓出土的琥珀珍珠头饰中，两件琥珀龙形饰件（见图 11）就是使用圆雕和镂雕相结合的手法制作而成的。[1] 目前出土的辽代琥珀中，雕刻图案过于复杂的饰物实际上并不多见，多数饰物的加工方式是根据材料的大体形状，以较为粗犷的刀法，施以寥寥数刀勾勒出所要刻画对象的特点，又将琥珀的表面进行抛光处理，而大多浮雕饰物背面的凹凸不平也被较完整地保留了下来，这大约是为了减少不必要的磨损从而节省材料，可见琥珀在辽代属于较为珍贵稀少的材料。[2]

浮雕在琥珀饰物的制作中占据如此重要的地位，这与琥珀材料的自限性有一定关系，琥珀的硬度为摩氏 2—2.5 度，材料脆弱，十分容易被

---

[1] 徐琳：《古玉的雕工》，文物出版社，2012，第 167—168 页。
[2] 许晓东：《中国古代琥珀艺术》，紫禁城出版社，2011，第 130—132 页。

**图 11　陈国公主所佩琥珀珍珠头饰**

资料来源：内蒙古自治区文物考古研究所、哲里木盟博物馆《辽陈国公主墓》，彩
版二四。

损坏，其可塑性虽然强，但经受过于精细的琢磨可能会造成材料被毁坏
的后果。以陈国公主墓中出土的 1 组 6 件的白玉组佩饰为例（见图 12），
这件佩饰由鎏金银链将 1 件璧形玉饰和 5 件垂挂的玉坠组成。玉坠表面抛
光，主题有蛇、猴、蝎、蟾蜍、蜥蜴 5 种形象。6 件玉饰雕工均十分细
腻，使用了大量镂空的工艺，然而，在琥珀饰物中，则只有上述公主佩
戴的头饰中的大块琥珀饰件上运用了少量的镂空工艺。但琥珀的柔软，
又令人们能够直接用刀雕刻出花纹及外形，不像玉器的雕琢需要使用解
玉砂才能成行，但两者最后的抛光手法应当是类似的。

**图 12　陈国公主墓出土的玉佩**

资料来源：内蒙古自治区文物考古研究所、哲里木盟博物馆《辽陈国公主墓》，彩
版二一。

雕刻加工琥珀的工具和方法虽然没有更多史料和考古证据可循，但其情况，或与当时金银器、玉器的情况相类似。在欧洲波罗的海东岸一带发掘的一处公元前3000多年的，属于那法（Nava）文化的遗址中，伴随琥珀制品一同出土的，还有骨质工具和燧石，显然是属于当时欧洲先民加工琥珀的工具，[1] 可见琥珀的雕刻是较为简单的。虽然随着时代、材料和工具的发展，在玉料上进行雕琢的工具几经改进，然而玉雕的工艺仍然较为复杂，且辽代的玉器之中，使用浮雕手法的并不算多。而辽代的工匠若要在一块琥珀材料上进行雕刻，仍只需要使用到最简单的工具——刀。沿用这种原始的刀刻方法，就可以雕刻出在玉料上使用复杂手段才能雕刻而成的图案和纹样。前者需要固定的作坊、工具、熟练的技术和手艺上乘的工匠，才能够制作出符合皇室贵族要求的高水平工艺品；而后者在日常的生活环境中就可以较为轻易地做到。辽代出土的一部分并不精心雕饰的琥珀制品，其形态不规则、雕刻花纹也并不过分复杂，背面又仅做了简单的抛光处理，也许可以认为它们就是通过使用最为简单的刀刻方法，在并不规则的琥珀表面上雕刻出图案，又使用金属钻孔，最后使用某种皮革或类似的材料为之抛光，经过这样一系列过程制作出一件可以佩戴的饰物。可想而知，对于当时琥珀饰物的制作，或许也不需要大量手艺高超的匠人。虽然这样的推想有其合理之处，但不能一概而论地认为辽代所有出土的琥珀制品的制作方式都是这样的。例如，陈国公主墓出土的圆雕琥珀盒、庆州白塔出土的琥珀观音像等，若要制成类似这样精致的器物，极大可能仍需要使用到类似琢玉的，更复杂的程序才能够达到目的。[2]

其中，琥珀制品工艺对玉器工艺的吸收也是毋庸置疑的。玉器在历史中的序列是比较完整的，其无论是制作工艺还是生产模式都有据可考。辽代玉器的制作工艺是依靠辽建国之初俘虏的大批汉人工匠而发展起来

① David A. Grimaldi, *Amber: Window to the Past*, New York: Harry N. Abrams, Inc., Publishers, inassociation with The American Museum of Natual History, 1996, p.145.

② 苏芳淑：《契丹玉和琥珀雕饰初论》，载上海博物馆编《中国隋唐至清代玉器学术研讨会论文集》，上海古籍出版社，2002，第237—248页。

的，他们把中原的手工业技术带到了北方草原上，发展起辽代的治玉工艺。从出土的考古材料来看，辽代的玉器多采用平雕、圆雕、镂雕、阴刻线装饰等技法，工艺沿袭自唐代，继而又吸取宋代的技巧，辽代的玉器制作，与当时中原流行的碾玉技术有很大渊源。[①] 而辽代玉器的特征，包括对题材的表现，也被或多或少地吸收到了对琥珀的制作上来。

琥珀对各种题材和工艺的共融与理解，反映出的是辽代契丹人的审美倾向。公主和驸马所分别佩戴的大型璎珞，不仅琥珀雕饰从前到后的排列是由大到小的，其上琥珀珠的排列也非常考究——较大的被打磨光滑的琥珀珠排列在最大的琥珀雕饰两侧，最小的琥珀珠则位于紧贴佩戴者颈后的位置，以此类推，视觉上整体的量感排布都是从前向后十分规则的。这种琥珀饰物视觉上的排布在耶律羽之墓中出土的琥珀璎珞（见图 13）上更加直观地展示出来，此璎珞上主体组成部分的琥珀饰件并不十分密集，其中琥珀饰是被突出展示的对象，虽然在这里琥珀本身并没有经过过多的雕琢，但是它们整体上形状对称、大小排列有序，很显然是经过精心设计的结果。公主与驸马所佩戴的琥珀璎珞在形状与大小的排列和设计之外，还有色彩的深浅变化。虽然琥珀制品整体的色彩组成多数是由不同材质的构成而带来的整体色彩倾向，但在两人所佩戴的璎珞上，这一倾向则是由琥珀材料本身的色彩属性带来的。这种色彩的微妙视觉性，并不是刻板地要求某一部分要符合某种标准，而是根据材料的个性灵活地进行处理。这种色彩的构成在公主所佩的大型璎珞上可以明确被感知到。璎珞上几件较大的雕饰呈现出相一致的橘黄色，而琥珀珠的部分虽然并不完全相同，但整体呈现出更深的橘红色。这种兼顾了体量与色彩的秩序性和视觉性，似乎在提示，这些璎珞拥有的是十分严苛和谨慎的主人以及观者。

琥珀材料本身所能呈现出来的色彩，大多数是深浅不一的红色，也有少量的黄色、褐色，这是材料本身的属性，不能够被改变，是具有一定单一性的。若单纯地讨论审美，无论是当今还是在历史上，所有人都

---

① 许晓东：《辽代玉器研究》，紫禁城出版社，2003，第28—29页。

指向一种完全一致的色彩取向是十分不现实的猜想。但琥珀材料所固有的红色调，在辽代契丹人眼中，是十分重要的颜色。《辽史》中对辽代的祭祀礼服有这样一些记载，其中一条如下："大祀，皇帝服金文金冠，白绫袍，红带……小祀，皇帝硬帽，红克丝（缂丝）龟纹袍。皇后戴红帕，服络缝红袍……"① 在这些重要的祭祀活动中，契丹人对红色的重点关注，可以直接证明红色在契丹人眼中的重要性。

从古至今，人们对于使用一种或多种无明确的实用性功能的材料来进行装饰的喜好始终都没有发生太大的转变，无论这种装饰的行为以及作为装饰的物品本身被人们赋予了什么样的含义。但与玉有所不同的是，琥珀所包含的信息，其焦点在于更深层次的契丹民族的精神文化内涵。所以琥珀在辽代墓葬中的呈现，必然是包裹有对契丹贵族身份或血统进行象征的高贵含义在内的。

辽代璎珞出土数量并不少，有琥珀材料参与制作的也较多，但珠与饰件全部由琥珀制成则较为罕见，目前仅见于陈国公主墓出土的这四件璎珞。如耶律羽之墓中出土的 2 件璎珞，二者均是由不同的材料组成的。第一件玛瑙璎珞是由长短不一的红色玛瑙管、白色水晶球、金质的圆柱形和心形坠饰相间串连而成的，其中圆柱形和心形坠饰表面均錾刻有缠枝纹；另一件琥珀璎珞上文也曾述及（见图 13），其由 11 件琥珀饰件、18 颗圆形水晶珠、1 件圆柱形坠饰以及 1 件心形坠饰相间穿缀而成。这件璎珞垂挂下来的正中央为一件最大的琥珀饰件，左右两侧串连表面錾刻有三叶花纹的金质圆柱形饰件和心形饰件，接下来则是两侧相互对称的 5 组琥珀饰，由大到小依次向后排列。② 还有法库叶茂台第 7 号墓的墓主人胸前佩戴的水晶琥珀璎珞（见图 14），这件璎珞是由 250 多粒白色水晶珠与 7 件描金琥珀狮形佩饰相间穿缀而成的，其出土时穿线还未全部腐朽。水晶珠串成 5 串，被 7 件琥珀佩饰间隔串连成 6 段，与公主和驸马的大型璎珞穿缀方式相类似。璎珞中的水晶珠多数为椭圆形，也有少量呈瓜棱形，琥珀佩饰均为高浮雕，其最大者位于整组璎珞垂挂视角的下部正中，

① 《辽史》卷 56《仪卫志二》，第 1008 页。
② 齐小光、王建国、丛艳双：《辽耶律羽之墓发掘简报》，《文物》1996 年第 1 期。

两侧各有 3 件佩饰，其大小递增向上对称排列。① 除此之外，吐尔基山辽墓发掘时，墓主人颈部也佩戴有十分精美的璎珞佩饰（见图 15）。此墓是一座保存完好的辽早期墓葬，墓主人是等级较高的契丹贵族妇女。此墓的主人身着 11 层华服，第二层衣服上出有玛瑙璎珞一组，由红色玛瑙管和表面呈镂空 "8" 字形网纹的金属球相间穿缀而成。第三层衣服上又出有一挂由若干橙红色玛瑙珠、黑色多面体水晶珠和镂空金属球组合而成的水晶玛瑙璎珞，这一件璎珞由穿成 4 串的玛瑙珠与起间隔作用的 2 颗黑水晶珠以及 1 件镂空金属球相间隔穿连而成。② 上述璎珞的材质组合看起来比较随意，但总体来讲，圆柱形坠饰和心形坠饰通常出现在小型璎珞中，琥珀均被替换为黄金。而在大型璎珞中，这种部分材质替换的行为更加明确——与陈国公主墓出土的大型琥珀璎珞相比，叶茂台 M7 出土的璎珞中，琥珀珠被替换为水晶珠，有雕饰的饰件则保留为琥珀材质；吐尔基山辽墓中，琥珀珠被替换为玛瑙珠，琥珀雕饰则被替换为由黑水晶和黄金共同构成的一小组饰件。叶茂台 M7 和吐尔基山辽墓的墓主人均为女性，尽管具体身份都无法确认，但可以明确的是二者皆为契丹的高级贵族。而在一件功能和形制相类似的物品的相同位置上使用不同的材质，这或许是墓主人各自身份地位的直接体现。其中，两位墓主的璎珞上，各个组成部分均由琥珀材料所构成，且其琥珀璎珞之中连缀物的材质也是最为珍贵的。由此可见，缀满琥珀的璎珞，或者只有琥珀雕饰的璎珞，乃至于不能使用琥珀的璎珞，它们在下葬时的使用，是由它们的主人各自的地位所决定的，陈国公主和驸马萧绍矩的尊贵地位毋庸置疑。

在公主与驸马所佩戴的 4 件璎珞之中，显而易见，琥珀是当之无愧的主角。但是它们并不仅仅是由琥珀这一种材质所构成的。不能忽视它们内在持续具有的更多材质和属性。单就这 4 件璎珞来说，它们是银与琥珀两种材质相结合共同构成的，但有趣的是，银丝是被包裹在琥珀之

① 辽宁省博物馆、辽宁铁岭地区文物组发掘小组：《法库叶茂台辽墓记略》，《文物》1975年第 12 期。
② 塔拉、张亚强：《内蒙古通辽市吐尔基山辽代墓葬》，《考古》2004 年第 7 期；周琳：《辽代璎珞佩饰研究》，硕士学位论文，辽宁师范大学，2011，第 12—13 页。

**图 13　耶律羽之墓出土的琥珀水晶璎珞**

资料来源：乐艺会《大辽五京文物展玉器织锦杂项篇：石为云根分享》，https：//
kuaibao. qq. com/s/20190315A0306700？refer = spider，2019 年 3 月 15 日。

**图 14　叶茂台 M7 出土的水晶琥珀璎珞**

资料来源：许晓东《辽代玉器研究》，紫禁城出版社，2003，第 91 页。

中完全隐藏住的。既然并不能被看见，那么银的使用又有什么具体的功
能和意义呢？首先，银在这 4 条璎珞中，是一种相对"不朽"的材质，
它在串联了琥珀珠与雕饰的同时，也将璎珞的形状和制度较为完整地保
存下来，这自然是墓葬被发掘之后人们目之所及的情形。但从下葬之时
来讲，若这些被佩戴在遗体颈上的饰物的命运和使命，即是在另一个世
界中保护公主和驸马的形神不灭，那么它们自身就必然被赋予了更加坚

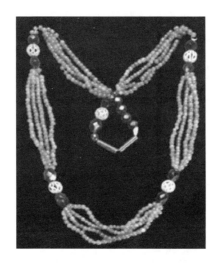

**图 15  吐尔基山辽墓出土的水晶玛瑙璎珞**

资料来源：周琳《辽代璎珞佩饰研究》，硕士学位论文，辽宁师范大学，2011，第
13 页。

固和不朽的内核。契丹人"好鬼而贵日"，[1] 崇拜祖灵的意识可谓根深蒂
固，而他们这种对祖先敬重、崇拜的意识，也表现在对死者遗体的种种
处理方式上——他们认为形不散而神不离，[2] 为了保持死者灵魂的不散、
不灭，为维护其灵魂的稳固所使用的器物，其材质自然也要足够匹配灵
魂的不朽。隐藏在琥珀珠之中的细节，同时也映射出一种皇权的统治力，
对身份地位高高在上的贵族阶级而言，"看不见"的细节正是其阶级标准
的完美体现，是强调其自身地位的一类方式。遑论琥珀材料的珍贵与稀
少本身也代表了少数阶层的力量，这一点是在了解辽代出土琥珀的墓葬
等级情况后，能够得到的显而易见的结论。

　　珍贵的材质无法匹配平凡的事物，如同辽代壁垒分明的婚姻制度，
公主和驸马二人的民族、身份和地位的相互匹配，都显示出琥珀与贵重
的材质共同出现的必然性和合理性。而琥珀材料本身的属性，也确保了
它能保持在辽代的高贵处境。珍贵材料因其自身的稀少和珍贵而被人们

---

① 《新五代史》卷 72《四夷附录第一》，中华书局，1974，第 888 页。
② 陈永志：《黄金面具、铜丝网络与祖州石室》，《中国历史文物》2002 年第 3 期。

所更为珍视，这也可以被看作上层阶级使用它们的深层原因。正如琥珀之于契丹贵族，这些材料最被看重的、被利用得最为深刻的实用性，本身指向的即是它的稀少和昂贵，以及它被赋予的，足以象征高贵的全新内质。

## 四 材料与形式的内蕴

上述对琥珀独特性的论述，解释了在契丹人的墓葬中发现有大量琥珀制品的一部分原因，而这种现象所最终指向的，是契丹人对琥珀固有特性的接受和深切的赞美。在这些理解之中，又掺杂了契丹人隐藏的精神内涵——它不仅体现出了辽代契丹人对材料的审美与利用方式，也在某种意义上向世人展示出他们对宗教的理解和信仰。

毋庸置疑地，琥珀是一种与佛教有强烈相关性的材料——相传琥珀是"佛教七宝"之一。佛教七宝也叫"七珍"，是指佛教中的七种珍宝。关于七宝的具体内容，据各经记载，除金、银两种宝物十分固定外，其余五种主要由包括玻璃、琉璃、珊瑚、玛瑙、砗磲、琥珀、珍珠、水晶、瑟瑟等宝石在内的不同珍宝构成。[1] 在史书中，表明使用琥珀制作佛教法物的记载比比皆是，[2] 不仅如此，以琥珀制作的器物和陪葬品，在辽代的佛塔地宫中也有大量的出土。正如上文所述，辽代出土的多件璎珞饰品中，琥珀这种材料具有其独到的重要性，这就将佛教、璎珞与琥珀这几个关键词直接联系在一起。

辽人佞佛，"辽以释废"既是落后的史观对辽王朝某种角度的误读，同时也是对当时普遍信仰采取的一种较为单一的解释方式。实际上辽代的佛教信仰，其来源和发展均十分复杂。在隋唐时期，佛教思想中国化的进程初步完成，三教合一是当时中国思想界的主流，唐代几个中原大乘佛教宗派思想，可以显见是印度佛教与儒道思想相融合的产物。辽基

---

① 丁福保：《佛学大辞典》，文物出版社，1984，第58页。
② （唐）张鷟、范摅：《朝野佥载 云溪友议》卷3，恒鹤、阳羡生校点，上海古籍出版社，2012，第34页。

本继承了唐五代的佛教传统，并且对其宗派进行了有意识和有选择的继承，[①] 同时，辽在政权存续期间，还吸收了渤海、回鹘等多地的佛教文化，[②] 发展和建设了独特的宗教体系。唐代是中国佛教走向世俗化的第一个高峰期，辽深受其影响，同时表现出更加复杂的世俗化倾向。[③] 这种倾向体现在墓葬体系中，产生了大量带有佛教元素的陪葬品以及艺术表现形式，而璎珞在其中则画出了十分明确的变化轨迹。

随着佛教的传入及其影响的扩大，魏晋南北朝时，佛教洞窟大量被开凿，佛教造像的审美和技艺也迅速发展，在最早开掘的大型佛教洞窟云冈石窟中，已经可见清晰的璎珞装饰，并且发展出了不同的样式。到了隋唐，佛教无论是作为宗教还是作为艺术都愈加盛行，这一时期，无论是造像还是壁画，佛、菩萨的形象都更加华丽、富贵，其佩戴的璎珞也表现得更为丰富多样。在佛教的本土化进程中，与佛教相关的艺术与审美也在不断普及与渗透，并日益发生变化。在这种环境之下，原本只表现在佛教造像和绘画中的璎珞，在唐代以道教为主题的画像中也出现了（见图 16），而且不是孤例。[④] 这表示从这个时期开始，璎珞本身已经脱离了单纯的佛教意涵，萌生出一种带有审美性质的使用方式，这也是宗教世俗化的重要表现。

到了辽代，出现了璎珞的实物。目前有较为完整的璎珞出土的墓葬无一不是高等级的契丹大贵族墓葬，这表明璎珞在辽代契丹人心目中规格是非常高的，也只有少数贵族才能以璎珞作为陪葬。而陈国公主墓更加特别，其不仅出土了数量最多的较完整的璎珞佩饰，制作供墓主人佩戴的璎珞所使用的材料——琥珀，在陈国公主墓中出土量之巨，也是罕见的。根据当时的交通情况考虑，琥珀这种材料不一定能源源不断地运抵辽地，而是极有可能断续地在某几个时段大量被进贡和贩卖，并在材

---

① 袁志伟：《10—12 世纪中国北方民族的佛教思想与文化认同》，博士学位论文，西北大学，2014。

② 鞠贺：《辽朝佛教信仰研究》，博士学位论文，吉林大学，2021。

③ 张国庆：《辽代佛教世俗表象探微——以石刻文字资料为中心》，《黑龙江社会科学》2014 年第 4 期。

④ 张茵：《璎珞小考》，《装饰》2005 年第 8 期。

图16　传（唐代）梁令瓚《五星二十八宿神形图（局部）》
（大阪市立美术馆藏）

料较为充裕的情况下，被赏赐给墓主人。而这种材料几经辗转，翻山越岭到达契丹人手中，其中自有一番艰险。

《辽史》中关于全盛时期的辽国疆域记载有："东自海，西至于流沙，北绝大漠"①，"南至白沟"②。亦即东北部和东部到今鄂霍次克海、日本海和渤海，北及外兴安岭以北的今叶尼塞河上游和贝加尔湖地区，西抵阿尔泰山以西的沙漠地带，南至今山西、河北两省中部与北宋对峙。在汉文历史文献中，有不少与琥珀产地相关的记载，总体来看，其内容指出中国古代琥珀的来源以缅甸、波斯、大秦及其周边地区为主，五代十国的文献中甚至能找到将多种来源的琥珀进行对比的相关记录。③可见自汉代起，琥珀进口的途径已经并不单一，而是作为一种多方来华的贸易品出现。虽然具体到辽代琥珀的来源情况，基本无史可考，但辽的地理位置及其对外贸易的情况均可与此相联系。④目前，世界上主要产出琥珀的地区有欧洲波罗的海沿岸国家、俄罗斯西伯利亚北部、地中海西西里

①　《辽史》卷2《太祖纪下》，第27页。
②　《辽史》卷37《地理志一》，第496页。
③　（前蜀）李珣著，尚志钧辑校《海药本草》卷3，人民卫生出版社，1997，第39页。
④　许晓东：《中国古代琥珀艺术》，第164—195页。

岛、中美洲的多米尼加和墨西哥，以及亚洲的中国、缅甸和马来西亚，北美洲的美国南部和加拿大，大洋洲的澳大利亚和新西兰等地。据许晓东在其论文中所述，辽代的琥珀多数为波罗的海所出，[1] 来辽的路线经其总结和推测，或有三条，其中之一即为北方的草原丝绸之路。[2] 正如陈国公主墓中出土的 7 件工艺精湛的玻璃器皿，根据研究和分析，被认为很有可能分别来源于伊朗高原、埃及或叙利亚、中亚甚至东罗马帝国。[3] 而盛产琥珀的波罗的海在古代因其繁盛的琥珀贸易而形成了数条商贸路线，亦即著名的"琥珀之路"。

欧洲的"琥珀之路"大致可分为东线和南线两条，其中东线以波罗的海沿岸为起点，经过基辅一带，向南一直延伸到黑海，并在那里与丝绸之路相交会，由此通向近东、中亚、东亚的中国和南亚的印度；南线则从北海和波罗的海出发，越过维斯杜拉河，经过维亚隘口，到达多瑙河畔的卡农土姆，沿阿尔卑斯山东麓翻山南下，到达亚德里亚海北岸重要的贸易中心阿奎利亚，从这里，再经海路，去往意大利南部、希腊、北非、地中海东部和埃及。这条"琥珀之路"联结了欧洲多个重要的城市，并维持了多个世纪，极大地繁荣了整个欧洲的商业贸易和文化交流，是丝绸之路的重要联结方向。

辽代的琥珀材料正是通过这样辗转的方式进入契丹人的领地，其来源和路径直接指向了材料之中隐含的天然外来属性，其揭示出的历史信息和文化观念十分多样和复杂。尽管契丹人将琥珀制成璎珞这种与佛教强烈相关的饰物，直接反映给我们的信息似乎是佛教在辽代的无比盛行。但仔细考量，无论是琥珀材料本身，还是璎珞这种承载形式，都更像是一种被辽代契丹人所接受的，来源于宗教，但已经日渐世俗化的审美方式和身份认同方式。它们被契丹民族较为原始的审美取向不断糅合，最终以琥珀璎珞这种形式为载体进入了墓葬。更进一步地说，这种观念和

---

① 许晓东：《辽代琥珀来源的探讨》，《北方文物》2007 年第 3 期。

② 马文宽：《辽墓辽塔出土的伊斯兰玻璃——兼谈辽与伊斯兰世界的关系》，《考古》1994 年第 8 期。

③ 安家瑶：《陈国公主与驸马合葬墓出土的玻璃器皿及有关问题》，载内蒙古自治区文物考古研究所、哲里木盟博物馆《辽陈国公主墓》，第 179—186 页。

印象在他们的日常生活、丧葬礼俗等行为活动的过程中已经泛常化，甚至内化成为一种不假思索就会使用和展示的元素。同时也表明，这种大混融的观念在墓葬所代表的另一个世界中仍然在延续。

回到墓葬本身所营造的空间，琥珀璎珞在陈国公主墓中所扮演的角色也并不是单一的。它的主人陈国公主身份高贵，其父是圣宗的亲弟弟耶律隆庆，她在世时很受圣宗宠爱，[1] 获封太平公主。而驸马萧绍矩是仁德皇后的长兄，[2] 此时皇后正得势，荣宠加身，其兄与隆庆的嫡女联姻，公主出嫁时必定会得到来自父亲和叔父的大批赏赐作为嫁妆。前文已经提到，在陈国公主墓中，以璎珞为代表的大批琥珀制品和贴身物品，既是作为公主的嫁妆而存在，也是专门为丧葬制作的礼器。

在契丹人的眼中，奔赴死亡的过程在公主准备出嫁时就已经需要考量了。一个人的墓葬在生前已经开始布置，并不是十分稀奇的事情，历代帝王营建陵墓，往往耗时数十年。尽管在历史中进行纵向观察，这种做法发生在女性的身上，令人感到惊奇，但在契丹人眼里，这却是十分平常的。按照契丹婚俗，皇室女在成婚之时已经需要皇族为新婚夫妇二人准备丧葬用品了。据《辽史·礼志》所载，若公主下嫁，皇家需要为其陪送送终车、架牛、祭羊乃至覆尸所用的礼仪用品等："赐公主青幰车二，螭头、盖部皆饰以银，驾驼；送终车一，车楼纯锦，银螭，悬铎，后垂大毡，驾牛，载羊一，谓之祭羊，拟送之具，至覆尸仪物咸在。"而公主的夫婿也会被赐予相应的所需之物："赐其婿朝服、四时袭衣、鞍马，凡所须无不备。"并且十分郑重地"选皇族一人，送至其家"[3]。又有明确记录称："亲王女封公主者婚仪：仿此，以亲疏为差降。"[4] 那么陈国公主墓中出土的几件琥珀璎珞自然也是明器中十分重要的部分。最终，在驸马和公主相继去世时，这些在成婚的过程中所使用或者准备的物品，

---

① 公主病时"圣上亲临顾问，愈切抚怜，诏太医以选灵方、服良药"（参见《故陈国公主耶律氏墓志铭并序》，载内蒙古自治区文物考古研究所、哲里木盟博物馆《辽陈国公主墓》，第114—116页）。
② 张柏忠：《陈国公主与驸马萧绍矩的家世》，《内蒙古文物考古》1992年第1期。
③ 《辽史》卷52《礼志五》，第961页。
④ 《辽史》卷52《礼志五》，第960—961页。

又进入了墓葬的序列，作为陪伴他们夫妻二人最终的贴身物品，成为墓葬这个"归宿"的一部分。尽管这可以归结成一种把女子出嫁后的生老病死仍视为自家事情的民族习俗，[①] 但不可否认的是，在这个耐人寻味的过程中，成婚与死亡，"喜"与"丧"，最终在墓葬空间中发生了奇妙的交叠与转化，而琥珀璎珞作为具有这种双重特质的物品的代表，也透露出一些契丹人对死亡与新生的理解。在这种解读视角下，不仅仅是本文的主角琥珀璎珞，更是整个墓室，甚至包括其中的棺床和各种摆设也都被赋予了全新的意义。

从更加单纯的角度来说，自古至今，人们对于使用一种或多种无明确的实用性功能的材料来进行装饰的喜好，始终都没有发生太大的转变，无论这种装饰的行为以及作为装饰的物品本身被人们赋予了什么样的含义。就像契丹贵族对琥珀的使用，伴随着对这种材料越来越明确的了解和更加深刻的利用与开发，其所包含的信息也越来越多，甚至成为一种更深层次的能够在某种程度上象征契丹民族精神文化内涵的材料。这些材料能够被生者选择进入墓葬，都具有复合的性质与意蕴。

无论是日渐世俗化、泛常化的佛教内涵，还是嫁妆与陪葬品所映射出的生死信念，思想和文化的融合与转变进程缓慢又迅速，古代的现实生活经过层层筛选映射进墓葬，饱经历史与时光的风雨和变迁，最终才能以这种方式向世人展现出往事的一点碎片。

---

① 宋德金：《辽代的婚姻与家庭形态》，载中国社会科学院科研局编《宋德金集》，中国社会科学出版社，2008，第37—59页。

# "跨越南北"：《卓歇图》中诸名物考[*]

李木石　曹　流[**]

**摘　要**　故宫博物院藏有传为胡瓌所绘的《卓歇图》，关于其作者及成图年代的争议很多。对比丰富的辽墓壁画资源，笔者推测此图绘制时间的上限是辽晚期，因此其作者并非胡瓌，但图中族属应更接近于契丹。它表现了契丹人在日常生活游猎中使用的多种名物，这些名物大多有源流可考。它们或承接唐代，或源自西域，同时也对后世同类型器物的定形产生了深刻的影响，因而《卓歇图》是体现12世纪中华民族交往交流交融情景的生动图像史料。本文就以《卓歇图》中诸名物考为切入点，对图中名物的源流和背后体现的民族交往史进行细致分析，从器物文化视角来看辽宋时期内聚性的不断增强。

**关键词**　《卓歇图》；名物；文化认同；民族交融

　　故宫博物院馆藏《卓歇图》是现今存世极少的大篇幅展现契丹人生活场景的艺术作品，尽管绢布剥落严重，部分图面模糊不清，但其中仍有大量细节值得考证与研究。此卷可分为两部分，图中右侧是卫兵侍卫休息的场景，左侧是契丹贵族宴饮娱乐的场景。以往学者大多关注此卷

---

[*]　本文系2019年国家社科基金专项"宣威、平衡与宽容：12至13世纪西辽对西域及中亚地区的统治"、2021年度国家社会科学基金中国历史研究院重大历史问题研究专项"中国古代地方治理的理论与实践及借鉴"、2023年中央民族大学"道中华"研究生课程建设专项"道中华文化之美 播和平统一之种：将'道中华'内容注入港澳台学子《中国文化概况》课程的教学与实践"的阶段性成果。承蒙姚江、姜可人、李季娴、田野、钱逸凡学友赐教，在此谨致谢忱！

[**]　李木石，中央民族大学历史文化学院硕士研究生；曹流，中央民族大学历史文化学院副教授。

的断代、作者及人物族属，[①] 而进一步落实到图像本身，对图中物品进行讨论，尚有许多研究空间。本文将结合文献和考古资料依次考证卷中鞍马、服装、配饰等，探究它们与唐及宋乃至后世相同类型器物的关系，并以此为切入点发现辽代与中原及西域地区各民族文化交往交流交融的具体案例。

## 一　《卓歇图》中的契丹马与马具

契丹人以畜牧射猎为业，日常生活中处处有骑射。《辽史·食货志上》载："契丹旧俗，其富以马，其强以兵。纵马于野，驰兵于民。有事而战，骕骑介夫，卯命辰集，马逐水草，人仰湩酪，挽强射生，以给日用，糗粮刍荛，道在是矣。"[②] 此记载明确体现了马匹及马政对于作为游牧民族的契丹人的重要性。通过文献及考古出土资料我们亦可发现契丹马具形制精美奢华，对北方草原马具的发展定形产生了重要影响。《续资治通鉴长编》载契丹国贺宋真宗生日礼物有"涂金银龙凤鞍勒、红罗匣金丝方鞯二具，白楮皮黑银鞍勒、毡鞯二具，绿褐楮皮鞍勒、海豹皮鞯二具，白楮皮里筋鞭二条"，可见契丹人对自身马具制造水平的自信。[③]

辽代官制尤其是南面官制度基本承袭唐代，《辽史·百官志》载辽"节度、观察、防御、团练、刺史，咸在方州，如唐制也"，"冠以节度，承以观察、防御、团练等使，分以刺史、县令，大略采用唐制"。[④] 同其

---

① 相关问题研究参见余辉《〈卓歇图卷〉考略》，《美术》1990 年第 2 期；曹星原《传胡瓌〈番马图〉作者考略》，《文物》1995 年第 12 期；付爱民《古代北方少数民族画家胡瓌的族籍问题考证》，《大连民族学院学报》2008 年第 2 期；于瑞强、谢艳娟《论"辽画"在番马画收藏鉴定名上的标签式影响暨探因——以胡瓌、李赞华为例探析》，《山东工艺美术学院学报》2011 年第 4 期；魏聪聪《"契丹族"画家胡瓌小考》，《天津美术学院学报》2013 年第 2 期；苗润博《透视阴山七骑：图像、传说与历史记忆》，《美术研究》2022 年第 2 期；徐邦达《古书画讹伪考辨》，江苏古籍出版社，1984，第 146 页。

② 《辽史》卷 59《食货志上》，中华书局，2016，第 1025 页。

③ （宋）李焘撰《续资治通鉴长编》卷 61，真宗景德二年十二月己卯条，中华书局，2004，第 1375 页。

④ 《辽史》卷 47《百官志三》，第 864 页；《辽史》卷 48《百官志四》，第 906 页。

他官政制度类似，辽代马政也继承唐制，"事简职重，不以名乱，北枢密院执掌群牧之政，南院仿唐制，设尚乘局和太仆寺，各路均设群牧司，兵马盛极一时，大大促进了全社会对国家养马事业的投入，艺术家们则是以绘画的形式予以关注"①。因此在辽代壁画及传世卷轴画作品中，番马画是非常重要的题材。《卓歇图》的作者也抓住了此特点，用了约三分之二的篇幅表现了契丹马匹及马具，将其细节一一展现。清代书画著录类著作《石渠随笔》记载："胡瓌《卓歇图卷》……右方马三十、人十九。"② 笔者观察，此数应为马三十一、人二十一。图卷右侧绘制的马匹数量密集，故画家略去了其中一些细节，我们主要观察图卷左侧作者进行重点描绘的几匹契丹马及马具的特征。

**（一）《卓歇图》中的契丹马**

契丹马作为蒙古马的祖先，虽然"骨格颇劣"，个头低矮其貌不扬，但"因其水土服习而少疾焉"而成为黄河以北的主要马种。③ 宋人对契丹马的特点在文献中多有记载，这些特点在《卓歇图》卷中都有体现。

现藏于台北故宫博物院传为胡瓌的《番马图》中有一段北宋郭雍的跋语，跋中详细阐述了契丹马的形象特征："……衣裘鞍马皆北狄也，马之颈细而后大者，胡人谓之改马。千百成群不相踶啮，方不驭时，皆垂首俯耳，体力如羸。及驰骤，即精神筋力百倍。今之所做，率皆类此。"北宋董逌在《广川画跋》中载："世或讥张戡作番马皆缺耳犁鼻，谓前人不若是。余及见胡瓌番马，其分状取类须异，然耳、鼻皆残毁之。余尝问虏人，谓鼻不破裂，则气盛冲肺；耳不缺，则风搏而不闻音声，此说未试，然儋耳俗，破耳下引，其在夷狄有不可以理求者，此岂亦有为耶？"④ 此处提到了契丹人出于马匹能征善战的考虑，将马匹的耳鼻剪

---

① 余辉：《画马两千年》，上海书画出版社，2014，第 103 页。
② （清）阮元撰，钱伟强、顾大朋点校《石渠随笔》卷 1《五代》，浙江美术出版社，2019 年，第 18 页。
③ （清）徐松辑，刘琳等校点《宋会要辑稿》兵 24 之三，上海古籍出版社，2014，第 9110 页下。
④ （宋）董逌：《广川画跋》，浙江人民美术出版社，2016，第 88 页。

裂，形成了"犁鼻裂耳"的特殊现象。我们观察《卓歇图》中，带有
"颈细而后大""垂首俯耳""犁鼻裂耳"这些特点的马匹不胜枚举
（图 1-1、图 1-2、图 1-3）。

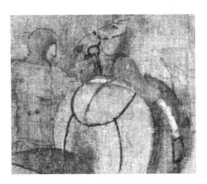

**图 1-1　《卓歇图》中"颈细而后大"的马匹**

资料来源：浙江大学中国古代书画研究中心编《宋画全集》第 1 卷第 8 册，浙江
大学出版社，2008，第 82 页。

**图 1-2　《卓歇图》中"垂首俯耳"的马匹**

资料来源：浙江大学中国古代书画研究中心编《宋画全集》第 1 卷第 8 册，第
83 页。

此外北宋官员苏颂在使辽途中写道："视马之形，皆不中相法。蹄毛
俱不剪剃，云马遂性则滋生益繁，此养马法也"，"略问滋繁有何术？风
寒霜雪任蹄毛"。① 可见契丹人养马遵循其生活习性，不剪蹄毛，《卓歇

---

① （宋）苏颂著，王同策等点校《苏魏公文集》卷 13《契丹马》，中华书局，1988，第
175 页。

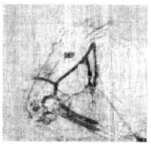

**图 1 – 3　《卓歇图》中"犁鼻裂耳"的马匹**

资料来源：浙江大学中国古代书画研究中心编《宋画全集》第 1 卷第 8 册，第 79 页。

图》中对此也有特意的突出展示（图 1 – 4）。

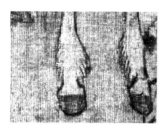

**图 1 – 4　《卓歇图》中留有蹄毛的马匹**

资料来源：浙江大学中国古代书画研究中心编《宋画全集》第 1 卷第 8 册，第 83、88 页。

契丹马还有一个重要特点就是缚尾。此现象最早可以追溯到汉代，汉画像砖中有很多马缚尾的形象（图 1 – 5）。到了唐代缚尾已经颇为流行，"唐时西方如萨珊等国也采用这种饰马法，这是当时东西方通行的习惯"①。昭陵六骏和大量三彩马均有缚尾。辽代因为日常生活的需要也继承了此行为，"把马的前额鬃毛扎成短辫或竖立起来，把马尾捆扎成结，是由于草原上风大且草棘丛生，否则任其蓬松散乱，则容易被杂草或荆棘粘挂，不但有碍观瞻，而且妨碍马的视力和行动"②。与辽同期的北宋同样存在缚尾现象，如故宫博物院藏北宋磁州白地黑花马戏图枕，枕面

---

① 孙机：《唐代的马具与马饰》，载《中国古舆服论丛》，上海古籍出版社，2013，第 108 页。
② 丛密林：《契丹骑兵研究》，博士学位论文，东北师范大学，2018，第 124 页。

中心一马疾驰，其尾部系结并分成两绺（图1－6）。《卓歇图》中的所有马匹尾部全部系结，整理对比之后笔者发现其中存在一定的规律（图1－7）：如果马的前额鬃毛被扎成短辫，则其尾部会用同样的布条系住，《卓歇图》中靠左侧的五匹马都采用这种方式；而如果没有对前鬃进行处理，马的尾部就会系结并分为两绺，《卓歇图》中除左侧五匹马外均采用这种方式。辽陈国公主墓《侍从牵马图》、韩家窝铺村辽墓壁画《引马出行图》中的二马缚尾都能印证此规律（图1－8）。笔者推测此为出于对称美观的考虑而同时存在的两种缚尾方式，至于对采取哪种方式是否有专门的礼仪规定还需进一步考证。前面提到的北宋磁州白地黑花马戏图枕也遵循了这一规律，体现了北宋与辽在对马匹的装饰和管理上存在同一源头并且有深入的借鉴与交流。

　　通过对比分析，我们可以发现《卓歇图》中的马匹完全符合了当时很受欢迎的契丹马的种种特征，体现出此图作者对契丹马透彻的观察与高超的绘制技艺，从中亦能发现契丹马及马具等在辽与北宋交往过程中发挥了桥梁作用，成为两种文明交流的重要载体。

**图1－5　山东滕州龙阳店镇出土画像石上的缚尾马形象**

资料来源：常任侠主编《中国美术全集·绘画编·画像石画像砖》，上海人民美术出版社，1988，第15页。

**图1－6　故宫博物院藏宋白地黑花马戏图枕**

图 1-7 《卓歇图》中马尾的两种束扎方式

资料来源：浙江大学中国古代书画研究中心编《宋画全集》第 1 卷第 8 册，第 78、83 页。

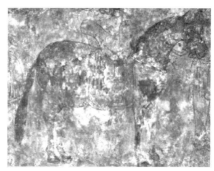

图 1-8 内蒙古自治区奈曼旗辽陈国公主墓《侍从牵马图》（摹本）、
韩家窝铺村辽墓壁画《引马出行图》

资料来源：孙建华编著《内蒙古辽代壁画》，文物出版社，2009，第 91、199、200 页。

## （二）《卓歇图》中的契丹马具

辽代因为水草丰美的自然因素及重视马政的现实因素，马具在继承前代的基础上又有所发展。既有精美奢华的贵族鞍马，又有符合平民百姓日常生活使用需要的实用形制，《卓歇图》中主要有马镫、障泥、鞢𧙓等马具。

### 1. 马镫

现存马镫实物最早可见于辽宁省北票市北燕贵族冯素弗墓中。1965年考古人员在中国东北鲜卑人活动的区域发现了一对木芯长直柄包铜皮的马镫，这是世界上现存时代最早的马镫实物。[①] 从唐代到辽金时期，马镫的材质多为铁质等金属，镫面由最开始的环形逐渐变成细长的平面，上部的长柄逐渐缩短，这样士兵在作战时能骑乘得更加舒适及轻便，提高作战效率并且减少制作马镫的用料，节约国家财政支出。包玉良归纳出辽代马镫的四种类型：短柄镫、环柄镫、转柄镫、梁穿镫。[②] 对比观察发现，《卓歇图》体现的马镫形制均为梁穿镫（图1-9）。此类型在辽代中期开始出现，是在继承发展了唐代马镫基本形制之后的创新之举，到了辽代晚期迅速流行，已经成为最主要的马镫形式，在库伦1号辽墓壁画中可见到类似马镫形象（图1-10）。值得注意的是，梁穿镫在后来的元代、清代均有出现（图1-11），可见始于辽代晚期的马镫变革在中国古代马镫发展史上具有"划时代的意义"。[③]

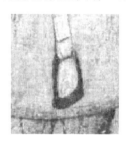

**图1-9　《卓歇图》中的部分马镫**

资料来源：浙江大学中国古代书画研究中心编《宋画全集》第1卷第8册，第79、80、81页。

---

① 黎瑶渤：《辽宁北票县西官营子北燕冯素弗墓》，《文物》1973年第3期。

② 包玉良：《辽代马具饰探索》，硕士学位论文，内蒙古师范大学，2018，第21页。

③ 冯恩学：《辽代契丹马具的探索》，《考古学集刊》，文物出版社，2004，第457页。

图1-10 库伦1号辽墓《侍从图》（局部）

资料来源：孙建华编著《内蒙古辽代壁画》，第229页。

0    5厘米

1.内蒙古兴和县五甲地元墓出土的马镫　　　2.沈阳故宫藏清代鎏金铁马镫

3.北京故宫博物院藏清郎世宁《乾隆皇帝大阅图》中的马镫细节

图1-11 元清两代的梁穿蹬

资料来源：盖山林《兴和县五甲地古墓》，《内蒙古文物考古》1986年第4期；蔡憬萱《沈阳故宫藏清宫廷马镫》，《收藏家》2020年第9期。

2. 鞯与障泥

障泥垂于马腹两侧，用于遮挡尘土。此名物最早出现在西汉，魏晋时期始见于文献，《世说新语·术解》载："王武子善解马性。尝乘一马，箸（著）连钱障泥。前有水，终日不肯渡。王云：'此必是惜障泥。'使人解去，便径渡。"[1] 由此可以看出魏晋时期的障泥较长且是可以拆解的。

———————

[1] （南朝宋）刘义庆著，余嘉锡笺疏《世说新语笺疏》，中华书局，2007，第829页。

绘制于北魏时期的敦煌莫高窟第 257 窟《鹿王本生图》中就有马具的形象，其中清晰地表现了长度已过马腹、呈簸箕形的障泥（图 1-12）。此时的鞯尚位于障泥之下，唐初之后，障泥位置变为在鞯之下，长度略长于鞯。并且障泥的形制逐渐变短，与鞯渐融为一体。如昭陵六骏、《虢国夫人游春图》中的障泥（图 1-13、1-14）。有学者认为唐代马具受到了突厥马具的影响。[①] 障泥的这种变化使马具重量变轻，增加了骑兵的机动性，也应是吸收北族马具形制的结果。辽代继承了唐代此种形制，各时期辽墓壁画中均有障泥在鞯之下且略长于鞯的图像。此外辽晚期在此基础上又有改良，将障泥与鞯彻底融为一体，有学者称之为"大型鞯"。[②] 此种障泥在元代依旧可见，如《元世祖出猎图》中的障泥就是此种（图 1-15）。而后，蒙古马具进一步将此种新型障泥演变成鞯，并一直沿用到了现代。

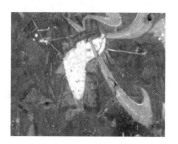

**图 1-12　敦煌莫高窟第 257 窟北魏《鹿王本生图》中的马具形象**

**图 1-13　昭陵六骏之拳毛騧**

① 孙机：《唐代的马具与马饰》，载《中国古舆服论丛》，第 109—110 页。
② 李云河：《中国古代障泥考》，《江汉考古》2022 年第 5 期。

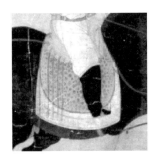

图 1 – 14　辽宁省博物馆藏《虢国夫人游春图》中的鞯与障泥

图 1 – 15　台北故宫博物院藏（元）刘贯道《元世祖出猎图》中的障泥

　　唐代重视鞯的装饰作用，辽代受此影响在障泥上装饰的花纹越来越复杂精美，动物形象以及多种纹样并行，说明障泥的装饰性作用为人们所重视。图 1 – 16 是《卓歇图》中表现最清晰的一处障泥形象，上面绘制的卷云纹样和摩尼珠纹样与库伦 2 号辽墓及传南宋陈居中《文姬归汉图》中的障泥纹样非常相似，应为同一种（图 1 – 17、1 – 18）。此两种纹样搭配经常见于辽墓壁画之中，如滴水壶辽墓、前进村辽墓（图 1 – 19）。辽陈国公主墓出土的两件錾花银枕中的纹样亦是此种（图 1 – 20）。摩尼珠来源于佛法，在辽代摩尼珠内部的花纹样式很多，其中辽人将它与道教中的太极样式融合，形成了一种新的纹样——太极式摩尼珠。[①] 它经常

①　刘义：《浅析辽代多重信仰的融通性——以摩尼珠纹样演化为例》，载辽宁省博物馆、辽宁省辽金契丹女真史研究会编《辽金历史与考古》第 6 辑，辽宁教育出版社，2015，第 289 页。

搭配卷云纹、如意形云纹及仙鹤、凤凰。从这种纹样搭配在辽代的流行可以看出辽人兼收并蓄的多重宗教信仰。此外，《卓歇图》中还绘有红、绿、蓝等多种纯色障泥，在边沿配有简单花纹，但纹样均不如图 1－16 丰富。

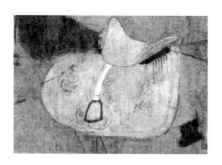

图 1－16 　《卓歇图》中的障泥纹样

资料来源：浙江大学中国古代书画研究中心编《宋画全集》第 1 卷第 8 册，第 82 页。

图 1－17 　库伦 2 号辽墓壁画《侍从牵马图》

资料来源：孙建华编著《内蒙古辽代壁画》，第 229 页。

图 1－18 台北故宫博物院藏（传）陈居中《文姬归汉图》中的障泥纹样

1.滴水壶辽墓《侍从图》（局部）　　2.前进村辽墓《仪卫图》（局部）

**图1-19　辽墓壁画中卷云纹与摩尼珠纹样的搭配使用**

资料来源：孙建华编著《内蒙古辽代壁画》，第122、126页。

**图1-20　辽陈国公主墓出土的两个錾花银枕线描（局部）**

资料来源：内蒙古自治区文物考古研究所、哲里木盟博物馆编《辽陈国公主墓》，

文物出版社，1993，第40页。

《卓歇图》中还有一处马鞍的装饰很有趣，就是位于整个狩猎休息队伍最左侧马匹的马鞍两侧有红缨装饰，使该匹马在队伍中非常突出（图1-21）。此种装饰方法尚未在辽墓壁画及其他辽代艺术作品中找到相似之款，笔者推测其来源于唐代马具中的云珠，而辽又加以改造形成了画中的样式。据孙机先生考证，云珠最早出现在鲜卑人的马具中，"'云珠'之名在我国古文献中失载，这是日本古文献中用的名称，或有所本，姑借用之。云珠位于马尻顶部，初见于隋。它是从鲜卑式马具之装在网络状靷带中部的圆座形节约发展而来的"①。通过对比根据马俑复原的唐代马具图示（图1-22），我们可以发现云珠和图中红缨的装饰作用很相似，辽人可能就是取法于此。

---

① 孙机：《唐代的马具与马饰》，载《中国古舆服论丛》，第110页。

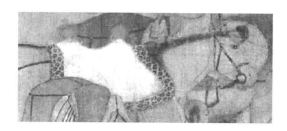

**图 1 - 21　《卓歇图》中马鞍上的红缨装饰**

资料来源：浙江大学中国古代书画研究中心编《宋画全集》第 1 卷第 8 册，第 83 页。

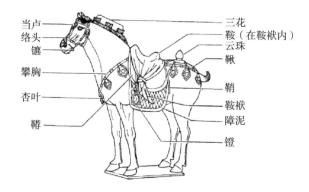

**图 1 - 22　唐马鞍具（据 8 世纪的马俑复原）**

资料来源：孙机《中国古舆服论丛》，上海古籍出版社，2013，第 112 页。

3. 䩞鞢带

䩞鞢最早可见于隋朝，是一种功能性的腰带，可系佩刀、燧石等物品，沈括记："带衣所垂䩞鞢，盖欲佩带弓剑、帉帨、算囊、刀砺之类。"① 在唐代，䩞鞢被马具吸收。它散缀于马鞍的后侧，起装饰性的作用，如昭陵六骏、《虢国夫人游春图》中均有䩞鞢的存在（图 1 - 13、1 - 14）。其多为皮质，也有玉质，为身份高贵的人物所佩，"绣鞯金狨玉䩞鞢，天宝繁奢逾大业"②。

䩞鞢带同样被辽代鞍马形制所吸收。"辽代䩞鞢带有三种。第一种是

---

① （宋）沈括撰《梦溪笔谈》，上海书店出版社，2009，第 3 页。

② 参见上海博物馆藏赵孟坚《行书自书诗卷》中《送〈马上娇图〉与秋壑监丞》一诗。

胯部蹀躞，每侧一条，处于马胯部上端系于鞧带上。第二种是鞍翅蹀躞，即在鞍的两个后翅上有穿孔，悬挂着下垂的带子。第三种是鞧带接头处的余带蹀躞。"① 《卓歇图》中多处描绘了鞍马蹀躞带，均属鞍翅蹀躞（图1-23）。蹀躞带在辽墓出土文物和壁画中比较常见，如辽陈国公主墓出土的贵族使用的随葬马具及墓中壁画都有此蹀躞带（图1-24、1-25）。此外笔者还注意到在宣化辽墓张世古墓壁画中有一幅《出行图》，图中绘制的马匹马具齐全，其中就有鞍翅蹀躞带（图1-26）。这体现了在辽代晚期，辽境内的汉族上层也使用与契丹形制相同的马具。

**图1-23 《卓歇图》中的鞍翅蹀躞（可以明显看到马鞍上的小孔）**

资料来源：浙江大学中国古代书画研究中心编《宋画全集》第1卷第8册，第79、83页。

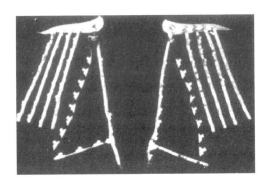

**图1-24 辽陈国公主墓出土银鞓蹀躞带**

资料来源：孙机《唐代的马具与马饰》，载《中国古舆服论丛》，第112页。

---

① 包玉良：《辽代马具饰探索》，硕士学位论文，内蒙古师范大学，2018，第24页。

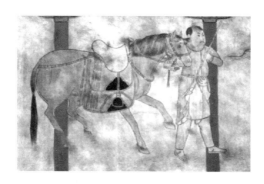

**图 1-25　辽陈国公主墓《侍从牵马图》（摹本）**

资料来源：孙机《唐代的马具与马饰》，载《中国古舆服论丛》，第 112 页。

**图 1-26　河北宣化下八里张世古墓《出行图》（局部）**

资料来源：董新林、张鹏主编《中国墓室壁画全集·宋辽金元》，河北教育出版社，2011，第 55 页。

## （三）《卓歇图》的马匹画法取法唐人

马因其灵动奔放，线条难以掌控，历来被人们认为是难画之物。《韩非子·外储说左上》记载："客有为齐王画者，齐王问曰：'画孰最难者？'曰：'犬马难。'"① 唐代因其强盛的国力以及对马政的重视，掀起了中国古代人画马的第一次高峰，画马的艺术水准达到了前所未有的高度，韩幹、张萱等确立的肥硕壮实的马匹形象成为后代师法的主要对象。②

① （战国）韩非著，高华平等译注《韩非子》，中华书局，2015，第 402 页。
② 余辉：《画马两千年》，第 69 页。

唐代人马画画家首推韩幹，元人汤垕评价他："韩幹初师陈闳，后师曹霸，画马得骨肉停均法。"① 韩幹画马重在"画肉"，而非曹霸的"画骨"，此风格十分符合盛唐时期贵族的审美要求。韩幹著名的传世画作《照夜白图》采用"白画"的手法，以墨线勾描物象，不着颜色，唯在马首、腹腿等部位略施淡墨渲染（图1-27），《卓歇图》也采取了同样的方法。另外《卓歇图》中的马膘肥浑厚，很明显是取法于韩幹。然而与辽并峙的北宋以及后来的南宋对唐法虽然同样十分追慕，但这种追慕仅仅停留在临摹上，除了李公麟外很少有画家将其吸收借鉴到自身的作品中。在文人画兴起的大背景下，宋代的人马画都带有浓重的儒雅气息。对于崇尚豪放自然的番马画，宋人评价其"虽好，非斋室清玩"②。虽有出于猎奇心态的少数画家习作番马，但终宋一世番马画从未成为主流，这与辽代形成了鲜明对比。

图1-27　美国大都会博物馆藏（唐）韩幹《照夜白图》

通过这一节的论述，我们可以发现《卓歇图》中契丹马与马具体现了辽对马匹的管理在继承唐代的基础上又加以创新和变革，这些变革影响到了包括宋在内的许多朝代，有些具体形制沿用至今。此外唐代崇尚宽厚的审美观点与韩幹圆浑肥硕的马匹画法被《卓歇图》借鉴吸收，表

---

① （元）汤垕撰，马采标点注释，邓以蛰校阅《画鉴》，人民美术出版社，2016，第11页。
② （宋）米芾撰，谷赟校注《画史》，山西教育出版社，2018，第42页。

明辽承唐制不仅体现在制度上，也表现在艺术与审美上，是一种更深层次的接受与认同。

## 二　《卓歇图》中的人物穿着及配饰

《卓歇图》全卷展现了三十四名男性、六名女性的人物形象，不同身份与地位的人物角色服饰特点绘制清晰，使用器具器型尚能辨别，在本节笔者将对图中的人物穿着及用具的源流进行介绍，分析其背后体现的民族交融现象。

### （一）《卓歇图》中的人物服装

图中展现的男女着装特点鲜明，类型为日常生活穿的常服，可以分别从首服、体服、足衣三个角度进行讨论。

1. 首服

《卓歇图》中首服主要有三种，男性所戴为垂脚幞头，女侍所戴为圆顶毡帽，此外还有全图只有一处的女主人戴的平顶毡帽。

幞头出现于南北朝晚期，至唐代成为男子通用的冠类，在唐代流传极广且造型变化多样，可分为软脚幞头、翘脚幞头、硬脚幞头等，同时在晚唐与五代时期还出现了直脚幞头的样式。而宋代官服继承发展了"以纸绢为衬，用铜铁为骨"的翘脚幞头，出现了两边延伸很长的展脚幞头。[①]《宋史·舆服志》载"国朝之制，君臣通服平脚，乘舆或服上曲焉。其初以藤织草巾子为里，纱为表，而涂以漆。后惟以漆为坚，去其藤里。前为一折，平施两脚，以铁为之"[②]，与辽代官服帽式不同。从辽代壁画以及出土文物来看，辽代主要流行的是来自唐代的垂脚幞头（图 2 - 1、图 2 - 2）。唐人束发成髻，其幞头顶部较高；而契丹髡发，故所戴幞头多为平顶，除此之外没有大的差别。《金史》载"金人之常服四：带，巾，盘

---

① （宋）赵彦卫撰，傅根清点校《云麓漫钞》，《唐宋史料笔记丛刊》，中华书局，1996，第 39 页。
② 《宋史》卷 153《舆服志五》，中华书局，1977，第 3564 页。

领衣，乌皮靴。其束带曰吐鹘。巾之制，以皂罗若纱为之，上结方顶，折垂于后。顶之下际两角各缀方罗径二寸许，方罗之下各附带长六七寸……此皆辽服也，金亦袭之。"① 从此段文献中可以看出金代所继承的幞头样式就是辽代十分流行的垂脚幞头。

1.滴水壶辽墓壁画《备饮图》（局部）　　2.鸽子洞辽墓壁画《归来图》（局部）

**图 2 – 1　辽墓壁画中的垂脚幞头**

资料来源：孙建华编著《内蒙古辽代壁画》，第 118、141 页。

**图 2 – 2　内蒙古赤峰解放营子辽墓出土辽代红罗帽**

资料来源：浙江大学中国古代书画研究中心编《宋画全集》第 1 卷第 8 册，第 85 页。

毡帽为图中女性人物所戴帽式（图 2 – 4），其中女主人所戴应为平顶毡帽而并非余辉认为的东坡帽。② 毡帽又叫"浑脱帽"，《事物纪原》引《实录》载："本羌人首服，以羊毛为之，谓之毡帽。"可见其最早起源于

---

① 《金史》卷 43《舆服志下》，第 1054—1055 页。
② 余辉：《〈卓歇图卷〉考略》，《美术》1990 年第 2 期。

**图 2 - 3　《卓歇图》中的幞头样式**

资料来源：浙江大学中国古代书画研究中心编《宋画全集》第 1 卷第 8 册，第 85 页。

西域，具有御寒的功能，是胡服的重要组成部分之一。① 东汉时期，毡帽开始在中原地区流行。至唐代，主要流行于上层贵族。因长孙无忌喜欢戴毡帽，又把它称作"赵公浑脱"，《新唐书》记载："太尉长孙无忌以乌羊毛为浑脱毡帽，人多效之，谓之'赵公浑脱'。"② 而后又出现了一种叫"白题"的毡帽。"马骄朱汗落，胡舞白题斜"，这首诗就体现了在唐秦州（今甘肃天水）地区的胡人所戴的"白题"毡帽。③ 它用白毡制成，三角形、高顶、顶虚空，有边，卷檐，在隋唐时为行役之人所常戴。敦煌莫高窟 194 窟建于盛唐时期，在其主室南壁壁画中有一王子戴的毡帽形制与《卓歇图》女主人的帽式类似（图 2 - 5：1），"其有类似平式幞头的二带交垂"，是中原文化与西域文化相结合的产物。④《卓歇图》中的毡帽就有类似用于固定的抹额，系结下垂于脑后。女侍们的毡帽类型同样也能在莫高窟壁画中找到类似之款，如第 158、237 窟的花纹毡帽（图 2 - 5：2、3）可以看出这种帽式来源于西域地区。在辽晚期的北山辽墓及库伦壁

① （宋）高承撰，（明）李果订，金圆、许沛藻点校《事物纪原》卷 3《冠冕首饰部》，中华书局，1989，第 138 页。

② 《新唐书》卷 34《五行志一》，中华书局，1975，第 878 页。

③ （清）张潘着，聂巧平点校《读书堂杜工部诗文集注解》卷 5《秦州杂诗二十首》，齐鲁书社，2014，第 320 页。

④ 郑智恒：《唐代敦煌壁画中的毡帽研究》，硕士学位论文，兰州财经大学，2022，第 10 页。

画墓中，这两种帽式也有出现（图2-6）。

图2-4 《卓歇图》中女主人及女性侍从的毡帽样式

资料来源：浙江大学中国古代书画研究中心编《宋画全集》第1卷第8册，第85页。

1.第194窟中的毡帽　　2.第158窟中的毡帽　　3.第237窟中的毡帽

图2-5 敦煌莫高窟中的几种毡帽样式

2. 体服

《卓歇图》中契丹主身穿黄色圆领窄袖袍服，露出红领，配有束腰。男性侍从身穿墨绿色圆领窄袖袍服，露出红领或白领，腰间系黑色或红色腰带，此为典型的契丹男子袍服形制。它最早乃是中亚粟特人传统服饰，明显具有贴身便捷的胡服特点。北朝时期传入中国北方地区，至北齐时，贵族阶层中无论是汉人还是鲜卑人，都已多有着圆领袍服之举。隋唐时，承袭部分北朝服饰，圆领袍逐渐成为士庶贵族的一类日常服饰，如《步辇图》中唐太宗及吐蕃使臣穿的都是这种圆领窄袖袍服（图2-7）。此外唐代还出现了一种缺胯衫，其同样也是袍服但于两侧开衩。它因为便于行动早先作为戎服而后流行于民间，穿者多为普通百姓，"太宗时……中书令马周上议：'礼无服衫之文，三代之制有深衣。请加襕、袖、

1.北山辽墓《侍女图》（局部）

2.库伦1号辽墓《侍女图》（局部）

3.库伦2号辽墓《女佣图》（局部）

4.库伦2号辽墓《侍从牵马图》（局部）

图 2－6　辽墓壁画中的毡帽样式

资料来源：孙建华编著《内蒙古辽代壁画》，第 137、212、244、245 页。

襟、襕，为士人上服。开骻者名曰缺骻衫，庶人服之。'"① 而契丹袍服承袭此制又加以变革，将开衩位置改于臀后，"因为他们的活动多于马上进行，骑马生涯使他们对袍服的开衩寻找最佳位置。在臀后开坐在马鞍上，袍服在马的两侧顺人腿搭下，既盖住双腿免受风寒，又不妨碍人在马上的各种动作"②。同时契丹人为了方便劳作会把袍子下摆掖到腰带内，称为缚衫，此现象多见于辽墓壁画之中（图 2－8）。在此状态下，最容易辨别开衩的位置。观察《卓歇图》中两处缚衫侍从的袍服，可以发现它是从侧后方将下摆掖到腰间，因此其所穿的是臀后开衩的契丹袍服

① 《新唐书》卷 24《车服志》，第 527 页。
② 王青煜：《辽代服饰》，辽宁画报出版社，2002，第 27 页。

（图2-9）。

**图2-7　故宫博物院藏《步辇图》中的圆领窄袖袍服**

**图2-8　滴水壶辽墓《敬食图》中的缚衫侍从袍服**

资料来源：孙建华编著《内蒙古辽代壁画》，第120页。

　　女主人身着白色左衽交领袍服，腰间系红色丝带。女侍从身着墨绿色左衽交领袍服，腰间系红色或白色丝带。《金史·舆服志》载："妇人……上衣谓之团衫，用黑紫或皂及绀，直领，左衽，披缝，两傍复为双襞积，前拂地，后曳地尺余。带色用红黄，前双垂至下齐……此皆辽服也，金亦袭之。"[1] 从金代继承的辽代女性常服形制中，我们可以发现此与《卓歇图》中所绘非常相似。而韩匡嗣墓出土的契丹侍女石俑因为年代处于

---

　　① 《金史》卷43《舆服志下》，第1055页。

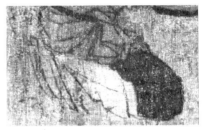

图 2 - 9　《卓歇图》中的缚衫侍从

资料来源：浙江大学中国古代书画研究中心编《宋画全集》第 1 卷第 8 册，第 90、91 页。

辽早期，所以腰带位置较高，除此之外其袍服样式也基本与《卓歇图》中表现的相同，可以看出女性常服在辽代变化不大（图 2 - 10）。此样式同样见于辽晚期的北山辽墓与库伦辽墓壁画中，与毡帽同时出现，是一组女性常服的固定搭配（图 2 - 11）。

图 2 - 10　韩匡嗣墓出土的契丹侍女石俑

资料来源：塔拉等《白音罕山辽代韩氏家族墓地发掘报告》，《内蒙古文物考古》2002 年第 2 期。

　　《卓歇图》中除了普通的纯色皮革或布质系带以外，还有几处特殊的腰部服饰配件值得注意。首先是右侧两名坐着休息的侍卫，他们腰部被用两根或三根绳子系住的黑色纺织品或皮革围住，对比前代图像资料中的相似形制，笔者推测此物应是袍肚（图 2 - 12）。袍肚最早可能起源于唐朝，加于铠甲之外，起初作用是防止腰间所佩器械与铠甲的金属甲片摩擦而发生损伤，可见于五代王处直墓出土的彩绘浮雕武士石刻（图 2 -

1.巴林左旗北山辽墓《侍女图》　　2.库伦2号辽墓《女佣图》

**图2-11　辽墓壁画中的侍女服饰**

资料来源：孙建华编著《内蒙古辽代壁画》，第137、244页。

13）。而后装饰性越来越强，不穿铠甲的时候也有使用袍肚的习惯，如南宋刘松年绘《中兴四将图》中的袍肚就与圆领袍服搭配使用（图2-14）。《卓歇图》中的袍肚也是日常穿着，在骑马的时候起到保护腰部的作用。根据目前的考古资料，袍肚主要出现在辽代中晚期壁画中且并不常见（图2-15）。

**图2-12　《卓歇图》中的袍肚**

资料来源：浙江大学中国古代书画研究中心编《宋画全集》第1卷第8册，第80页。

之后我们把视线转移到左侧契丹男主人的腰部位置，可见在此处其袍服几乎没有褶皱，与上下两侧对比鲜明。对此成因，笔者有两种猜测。一是男主人同样也着袍肚，左边两条短短的横线是其系带，后因绢画脱落，图像漫漶不清，已经看不到原有的袍肚颜色。而且在此上方我们可以发现绢布有较大的一处损伤，说明这个位置存在损坏的情况（图2-16）。二是男主人此处所戴可能为捍腰。捍腰是契丹民族独有的服饰配件之

图 2-13　中国国家博物馆藏王处直墓出土彩绘浮雕武士石刻中的袍肚

图 2-14　中国国家博物馆藏南宋刘松年绘《中兴四将图》中的袍肚

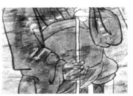

图 2-15　辽墓壁画中的袍肚

　　资料来源：左图为岗根苏木床金沟 5 号辽墓壁画《门吏图》，右图为前进村辽墓《仪卫图》。参见孙建华编著《内蒙古辽代壁画》，第 68、126 页。另，此书认为前进村辽墓《仪卫图》的腰部配件为扞腰，但根据出土实物来看，扞腰带系腹前，主体托于腰后部，呈连山形，与图中所示不符，故笔者认为此物应是袍肚。

一，《辽史·仪卫志二》载："田猎服：皇帝幅巾，擐甲戎装，以貂鼠或鹅项、鸭头为扞腰。"① 结合文献和出土的几种扞腰实物可以初步认为，扞腰是契丹人在打猎时为了保护腰部而穿戴的物品，其系带于腹前而托于腰后，多为金属制品，也有少数丝制。因扞腰离腰部越近效果越好，它很有可能是穿着于外衣内部，故在壁画中难以发现它的存在。幸辽代陈国公主墓出土过一件规格很高的扞腰实物，可供参考（图 2-17）。

————————

　　① 《辽史》卷 56《仪卫志二》，第 1009 页。

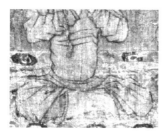

**图2-16　《卓歇图》男主人腰部服饰及上侧绢布裂痕**

资料来源：浙江大学中国古代书画研究中心编《宋画全集》第1卷第8册，第85页。

5

**图2-17　辽陈国公主墓出土的捍腰**

资料来源：内蒙古自治区文物考古研究所、哲里木盟博物馆编《辽陈国公主墓》，第79、211页。

3. 足衣

《卓歇图》中可见的足衣只有靴子一种。靴子同样来自胡服，《隋书·礼仪志》载："靴，胡履也，取便于事，施于戎服。"[1] 因其方便灵活，在隋代时成为官吏的常服，《隋书》中多次出现"长靿靴"就可见其在当时的流行程度。[2] 唐代进一步改良靴子，出现短靴，"靴者，盖古西胡也。昔赵武灵王好胡服，常服之，其制短靿黄皮，闲居之服。至马周改制长靿以杀之，加之以毡及绦，得著入殿省敷奏，取便乘骑也，文武百僚咸服之。至贞观三年，安西国进绯韦短靿靴，诏内侍省分给诸司。至大历二年，宫人锦靿靴侍于左右"[3]。同时此种靴子被命名为"六合靴""乌皮六缝靴"，因其由七块黑色皮革做成、有六道线缝而得名。唐太宗时期，"其常服，赤黄袍衫，折上头巾，九环带，六合靴，皆起自魏、周，

---

① 《隋书》卷12《礼仪志七》，中华书局，2019，第300页。

② 《隋书》卷12《礼仪志七》，第292、294页。

③ （五代）马缟撰，吴企明点校《中华古今注》卷上《靴笏》，载《唐宋史料笔记丛刊·苏式演义（外三种）》，中华书局，2012，第93页。

便于戎事。自贞观已后，非元日冬至受朝及大祭祀，皆常服而已"①。原南薰殿旧藏的《唐太宗立像》中，太宗穿的就是六合靴（图2-18），可见六合靴是唐代常服的组成部分之一。辽代继承了唐代六合靴，同样作为常服使用，"皇帝柘黄袍衫，折上头巾，九环带，六合靴，起自宇文氏。唐太宗贞观已后，非元日、冬至受朝及大祭祀，皆常服而已……武官……乌皮六合靴。六品以下……靴同。八品九品……靴同"②。此外，辽衍生出两接靴、三片靴两种不同接缝样式的靴子，基本形制都与六合靴相同，而笔者根据《卓歇图》中两双可以看清的靴子脚踝处明显的横线，推测图中的大多数靴子应为两接靴（图2-19）。两接靴在辽墓壁画中出现的次数远没有三片靴多，仅宝山辽墓壁画《门吏图》中靴子脚踝处可见清晰的缝线分界（图2-20）。此外，美国克利夫兰艺术博物馆藏辽对雁锦靴是珍贵的两接靴实物佐证（图2-21），观察此锦靴形制我们不难发现，《卓歇图》中表现的靴子样式就是此种。

**图2-18　台北故宫博物院藏《唐太宗立像（一）》中的六合靴**

**图2-19　《卓歇图》中的靴子**

资料来源：浙江大学中国古代书画研究中心编《宋画全集》第1卷第8册，第83、87页。

通过上述对于《卓歇图》中男女服装的介绍可以发现，辽代服制除了受到隋唐五代等中原政权的影响外，也包含了许多西域文明的因素，

---

① 《旧唐书》卷45《舆服志》，中华书局，1975，第1938页。
② 《辽史》卷56《仪卫志二》，第1012页。

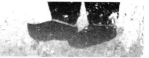

图 2 - 20　宝山 1 号辽墓壁画中的两接靴

资料来源：孙建华编著《内蒙古辽代壁画》，第 22—23 页。

图 2 - 21　美国克利夫兰艺术博物馆藏辽对雁锦靴

是游牧文化、农耕文化等多种文明的结晶。辽代在吸收融合多种服装形制后加以改造，使之更适合契丹人所处的生活环境，进而形成了一套辽代独有的服饰体系。同时这一套体系又影响了与辽处于同时期的宋朝，宋朝多次颁布政令禁止契丹服饰，"庆历八年（1048 年），诏禁士庶效契丹服及乘骑鞍辔、妇人衣铜绿兔褐之类……是岁（1117 年），又诏敢为契丹服若毡笠、钓墩之类者，以违御笔论"[1]。但因为胡服的便利实用，这些禁令并没有奏效。而宋朝对官服中不准用胡服的规定也未能成功，如对足衣的要求上在更靴为履之后又复用靴，"宋初沿旧制，朝履用靴。政和更定礼制，改靴用履。中兴仍之。乾道七年，复改用靴，以黑革为之，大抵参用履制，惟加鞝焉"[2]。至南宋因失去中原国土，华夷观念进一步加强，上层士大夫开始对此现象表现出忧虑。在宋孝宗乾道四年（1168 年），有大臣进言道："临安府风俗，自十数年服饰乱常，习为胡装，声音乱雅，好为胡乐。臣窃伤悼中原士民沦于左衽，延首企踵，欲自致于衣冠之化者，三四十年却不可得。而东南礼义之民，乃反堕于胡虏之习

① 《宋史》卷 153《舆服志五》，第 3576—3577 页。
② 《宋史》卷 153《舆服志五》，第 3569 页。

而不自知，甚可痛也。"① 朱熹也言："今世之服，大抵皆胡服，如上领衫靴鞋之类，先王冠服扫地尽矣！中国衣冠之乱，自晋五胡，后来遂相承袭。唐接隋，隋接周，周接元魏，大抵皆胡服。"② 但这些观念和行为都没能阻止胡服在中原文化区域内的流行，也没能阻止不同民族文化借鉴交融的大趋势。

### （二）《卓歇图》中的人物配饰

除了前一部分介绍的服装方面的内容，《卓歇图》中还展现了一些人物的配饰，展示了契丹人特有的风俗习惯，在此部分笔者将着重分析佩刀这处画面展现较清晰的物品。

在图中右侧休息的侍卫中，有一人腰间戴有长形圆筒状佩刀（图2-22）。此为辽代特色配饰，在现存表现辽代的艺术作品中屡屡出现，"在当时被认为是深具异国或甚至更具体来说，属于北方辽代特色的一种展现"③。此种佩刀通体呈圆柱形，刀柄后带铁环用于悬挂在腰带处，通常别于腰部。《辽史·仪卫志》载"武官鞢䩞七事"中就有"佩刀"一物。④ 此与《旧唐书》中记载的"鞢䩞七事"一致。⑤ 又，胡三省注《资治通鉴》记："横刀者，用皮襻带之，刀横掖（腋）下。"⑥ 即在唐代横刀是挂于蹀躞带上使用的，辽代的佩刀很可能就来源于此。同样的样式还可见于传胡瓌《出猎图》《回猎图》、传陈居中《文姬归汉图》及陈国公主墓出土的玉柄、琥珀柄银刀及鎏金银鞘实物（图2-23、2-24、2-25）。在辽代早中晚三期墓葬壁画中均能看到短佩刀的图像资料，它们被系在腰带之上且佩戴之人都是契丹人，刀鞘上绳子的缠绕方式逐渐复杂（图2-26）。

---

① （元）佚名撰，汪圣铎点校《宋史全文》卷25《宋孝宗三》，中华书局，2016，第2062—2063页。
② （宋）黎靖德编，王星贤点校《朱子语类》卷98《礼八》，中华书局，1986，第2327页。
③ 赖毓芝：《跨界的中国美术史》，浙江大学出版社，2022，第34页。
④ 《辽史》卷56《仪卫志二》，第1012页。
⑤ 《旧唐书》卷45《舆服志》，中华书局，1975，第1953页。
⑥ 《资治通鉴》卷198，唐太宗贞观二十年三月己巳，第6235页。

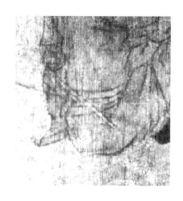

图 2 – 22　《卓歇图》中的佩刀

资料来源：浙江大学中国古代书画研究中心编《宋画全集》第 1 卷第 8 册，第 79 页。

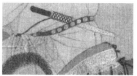

图 2 – 23　台北故宫博物院藏（传）胡瓌《出猎图》《回猎图》中的佩刀

图 2 – 24　台北故宫博物院藏（传）陈居中《文姬归汉图》中的佩刀

　　从本节的讨论中我们不难发现以常服为代表的辽代文化受唐朝影响之深，首服、体服、足衣以及各类配饰无一不带有明显的"唐风"。"五代颇以常服代朝服。辽国自太宗入晋之后，皇帝与南班汉官用汉服，太后与北班契丹臣僚用国服，其汉服即五代晋之遗制也"①，唐代服制传至

---

　　① 《辽史》卷 55《仪卫志一》，第 1000 页。

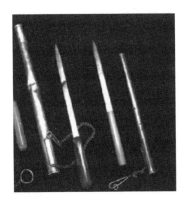

**图 2 - 25　辽陈国公主墓出土的玉柄、琥珀柄银刀及鎏金银鞘**

资料来源：内蒙古自治区文物考古研究所、哲里木盟博物馆编《辽陈国公主墓》，第 204 页。

**图 2 - 26　辽墓壁画中的部分佩刀样式**

注：从上至下按逆时针顺序分别是辽代早期宝山 1 号辽墓《门吏图》、辽代中期岗根苏木床金沟 5 号辽墓壁画《门吏图》《侍卫图》、辽代晚期耶律弘世墓《仆佣图》、滴水壶辽墓《敬食图》、库伦 6 号辽墓《侍从图》。

资料来源：孙建华编著《内蒙古辽代壁画》，第 23、61、63、105、120、264 页。

五代，以后晋为桥梁影响到辽代。辽"尽致周、秦、两汉、隋、唐文物之遗余而居有之"①，在基本继承了它们的形制之后，又结合自身所处环境加以改进，融入了契丹风格。

## 三　《卓歇图》中的宴饮礼仪

《卓歇图》中宴饮场景生动地描绘了契丹民族能歌善舞的风俗及乐观豁达的性格，将整幅画作的气氛推向高潮。此段宴饮场景"一人跪席前接盏，一人在席前舞。左方二人弹筝，三人拍手，后四人腰弓矢，三女侍立，一女进花枝"②。契丹民族喜宴饮娱乐，其中夹杂有诸多礼仪。考《辽史·礼志》仅"存其略，著于篇"，其中必定有许多未被收录进去的礼仪形式，这就需要我们借助图像等其他资料加以补充。③ 观《卓歇图》卷，笔者认为它在细节处体现了两种辽代可能存在的宴饮礼仪。

### （一）《卓歇图》中的"献花礼"

在图中小型宴会与休息的士兵的过渡区域中，作者特意绘制了"进花枝"的侍女（图 3 - 1）。笔者猜测此礼或许与辽代的佛教信仰有关。因为花在佛教中代表了许多意象，也是礼佛的重要载体。《佛说业报差别经》载："奉施香华，得十种功德"，其中"华"即为"花"。④ 在敦煌莫高窟的经变画中，有许多散花、持花、献花的飞天形象，也体现了花在礼佛环节的重要作用（图 3 -2）。《卓歇图》中的"献花"礼仪，有可能是辽代吸收佛教礼制的产物。在辽金时期，花在宴会中多次出现。《辽史·圣宗纪》载："三月癸亥朔，幸长春宫，赏花钓鱼，以牡丹遍赐近臣，欢宴累日。"⑤ 还有一种专门招待外国使臣的国宴，名为"花宴"。《辽史》

---

① 《辽史》卷 55《仪卫志一》，第 999 页。
② （清）阮元撰，钱伟强、顾大朋点校《石渠随笔》卷 1《五代》，第 18 页。
③ 《辽史》卷 54《礼志一》，第 928 页。
④ （清）雍正敕修《乾隆大藏经》第 33 册《佛说业报差别经》，中国书店，2010，第 1232 页。
⑤ 《辽史》卷 12《圣宗纪三》，第 139 页。

在"曲宴宋使仪"一条中介绍了花宴，"引臣僚东西阶下殿，还幕次内赐花。承受官引从人出，赐花，亦如之。簪花毕，引从人复两廊位立"①。可见花宴为辽主向使臣们赐花，之后使臣们会簪花而出。金朝沿用花宴礼制招待外使，与辽代相比并无变化，"皇帝起入阁，臣使下殿归幕次。赐花，人从随出戴花毕，先引人从入，左右廊立，次引臣使入，左右上殿位立"②。文献记载中的花宴进一步说明花在辽金宴饮中的出现并非孤例，而是存在一套成体系的以花为载体、以赐花献花为形式的礼仪制度。

**图 3 - 1　《卓歇图》中的献花礼**

资料来源：浙江大学中国古代书画研究中心编《宋画全集》第 1 卷第 8 册，第 84 页。

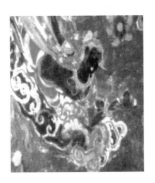

**图 3 - 2　莫高窟 39 窟西壁龛内的献花飞天**

---

① 《辽史》卷 51《礼志四》，第 948 页。
② 《金史》卷 38《礼志十一》，第 923 页。

### （二）《卓歇图》中进献"羽毛"的礼仪

《卓歇图》中在男主人左下侧有两个下跪的侍从，皆髡发，有一人手举漆盘，另一人拈起了盘中所盛之物（图3-3）。因绢布损坏，此物实难分辨。观侍从右手手形，为将盘中之物轻轻拈起，由此推测此物必定不重。进一步观察可发现此物颜色为黑色，通体细长，因此笔者推断这两位侍从进献的是狩猎所得猎物的羽毛，而且可能是罕见的黑天鹅羽毛。

根据图中的天鹅形象以及侍从们的绿色服饰，我们可以判定《卓歇图》表现的是辽人在春捺钵狩猎期间的休息场景，而《辽史》记述春捺钵文字中有一句说道："更相酬酢，致贺语，皆插鹅毛于首以为乐。赐从人酒，遍散其毛。"① 由此可知，在头鹅宴会中普通天鹅的羽毛会被赐给群臣，那么可能也会存在将珍贵罕见的羽毛进献给契丹主这一礼仪行为，《卓歇图》此处可能就是再现了这一场景。

**图3-3 《卓歇图》中进献"羽毛"的侍从**

资料来源：浙江大学中国古代书画研究中心编《宋画全集》第1卷第8册，第91页。

通过上述讨论与考证，我们发现《卓歇图》展现的契丹诸多名物均能在历史文献与考古资料中找到其来源与实物，而且这些资料不仅出自辽代管辖地区，亦有许多来自中原或是西域地区。这体现了辽作为草原丝绸之路上的重要文明在加强内地与西域之间联系时所发挥的重要作用。

---

① 《辽史》卷32《营卫志中》，第424页。

而辽代对于唐代礼仪文化、艺术风格的吸收还影响到了宋代，如契丹服饰风格在宋朝服及常服中的出现。此外也能看出辽不仅是吸收融合了中原的制度，同样借鉴采纳了来自中原的器物、服饰，甚至是绘画方法以及审美观点，正是这种文化方面的深层次认同推动了辽宋时期内聚性的不断增强。

# 金中都的城市景观[*]

周　峰[**]

**摘　要**　完颜亮迁都中都后，北京成为一代王朝的首都，城市面貌
也发生了很大的变化。城墙城门及宫殿景观、园林景观、宗教景观、街
巷里坊等市井景观共同组成了金中都的整体城市景观，这在北京城市发
展史上占有重要的一页。

**关键词**　金中都；城市景观；丰宜门；万宁宫；悯忠寺

贞元元年（1153），金海陵王完颜亮在营建工程进行两年之后，正式
将都城由上京（今哈尔滨市阿城区）迁至燕京，定名为中都，从此北京
正式成为一代王朝的首都，北京从此也有了恢宏的都市景观气象。以下，
从四个方面加以简单介绍。

## 一　城墙、城门及宫殿景观

金中都的城墙是在辽南京城的基础上向四面加以扩展（也有北墙未外
扩的说法）而成，东城墙在今虎坊桥偏西处南北一线上，西城墙在丰台区
凤凰嘴村所残留的城墙及其以北高楼村残城墙一线，南城墙在今金中都水
关遗址与丰台区万泉寺残留城墙连线上，北城墙在今白云观以北东西一线。
据20世纪50年代阎文儒先生的考古勘测，东城墙约长4325米，西城墙约

---

\*　本文为国家社科基金专项研究项目"历史经验与铸牢中华民族共同体意识——中华民族
　　共同体的形成和发展研究"阶段性成果（项目批准号：20VMZ001）。
\*\*　周峰，中国社会科学院民族学与人类学研究所研究员、博士生导师。

长 4087 米，南城墙约长 4065 米，北城墙约长 4486 米，周长约 16963 米。[①]
城门共有 13 座，东城墙从北到南有阳春门、宣曜门、施仁门，西城墙从
北到南有彰义门、颢华门、丽泽门，南城墙从西到东有端礼门、丰宜门、
景风门，北城墙从西到东有崇智门、通玄门、会城门、光泰门。各城门
匾额均由金代著名书法家、世宗时官至翰林学士承旨的王竞题写。

中都城的城墙为夯筑的土城墙，其外包砖。各个城门外的护城河上
砌筑有石桥，有的石桥没有名字，可能直接以城门名加桥来称呼，有会
城门、崇智门、光泰门、彰义门等各门外的桥。还有些桥有专名，如通
玄门外的观光桥，丰宜门外的安利桥。

南宋乾道五年（金大定九年，1169），后来官至参知政事的楼钥，以
书状官的身份随同担任贺金正旦使的舅父汪大猷出使，他按日记述途中
见闻，以《北行日录》之名成书。楼钥进入中都是腊月二十七日，按公
历算已经是 1170 年 1 月 15 日。同年南宋著名诗人范成大以资政殿大学士
的身份作为祈请使出使金朝，他抵达中都的时间是九月丙戌日，也就是
公历 10 月 20 日。范成大撰有《揽辔录》记载行程。一年内，两位宋使
到达中都，都留下了关于中都城景观的第一手资料，这也是我们目前研
究金中都难得的主要史料来源，弥足珍贵。

宋使都是由丰宜门进入中都城，因此对丰宜门有着较为详细的记述，
丰宜门也可以看作中都城各个城门的代表。丰宜门外护城河上的安利桥
被称为大石桥，可见规模很大，桥面被两道雕琢精美的石栏杆分为三条
道路，中间为御道，皇帝专用。丰宜门有三个城门洞，城门楼面阔九间，
十分雄壮，宋使由东门洞入城。大定四年（1164）十月，金世宗下令在
中都城门外的道路两侧种植柳树，延续百里。其数字可能有些夸大，但
中都城门外以及城内道路两侧的成行柳树确实是中都城独特的景观，夏
日柳荫掩映之下，行人没有暴晒之苦。这也给出使金朝的宋使留下了深
刻印象，他们看到"夹道植柳甚整"。[②]

有些城门附近的景观优美，成为人们踏春赏景的绝佳地点。金代文

---

①　阎文儒：《金中都》，《文物》1959 年第 9 期，第 8—12 页。
②　赵永春辑注《奉使辽金行程录》（增订本），商务印书馆，2017，第 378 页。

人杨云翼的《阳春门堤上》就充分描绘了阳春门外护城河堤上初春阳光明媚、积雪将融、垂柳将绿的美景：

> 薄薄晴云漏日高，雪消土脉润如膏。东风可是多才思，先送轻黄到柳梢。[①]

柳树是中都城最多的景观树，阳春门外也不例外。阳春门在今陶然亭公园附近，这里至今仍是风光旖旎之地。

中都城城墙上不只有 13 座城门，还有数目不详的水门。20 世纪 90 年代，在丰台区右安门外玉林小区，距凉水河（金中都南护城河）北 50 米的一处住宅楼施工中，发现了金中都南城垣水关遗址。水关又叫水门、水窦，是古代城市中河水流过城墙的进、出口。这座水门位于丰宜门和景风门之间。遗址残存基础部分，平面呈"〕〔"形，南北向，中都城的南城墙即横跨其上。遗址全长 43.4 米，其中过水涵洞即"｜ ｜"部分长 21.35 米，宽 7.7 米，距今地表 5.6 米。北端的入水口和南端的出水口分别宽 11.4 米、12.8 米。

丰宜门外还有一处对于金朝意义重大的景观——太祖记功碑，全称开天启祚睿德神功之碑，天会十三年（1135）二月，由金熙宗立于"燕京城南（太祖）尝所驻跸之地"，[②] 碑文由韩昉撰文，宇文虚中书写，记叙了太祖完颜阿骨打在对辽战争中攻取燕京的功绩。此碑在元代仍能看到，被称为"十丈丰碑"，可见其高大壮观。元人郝经于 1258 年所撰《戊午清明日大城南读金太祖睿德神功碑》诗有云："踏青车骑各一簇，巍天一碑杳稍出。躬肩垂袖立马看，穹龟交龙势屈蟠。四面浑镌堆山字，填金剜尽黑蜡斑。"[③] 据此可知，碑座龟趺，碑额蟠龙交缠。此时距中都陷落于蒙古不过短短 40 余年，但碑文字口的填金已经被全部剜除，只留

---

① 薛瑞兆编撰《新编全金诗》第 2 册卷 43，中华书局，2021，第 1059 页。
② 《金史》卷 2《太祖纪》，中华书局，2020，第 44 页。
③ （清）于敏中等编纂《日下旧闻考》卷 90《郊垧·南》，北京古籍出版社，1981，第 1535 页。

下因传拓次数过多而留下的斑斑墨痕。宋使应该能看到丰宜门外这处景观，但可能出于对北宋亡国历史的惨痛记忆，楼钥和范成大都未提到此碑，应该是出于忌讳的缘故。

进入丰宜门后不久，就会经过一座汉白玉石桥，桥下的河水"清深东流"，[①] 再转而向南，从水门流出城外，其上游为西苑的湖泊（今莲花池）。桥面道路同安利桥一样也被汉白玉栏杆隔成三道，中为御道。桥的四角有四座汉白玉华表，"镌镂精巧，如图画然"。[②] 桥北东西各有两座小亭子，东亭内有碑，上刻"龙津桥"三字。

再向前行，就是皇城的南门宣阳门。皇城位于中都城内中央偏西南处，东、西、南、北各有一门，分别为玉华门、宣华门、宣阳门和拱辰门。皇城的南门宣阳门和中都城的正南门丰宜门相对，向北同北城墙的通玄门构成一条直线，成为中都城的中轴线。宣阳门的形制与丰宜门近似，有三个门洞，城门楼的规格也是九间。

宣阳门北向正对的是大路，仍分三道，中间为御路，两侧有栏杆。大路两旁有排水沟，沟外侧植有柳树。柳树的东西各有一列曲尺形长廊，即千步廊，都有250间，廊顶覆盖绿琉璃瓦。廊的南端各有一楼，东侧为文楼，西侧为武楼。千步廊分成三段，每段各有一门。从南起，东廊第一门内是来宁馆，是接待高丽、西夏使节的国宾馆，与之相对的西廊第一门内是接待宋朝使节的会同馆。东廊第二门内是毬场，第三门内是太庙，供奉历代皇帝神主。西廊第二门内是尚书省，第三门内是六部。宣阳门内大路的北端是宫城的南门应天门，又名端门。应天门格外雄伟，城门洞有五个，五座城门涂以朱漆，上面饰以铜钉，城门楼面阔十一间。通天门两侧各有楼一座，与通天门构成"┌┐"形，就如同今天故宫午门及其两侧五凤楼一样。通天门东一里许有左掖门，西一里许有右掖门。据阎文儒先生在20世纪50年代所进行的考古调查："白纸坊西大街城外与滨河西路交叉路南土丘，可能是宫城应天门一带遗址。"[③] 20世纪90年

---

① 赵永春辑注《奉使辽金行程录》（增订本），第378页。
② 赵永春辑注《奉使辽金行程录》（增订本），第378页。
③ 阎文儒：《金中都》，《文物》1959年第9期，第8—12页。

代伴随着北京西厢道路工程所进行的考古工作也证明了这一推测，在距该路口南 70 多米的鸭子桥西里 3 号楼处发现了南北长 36 米的金代建筑基础的夯土，应为通天门的遗址所在。通天门内东西两侧各有行廊 30 间，东行廊中开一门，名左翔龙门，东向，通宫城东路。西行廊中开一门，名右翔龙门，西向，通宫城西路。左、右翔龙门北与通天门相对有门三座，中为大安门，东、西分别为日华门、月华门。大安门面阔 9 间，日华门、月华门各面阔 3 间。大安门遗址位于今西城区白纸坊西街与滨河西路的交叉路口。大安门内就是宫城，其中有最重要的大安殿，相当于后来紫禁城中的太和殿。殿宇面阔 11 间，建在三层露台之上，周围环绕有曲水，登殿台阶有 14 级，殿两侧各有配殿 5 间，殿后有香阁 1 座。

大安殿北有大安后门，出大安后门，是一小院落，为文武百官等待朝会之处。东有左嘉会门、西有右嘉会门分别通往东、西路建筑。北有宣明门，宣明门北是仁政门，进入仁政门，就是以"常朝便殿"——仁政殿为中心所组成的庭院。院内东、西各有行廊 30 间，东廊中间有钟楼，西廊中间有鼓楼。仁政殿位于庭院正北，面阔九间，是宫城内的第二大宫殿。殿前有露台，是皇帝行拜日典礼之所。仁政殿是原辽南京旧有的宫殿。仁政殿东、西各有高楼一座，名东、西上阁门。仁政殿后是皇帝和皇后的寝宫——昭明宫，内有皇帝所居的昭明殿和皇后所居的隆和殿。

宫城东路的主要建筑有皇太子所居住的东宫和皇太后所居住的寿康宫。东宫在大安殿东北，东宫内有承华殿、凉楼等建筑。宫城的西路主要有园林鱼藻池和妃嫔所居的十六位。

从进入丰宜门直到进入宫城，在文化上更具优越感的宋使也不禁为中都城壮观的景致所折服，他们留下的记录中时不时不经意间留下了赞叹的语句，可见中都的景观给人留下的深刻印象。

## 二　园林景观

中都宫城的西边是皇家园林西园，又名西苑、同乐园，位于今广外青年湖一带。辽南京此地即为园囿所在，经过海陵王之后金代历代皇帝兴修，西园形成了大小湖泊众多，楼台殿宇俱全，兼具村野农家风光的园林景观。其中有瑶池、蓬瀛、柳庄、杏村等，前二者应该为殿宇与小岛，后二者应该是仿造的乡村田舍。西园的多姿多彩在金代诗人笔下多有渲染，赵秉文以《同乐园》为题作诗二首：

> 春归空苑不成妍，柳影毵毵水底天。过却清明游客少，晚风吹动钓鱼船。
>
> 石作垣墙竹映门，水回山复几桃源。毛飘水面知鹅栅，角出墙头认鹿园。[1]

李献能的《西园春日》：

> 的砾冰梢出短墙，泓澄暖绿静横塘。娟娟高竹迎人翠，袅袅长红隔水香。
>
> 病起心情疏酒盏，朝来风色妒年芳。只应归去芸窗晚，梦到湘妃锦瑟傍。[2]

可见，西园中石墙、垂柳、碧竹、渔船等园林要素俱存，还饲养着鹅、鹿等动物，有动物园的特色。西园不但供皇家享乐，官员士大夫也应该可以游览。

至元十年（1273），出使元朝的高丽大臣郑承休所撰《宾王录》记载："燕之分野中都城者，大金国所也。城之北五里所，有万寿山焉，金国章宗皇帝所筑也。"[3] 郑承休认为万寿山是金章宗所筑明显有误。现在学界认为万寿山一带的行宫太宁宫始建于金世宗时期。但最近发现的曾任金中都都市令的苗公泽卒于"提点万春山"[4] 任上，时为海陵王正隆四

---

① 薛瑞兆编撰《新编全金诗》卷 51，第 2 册第 1323 页。
② 薛瑞兆编撰《新编全金诗》卷 56，第 2 册第 1470 页。
③ 〔韩〕林基中主编《燕行录全集》第 1 册，东国大学校出版部，2001，第 32 页。
④ 何新所编著《新出宋代墓志碑刻辑录·南宋卷》，文物出版社，2020，拓片载第 1 册第 57 页，录文载第 7 册第 26 页。

年（1159）。万春山很可能就是万寿山，万春山处的行宫应该始建于海陵王时期。因为金世宗的圣节（生日）为万春节，为了避讳，将万春山更名为万寿山。苗公泽所任"提点万春山"，就是负责万春山的行宫工程建设，也就是金世宗时期的太宁宫。

太宁宫先后更名为寿宁、寿安，金章宗明昌二年（1191），定名为万宁宫。万宁宫周围有着丰沛的水源，不但风光旖旎，而且周围还广布稻田，具有江南水乡风光。万宁宫的规模相当大，明昌六年（1195），章宗一次就裁撤万宁宫的陈设九十四处。万宁宫与宫城一样设有端门，泰和四年（1204）四月，万宁宫的端门曾发生火灾。金章宗对万宁宫最为喜爱，他不仅常到万宁宫游玩，还在万宁宫长期居住并处理朝政。万宁宫不但是章宗的一处行宫与避暑胜地，而且是当时中都的第二政治中心。赵秉文有一首《扈跸万宁宫》诗，描绘了扈从章宗赴万宁宫的情景：

> 一声清跸九天开，白日雷霆引杖来。花萼夹城通禁籞，曲江两岸尽楼台。
> 柳荫缚日迎雕辇，荷气分香入酒杯。遥想熏风临水殿，五弦声里阜民财。[1]

由诗可见，万宁宫繁花盛开，柳荫庇护，曲水两岸尽是楼台，极具观赏性。万宁宫由于坐落在中都城外东北方，又被称为北宫。赵摅的《早赴北宫》也描摹了万宁宫湖光垂柳：

> 苍龙双阙郁层云，湖水鳞鳞柳色新。绝似江行看清晓，不知身是趁朝人。[2]

张翰也有一首《万宁宫朝回》，描绘雨后万宁宫的美丽：

---

① 薛瑞兆编撰《新编全金诗》卷49，第2册第1256页。
② 薛瑞兆编撰《新编全金诗》卷26，第1册第624页。

宿雨初收变晓凉，宫槐恰得几花黄。鹊传喜语留鞘尾，泉打空山辊鞠场。

已觉云林非俗境，更从衣袖得天香。太平朝野欢娱在，不到莲塘有底忙。[1]

可见万宁宫不但有莲塘、宫槐等园林景观，还有皇帝用于蹴鞠的鞠场等娱乐场所。

金末元初的曹之谦在金亡之后游览故国故宫，感慨赋诗《北宫》，抒发胸臆：

光泰门边避暑宫，翠华南去几年中。干戈浩荡人情变，池岛荒芜树影空。

鱼藻有基埋宿草，广寒无殿贮凉风。登临欲问前朝事，红日西沉碧水东。[2]

坐落在中都北城墙光泰门外的太宁宫，其地湖光树影、楼台耸峙、林荫槐香、碧莲映日，堪称中都最著名的园林景观。金代对太宁宫的开发、建设，也为元代以此为中心营建大都城，以及明清北海皇家园林奠定了基础。

## 三　宗教景观

金中都的佛教、道教都十分兴盛，有着大量的寺院道观，其中高大的佛塔、楼阁，使得中都城的天际线有了丰富的层次感，不再那么单调乏味，构成了中都城醒目的宗教景观。悯忠寺（今法源寺）是唐太宗为了超度征战高丽阵亡的将士而建，寺中有一座楼阁十分高大，供奉白衣观音塑像，高20余丈，登上阁的第二层才能见到像首。俗语称"悯忠高

---

① 薛瑞兆编撰《新编全金诗》卷35，第2册第846—847页。
② 薛瑞兆编撰《新编全金诗》卷69，第3册第1775页。

阁，去天一握"。因而该阁成了中都城官员百姓登临观览城市风光的绝佳场所，曾任翰林学士的赵秉文有诗《陪李舜咨登悯忠寺阁》：

日月缠双栱，风烟纳寸眸。云山浮近甸，宇宙有高楼。
鸟外余残照，天边更去舟。登临有如此，况接李膺游。①

曾任通州刺史的史肃也写有《登悯忠寺阁》：

净宇怀超想，层梯企俊游。喧卑三界尽，制作六丁愁。
聚土闲童子，移山老比丘。能除分外见，寸木即岑楼。②

　　前一首诗用夸张的诗歌语言描摹了悯忠阁的高峻，后一首诗更多抒发了登临高阁的感想。另外悯忠阁东西各有一塔，相传分别为史思明、安禄山所建。金世宗时悯忠寺曾作为女真进士科的考场，考生进入考场后的当晚，双塔之中的东塔传来音乐般的声响，向西传入宫中，考官将此附会成祥瑞。当然，这很可能是风吹动了塔上悬挂的铃铛而发出的声响，但也给中都的城市生活带来了和谐的韵律。
　　悯忠寺的西面有大圣安寺，金熙宗时名大延圣寺，金世宗大定三年（1163）新的大殿落成，"崇五仞，广十筵。轮奂之美，为都城冠"。③ 七年，世宗命改寺名为大圣安。中都城内规模较大的寺院普遍建有高阁，大圣安寺内也有延洪阁。大圣安寺也是中都城内一座宏丽的寺院。
　　悯忠寺、大圣安寺的北面，大致在今下斜街南口外偏东，还有一座圣恩寺，寺内有一座高阁大悲阁，堪称是中都城内地标性的建筑。中都居民在说一些具体地址时，往往用阁东、阁西等表达，所谓的"阁"，就是大悲阁。大悲阁始建于唐代，辽代重修，圣宗改寺名为圣恩，大悲阁

---

① 薛瑞兆编撰《新编全金诗》卷48，第2册第1223页。
② 薛瑞兆编撰《新编全金诗》卷34，第2册第815页。
③ （元）熊梦祥著，北京图书馆善本组辑《析津志辑佚》，北京古籍出版社，1983，第68页。

在其中。金熙宗时，又进行了彻底翻建，大悲阁内供奉的是观音菩萨。卫绍王大安三年（1211）三月，大悲阁发生了一场火灾，阁被烧毁，殃及周边民居万余家，一直烧了 5 天，由此可见大悲阁周边的繁华程度与建筑的密集。大悲阁在元代又被重建。

中都城内规模最大的道观是十方天长观，此观始建于唐代，到元代仍遗留有三通唐碑。金海陵王时被焚毁，世宗大定七年（1167）命令扩建，并且不让急于竣工，因而工程持续了八年才完成。为此拆毁了周围大量民居，耗资 30 万贯。整座道观规模宏大，巍峨壮观。中路建筑有玉虚殿、通明阁、延庆殿，分别供奉三清、昊天上帝、十二元辰等道教诸神；东路建筑有澄神殿、灵音阁、大明阁、五岳殿；西路建筑有生真殿、飞玄阁、清辉阁、四渎殿。此外还有附属设施及道士居所116 间。十方天长观建成后，成为皇家宗教活动的重要场所，金章宗曾在此举行道教仪式普天大醮，为此禁止屠宰七天，并停止审判处罚。

## 四　街巷里坊等市井景观

构成中都城市井景观的主要有街巷里坊等居民居住区域和市场、酒楼商业服务业场所。

中都城内的街道，多为从城门向城内延伸到对面的城门，但因城中有皇城，故而贯通城市的大街有四条，即南北向的会城门——端礼门大街（今已湮没无存）、崇智门——景风门大街（大致相当于今天的牛街、右安门内大街一线）、东西向的施仁门——彰义门大街（大致相当于今东起虎坊桥、西至广安门外湾子的大街）和阳春门——丽泽门大街（今已湮没无存）。由于中都城是在辽南京城的基础上参照宋汴京城而建的，因而也就杂糅了两者的特点，在中国城市发展史上起着承上启下的作用，这突出体现在坊制上。宋朝之前的城市中，居民居住在四周围以围墙的坊内。由于北宋汴京商业的繁盛，商业活动已不限于固定的市内，旧的坊制已被打破，形成了市、坊杂处的局面。中都城的兴建，除去原辽南京的居民区未予重建，保持原来的坊制外，其东、西、南三面扩建部分的居民区，已不再有封闭的坊墙围绕，而形成了开放式的坊巷布局。中都的坊，据《元一统志》记载，共有 62 个。当然，完颜亮营建中都时，坊数不会这么多，应该有后来陆续建成的。

除了上述的主要街道外，据房山石经题记与《析津志》等文献记载，中都的街巷还有檀州街、石碴东街、蓟门北街、五门街、三叉街、齐相公巷、化度寺街井儿巷、老君巷、山北店北巷、大花巷等街巷。

中都城的街道旁及民居旁有露天排水沟渠，卫绍王大安元年（1209）十一月，中都市民周修武家宅院前的排水渠（下水道）内有火焰冒出，高达 2 尺，烧毁了跨越渠上连接街道与宅院的小木板桥。其原因是不是由于污泥淤积所产生的沼气被偶然引燃所引起，尚不得而知（时值冬日，似乎不会产生大量沼气）。但由此可见，城内大的街道旁的排水沟渠很宽，需要架设简易板桥才能通过。这种渠道，很可能利用天然河流引水冲刷污物，最终再排入城内河流，通过水关，排出城外。沟渠常年排污，难免造成堵塞，水体污浊，臭味外溢，影响城市景观。这也是以后明清北京城面临的一个问题。明清北京城常在枯水的二月（后改为三月）清淤淘沟，民间称之为"三月开沟"。中都城设有专门的正九品街道司，专门负责打扫街道，疏通沟渠，可谓早期的环卫部门，对于中都城的景观维护有着重要的意义。

大悲阁周边是中都城最重要的商业中心，此地，从唐幽州城始，经南京城直至元代一直是市场所在地。元代此地仍有"南城市、穷汉市在大悲阁东南巷内"①，蒸饼市在大悲阁后，胭粉市在披云楼（也位于大悲阁东南）南。大定二十一年（1181）二月，金世宗因为元妃李氏之丧，出行祭奠，"过市肆不闻乐声"②，也就是说市场中还有演出场所，金世宗为此下令此后不必因事禁止娱乐，以免影响百姓生计。另外，他出行还看到"街衢门肆，或有撤毁，障以帘箔"③。这是因为城市商业的繁华，导致了一些店铺侵占了路权，占用了一些道路，有关官员怕影响皇帝的

---

① （元）熊梦祥著，北京图书馆善本组辑《析津志辑佚》，第 6 页。
② 《金史》卷 8《世宗纪下》，第 198 页。
③ 《金史》卷 8《世宗纪下》，第 198 页。

出行与观瞻，下令拆毁占路的设施，并以帘子遮挡一些店铺。金世宗怕影响百姓生活，下令禁止。在北宋汴京城，由于商业的极大发展，一些店铺也是向道路发展，侵占了路权，这成为汴京城管理者一个长期头痛的问题。金中都同样也出现了这样的问题，金中都商业发达程度可见一斑。

中都城内还有各种专业市场，城南东开阳东坊（今里仁街一带）三灵侯庙附近有马市，其从业人员达到了220多人，三灵侯庙也成为马市从业者专门供奉的庙宇。每天市场川流的买卖双方与中间人，以及大量的服务人员，加之大量嘶鸣的马匹、牲畜，市场的繁盛景象可想而知。

中都城聚集着几十万的人口，各种营业性的楼阁也是鳞次栉比。酒楼中最著名的要数状元楼，在蓟门北街西。金朝科举中第的进士们都要在此和座主（也就是主考官）举行宴会，以行庆祝。曾任知大兴府事的张大节有诗《同新进士吕子成辈宴集状元楼》，就记叙了状元楼盛宴：

> 鸂鶒新班宴杏园，不妨老鹤也乘轩。龙津桥上黄金榜，三见门生是状元。①

中都城内还有崇义楼、县角楼、揽雾楼、遇仙楼等酒楼。除了酒楼外，中都城内还有主要进行杂剧演出等作为游乐场所的楼，最著名的是平乐楼。金末元初人杨宏道有诗《中都》二首，感怀故国，其中云"清明谷雨香山道，翠管繁弦平乐楼"②。可见，平乐楼留给人的记忆与著名的香山一样深远。这类楼还有明义楼、大安楼、仁风楼等。

---

① 薛瑞兆编撰《新编全金诗》卷26，第1册第618页。
② 薛瑞兆编撰《新编全金诗》卷95，第4册第2542页。

# 斋桑与哈番：清初授予察哈尔官员的世职研究[*]

苏日朦[**]

**摘　要**　在清初治理察哈尔等蒙古的诸多政策中，"世职制度"是其中重要的一项。本文以原察哈尔大斋桑家族世职承袭文书为线索，结合相关多语种文献，考察清代授予编入八旗体制的察哈尔诸斋桑的世职等相关问题，同时探讨八旗蒙古在清代民族交往交流交融过程中发挥的积极作用。

**关键词**　清初；世职；斋桑；民族交融

中国统一多民族国家格局是政治、地理、历史、民族、文化诸多因素共同作用的结果，是历史上各民族长期交往交流交融的结果。历史上，中华民族共同体的发展在清代进入了鼎盛时期，清朝的统一与稳固，为各民族交流与交融提供了条件，同时各民族在清朝缔建多民族大一统国家的过程中均做出了贡献，尤其是八旗察哈尔官兵，在清朝保卫边疆、抵御外来侵袭的诸多军事活动中做出了重要的贡献。

自 16 世纪初达延汗统一蒙古诸部、分封诸子开始，察哈尔万户成为蒙古大汗直属万户，其部历经博迪阿拉克汗、达赉逊库登汗、图们扎萨克图汗、布延撒辰汗时期，在林丹呼图克图汗时期发生了重大变化。此

---

[*]　本文系中国社会科学院民族学与人类学研究所冷门绝学学科建设专项资助计划"清朝治理北部边疆民族的相关满文档案整理与研究"（项目编号：2024MISLMJX00S）、国家社科基金青年项目"八旗察哈尔的形成与清代边疆民族多元治理政策研究"（项目编号：23CZS036）、中国社会科学院民族学与人类学研究所优秀专著培育计划项目"民族交融视域下的近代察哈尔地区政区变迁研究"（项目编号：2023MZSZZJH003）的阶段性成果。

[**]　苏日朦，中国社会科学院民族学与人类学研究所助理研究员。

时在东北兴起的建州女真成为蒙古强大的竞争对手。建州女真迅速壮大，于明万历四十四年（1616）建立了后金政权。1635 年察哈尔林丹汗在与后金的角逐中败走青海，在"大草滩"（今甘肃循化县）病逝。[①] 林丹汗之子额哲及其母苏泰太后举众归附后金。次年皇太极宣布改国号为"大清"，改元"崇德"。

入清后林丹汗之子额哲及其属民一同被编入了察哈尔扎萨克旗，首领额哲任扎萨克，而先于额哲陆续投附女真政权的察哈尔诸贵族、斋桑及其属民等则被编入八旗之中，即清初的八旗察哈尔。[②] "斋桑"（jayi-sang）又作"介桑""宰桑"等，源自汉文"宰相"一词。作为明代蒙古社会中的重要官职，一般指出身于非成吉思汗家族（即黄金家族），掌管鄂托克事务者。在鄂托克的领主管辖下，斋桑、扎撒固尔等职务应为世袭官职，掌管军事、行政、司法以及财政等事务。[③] 这一官职同样存在于当时的察哈尔万户中，其所属斋桑不仅领有自己的属众，不同级别的斋桑在原察哈尔部享有不同的地位。

在清初治理察哈尔等蒙古的诸多政策中，"世职制度"是其中重要的一项，这一点在前人研究中已有充分论证[④]，而编入八旗体制的察哈尔人是在怎样的背景之下获封，后人如何承袭其世职等具体问题，学界仍语焉不详，故本文以原察哈尔大斋桑家族世职承袭文书为线索，结合相关多语种文献，考察清代授予编入八旗体制的察哈尔诸斋桑的世职等相关问题，同时探讨八旗蒙古在清代民族交往交流交融过程中发挥的积极作用。

## 一　清初授予察哈尔诸斋桑的世职概况

清代的世职制度起源于天命五年（1620）清太祖努尔哈赤时期制定

---

① 达力扎布：《察哈尔林丹汗病逝之"大草滩"考》，《民族研究》2018 年第 5 期。
② 达力扎布：《清代八旗察哈尔考》，载《明清蒙古史论稿》，民族出版社，2003，第 316—333 页。
③ 弗拉基米尔佐夫：《蒙古社会制度史》，刘荣焌译，中国社会科学出版社，1980，第 221—223 页。
④ 齐光：《八旗察哈尔的编立及其与清朝可汗间的关系》，载《中国边疆民族研究》第 9 辑，中央民族大学出版社，2015。

的武官制度，是授予功臣及其子孙后代承袭的十分重要的爵位，被授予该爵位，可彰显其对国家的功绩。在后金时期，按照明朝的武官制度命名，即三等（下同）总兵官、三等副将、三等参将、三等游击等，所有牛录额真为备御官。在皇太极执政时期对世职称谓进行了改革，分别将总兵官、副将、参将、游击、备御官等改称为昂邦章京、梅勒章京、甲喇章京、牛录章京等满语称呼，同时将在牛录章京之下之"半备御"改为浑托和。在顺治时期又将昂邦章京、梅勒章京、甲喇章京、牛录章京、半个前程等分别改称为精奇尼哈番、阿思哈哈番、阿达哈哈番、拜他喇布勒哈番、拖沙喇哈番等。① 在乾隆时期又将上述满文称谓改为汉文，而在满文文书中仍延续使用以上称呼。以上为清代世职称呼变化过程，这一变化过程与当时清朝的统治政策演变亦具有密切的关联。

日本学者松浦茂首次提出在清初，尤其是清朝入关之前，在清朝统治政策中"八旗制度"与"世职制度"同时存在，② 而前人研究中经常混淆八旗制度与世职制度，导致学界鲜有世职问题相关的专题研究。据其观点可知，世职制度的起源与努尔哈赤执政期间实施的"都市政策"具有渊源关系。皇太极在远征察哈尔前夕，对已有的世职制度称谓进行了改革。此次对世职称谓的改革是皇太极欲通过世职的授予、升任以及接任、降格，试图对所属旗人进行一元化统治的尝试。③ 而耐人寻味的是在改革称谓之后的次月，皇太极就开始向察哈尔部斋桑等诸大臣发去劝降书，次月起察哈尔部诸大臣开始分批率众归降皇太极。对这一现象，齐光在《八旗察哈尔的编立及其与清朝可汗间的关系》一文中解释称改革世职称谓的目的是招抚拉拢察哈尔蒙古人，以此来推动察哈尔蒙古对清朝政权的认同，强化其一体感。④

---

① 〔日〕松浦茂：《天命年間の世職制度について》，《東洋史研究》第 42 卷第 4 号，1984 年。
② 〔日〕松浦茂：《天命年間の世職制度について》，《東洋史研究》第 42 卷第 4 号，1984 年。
③ 〔日〕楠木贤道：《天聪八年远征察哈尔部与满洲国（Manju gurun）的结构》，台湾《故宫学术集刊》第 23 卷第 4 期，2006 年。
④ 齐光：《八旗察哈尔的编立及其与清朝可汗间的关系》，载《中国边疆民族研究》第 9 辑，中央民族大学出版社，2015。

　　在察哈尔民众全部归降后金政权后，崇德元年开始对清朝开国有功的察哈尔诸斋桑进行了世职册封。《清内秘书院蒙古文档案汇编》① 顺治年间档册中收录了50余份授予原察哈尔诸臣之世职敕书。通过这些文书可以了解清朝统治初期通过授予世职爵位来巩固编入八旗体制的原察哈尔斋桑之间的隶属关系及原察哈尔斋桑的身份地位及相关史实。在前人研究中同样关注到了这批重要的文书。根据这批文书的记载来看，投赴后金的察哈尔部诸臣主要是具有大（yeke）斋桑、小（baγ-a）斋桑、执政（jasaγul）斋桑、散秩（sula）斋桑，另也有库鲁克（külük）、塔苏尔海（tasurqai）、车尔弼（cerbi）、辖（kiy-a）等职官或称号的官员，这些官员均领有一定数量的属民。

　　从这些世职敕书的内容来看，被授予世职的察哈尔斋桑带领其属民，与清军共同征战，为清朝入关夺取政权，立下汗马功劳。这些世职的初次授予时间多集中于崇德元年，授封原因大部分为率户来归有功，而后期加授世袭等级或世袭次数，则因其立有军功。以上世职敕书副本形成时间为顺治四年（1647），系抄录原世职敕书基础上，加入了加授世职的新内容。②

　　崇德元年初次册封世职之时，被授予头等精奇尼哈番的察哈尔斋桑有德参济旺、郭尔图彻臣、索诺木扎拉玛、多尼库鲁克四位，其中德参济旺、索诺木扎拉玛等二位具有"至尊斋桑"之称，而郭尔图彻臣与多尼库鲁克二位则为大斋桑。郭尔图彻臣因携林丹汗妃子囊囊太后投附后金，被授予头等精奇尼哈番的同时，又被授予"达尔汉"封号。从这些世职敕书来看，授予时间多集中于崇德元年至三年，初次授封原因均为率众投赴清朝，而后期加授世袭等级或世袭次数，主要是因为立有军功。③

---

① 中国第一历史档案馆、内蒙古大学蒙古学研究中心合编《清内秘书院蒙古文档案汇编》第1卷、第2卷，内蒙古人民出版社，2004。

② 中国第一历史档案馆、内蒙古大学蒙古学研究中心合编《清内秘书院蒙古文档案汇编》第2卷，内蒙古人民出版社，2004。

③ 中国第一历史档案馆、内蒙古大学蒙古学研究中心合编《清内秘书院蒙古文档案汇编》第2卷，内蒙古人民出版社，2004。

以下将以日本东洋文库所藏镶白旗都统衙门满文档案收录的原察哈尔大斋桑色楞彻臣及其后代承袭世职的满文文书为线索，结合《内国史院档》《清内秘书院蒙古文档案汇编》《八旗通志》等相关多语种文献，重点分析其家族受封世职爵位的过程及其子孙后代承袭其世职的情况，以此进一步讨论察哈尔部在清朝八旗体制内的地位与性质。

## 二 原察哈尔大斋桑色楞彻臣受封世职始末

色楞彻臣是天聪八年大批投赴后金政权的察哈尔诸斋桑中具有"大斋桑"称号者之一，当时投赴后金政权的情况在《内国史院档》中有详细记载：

> 是日，遣额尔德尼囊素喇嘛、哈尔松阿等，往迎察哈尔国归附之众。至是还，言伊等渡黄河前行三日，遇塞冷车臣寨桑、祁他特车尔贝寨桑、塞冷布都马儿寨桑、沙布古英寨桑、阿玉希台吉、巴特玛台吉、古鲁思希布台吉兄弟、班弟库鲁克、阿尔苏虎墨尔根巴图尔扎萨古尔、绰依尔扎木素扎萨古尔寨桑、塔布囊扎萨古尔吴孙泰都喇尔扎萨古尔、巴阳阿扎尔固齐、祁赖都喇尔、萨木丹达尔汉喇嘛、戴青囊苏喇嘛、达尔汉囊苏喇嘛、吴特塔齐额木齐率四百户来归，遂携之渡黄河留居于西拉木轮地方……①

从上引档案中可知，色楞彻臣归附时间为天聪八年（1634）十一月十六日，而所率属民具体户数在上引档案中并未体现。同年十二月二十二日，色楞彻臣等察哈尔斋桑率其属民赴盛京。② 天聪九年（1635）正月，自察哈尔来投的斋桑官员及其属民共计3200余人被编入八旗，其中

① 中国第一历史档案馆：《清初内国史院满文档案译编》（上），光明日报出版社，1986，第121页。

② caharai kitat cerbi；sereng butumal；sereng cecen meni meni harangga irgen be/gaijime ubašame jime isinjiha；祁他特车尔弼、色楞博都马勒、色楞彻臣等各率属民来归。

大斋桑色楞彻臣及其属民被编入镶黄旗。① 崇德元年皇太极授予大斋桑色楞彻臣世职爵位。在《清内秘书院蒙古文档案汇编》中收录了授予其世职敕书的蒙古文副本：

sereng sečen či iǰaɣur, mongɣol ulus-un čaqar-un yeke qaɣan-i yeke ǰaisang bülüge. /

qaɣan-iyen tangɣud ulus ǰög negüǰü ečiküi-dür, qaɣan-ačaɣan salǰu, nayan erüke ulus i/

abču qatun-i ɣoul-un teretege saɣuɣad, minu elči-yi kürükülüged saǰa i aliba/ ulus-eče urida qatun-i ɣoul-i getüleǰü irelüge. ene čola-i arban qoyar üy-e ǰalɣamǰilaqu büi. /

degetü erdem-tü-yin terigün on, ǰun-nu dumdadu sara-yin sin-e-yin doloɣan-a.

汉译：

色楞彻臣，尔原系蒙古国察哈尔大汗之大斋桑。在尔之大汗迁往唐古特国之时，离开尔之大汗，携八十户，驻于黄河边，朕之使者抵达该地时，先于其他人渡黄河来投，该封号准再承袭十二次。
崇德元年夏仲月初七日

qoina, törö-yi bariɣsan ečige, ming ulus-un törü-yi abuɣsan ayandu, yisün qaɣalɣ-a-bar/oroɣsan edür, liuzei-yin qorin tümen čerig-i daruqui-dur, qosiɣun-nu eǰen fulaɣta /

luɣ-a tuslaɣsan mori-tu čerig-i daruba. liuzei-yin čerig-i nekeǰü oduɣad, čing du/

___
① 中国第一历史档案馆：《清初内国史院满文档案译编》（上），光明日报出版社，1986，第132—133页。

hiyan-dur güičeǰü. qosiγun-u eǰen fulaγta-luγ-a tusalaγsan dayisun-yian daruba geǰü. /

γurbaduγar ǰerge-yin ǰingkini hafan-i singnegülǰü, ded ǰerge-yin ǰingkini hafan bolγaba. /

basa nigen üy-e nemeǰü, arban γurban üy-e ǰalγamǰilaqu büi. /

ey-e-ber ǰasaγči-yin nögöge on qabur-un dumdadu sara-yin qorin naiman-a. [①]

汉译：

　　后在皇父摄政王征取明朝之役中，于攻进九门之日，镇服流贼二十万兵马，与固山额真富喇克塔一同击败所向骑兵。追击流贼之兵至庆都县，与固山额真富喇克塔一同击败所向敌人，为此，将三等精奇尼哈番擢升为二等精奇尼哈番，并加一世，准再承袭十三代。

　　顺治二年春仲月二十八日

　　上引世职册封书分为两个部分，前者为崇德元年因其归附有功，初次授予之世职敕书，后者为顺治二年因其立有军功，授予其之世职敕书，自色楞彻臣起，其后代准承袭其二等精奇尼哈番十三次。另外从上引档案中也可掌握色楞彻臣的属民人数，即八十户人。除此之外，在《八旗通志》也有色楞彻臣家族的相关踪迹，详情如下：

　　塞棱策臣，蒙古镶白旗人，姓克勒尔氏，世居伊克绩勒地方，初为察哈尔汗之昂邦斋桑（笔者按：大斋桑）。天聪六年，大兵征察哈尔时，林丹汗往奔唐古特，塞棱策臣遂率家口八十户至哈屯河岸。崇德元年三月，太宗文皇帝遣使招之，即先众渡河来归，授三等昂邦章京世职。寻任户部侍郎。顺治元年，随睿王多尔衮入山海关，

① 中国第一历史档案馆、内蒙古大学蒙古学研究中心合编《清内秘书院蒙古文档案》第2卷，内蒙古人民出版社，2004，第213—214页。

同固山额真富喇克塔击败流贼马兵，追杀至庆都县。二年，加世职为二等昂邦章京。七年、九年三遇恩诏，加至一等精奇尼哈番兼一托沙喇哈番。[1]

镶白旗蒙古察哈尔参领在京察哈尔第三佐领：原系察哈尔地方蒙古，于天聪年间编为牛录，初令卓希喜管理。卓希喜故，以其婿德尔格尔管理。德尔格尔故，以其弟克锡克管理。克锡克故，以色楞车陈管理。色楞车陈年老辞退，以其兄之孙阿必达管理。阿必达故，以其弟阿敏管理。阿敏故，以其弟阿纳礼管理。阿纳礼故，以色楞车陈之子阿玉玺管理。阿玉玺缘事革退……[2]

《八旗通志》中所载相关色楞彻臣家族的内容与《清内秘书院蒙古文档案汇编》中所收录的世职敕书内容基本相同，但其中的一些记载蕴含了诸多历史信息。

首先，从该文献中可知，色楞彻臣的旗属已由镶黄旗改隶为镶白旗。由此可见，天聪九年色楞彻臣及其属民编入镶黄旗后，后期有改隶旗分的情况。镶黄旗、正黄旗、正白旗为皇帝直属的"上三旗"，雍正时期对八旗制度进行一系列改革的其中一项重要举措为平均"上三旗"与"下五旗"佐领数目。其次，最初授予色楞彻臣之世职是三等昂邦章京即后来所改的三等精奇尼哈番。根据本文第一部分所述，顺治四年对世职称谓进行了改革。后顺治七年及九年逢两次恩诏，色楞彻臣的世职也已加授至一等精奇尼哈番的爵位。另外，一部分察哈尔斋桑携属众投赴后金政权后，赴盛京觐见皇太极，留在皇帝身边成为近侍，任要职。顺治朝，他们随统治者入关，定居京师，成为在京八旗蒙古的成员。[3] 色楞彻臣即为其中一例，他携众投赴后金政权后，赴盛京，在任三等精奇尼哈番之世职后，旋即被委以户部侍郎之重任，同时他和他的儿子阿育希还一度

---

[1] 《八旗通志》初集卷171《名臣列传三十一》，东北师范大学出版社，1985，第4178页。

[2] 《八旗通志》初集卷12《旗分志》，第216页。

[3] 〔日〕梅山直也：《清初におけるホンダイジの対チャハル政策》，《内陸アジア歴史研究》34号，2019年3月；达力扎布：《清初满蒙古文档案记载中的八旗察哈尔》，《中国边疆民族研究》第1辑，中央民族大学出版社，2008。

担任过察哈尔在京第三佐领的职务。

## 三 色楞彻臣家族后人的世职承袭情况

色楞彻臣及其后代的世职承袭文书目前收藏于东洋文库镶白旗蒙古都统衙门满文档案之中。① 其世职承袭文书编号为 MA2－23－5－22 至MA2－23－5－38，共计 17 件，其中部分家谱为汉文，其余均为满文。自雍正十一年（1733）起至咸丰十年（1860）为止，一百三十余年间的世职承袭文书，其内容相对较为完整，档案保存状况良好，其中编号第 22、24、26、28、30、32、34、36 等为世职承袭文书，其余均为与上列世职承袭文书一同呈报都统衙门的家谱。以下将分析其中两份承袭文书，最早的一份世职承袭文书时间为雍正十一年，其二为乾隆二十七年。该两份文书拉丁文转写如下（"＋"表示抬格，"/"表示改行）：

> ＋ wesimburengge
>
> kubuhe šanyan i monggo gūsai gūsa be kadalara/ amban i doron be daisalaha gulu šanggiyan i manju gūsai/ meiren i janggin, amban piyantu sei gingguleme/
>
> ＋ wesimburengge, hafan sirara jalin, enen lakcaha hafan i/baita be icihiyara ambasai/
>
> ＋ wesimbufi benjihe bithede, kubuhe šanggiyan i monggo gūsai/uju jergi jingkini hafan, jai emu tuwašara hafan/ sereng cecen, dada cahar ba i amba jaisang bihe/jakūnju boigon be gaifi, yaya onggolo dahame jihe seme/ilaci jergi jingkini hafan ubuha, liozei hūlha be/efulehe, cooha de faššaha seme jai jergi jingkini /hafan obuha, juwe mudan/kesi koo de uju jergi jingkini hafan, jai emu tuwašara hafan obuha/kesi joo i hafan be

---

① 有关东洋文库所藏镶白旗蒙古都统衙门档案介绍，参见哈斯巴根《东洋文库藏镶白旗蒙古都统衙门档案述评》，《清史研究》2015 年第 4 期。

argiyabureci tulgiyan, jai jergi jingkini /hafan be eberembufi, baitalabure hafan sirabuki seme/ + wesimbuhede/ + + hese, gisurehe songkoi obu sehebe gingguleme dahafi benjihebi. /erei hafan sirara jalin, baicabuci, daisalaha jalan i/janggin baliyang, araha jalan i janggin pusio, nirui janggin/ šanfu, ilhi nirui janggin liošeo, ilhi funde bošokū cengšeo, bošokū da batai, mukūn i da/bayara wanliboo, singju se alibuhangge, ayusi i sargan / anggasi i gaifi, enen obume ujiha goro mukūn i omolo/uksin šiteo, juwan jakūn se, ayusi i koro mukūn i jui/ ilaci jergi adaha hafan heyatu, ninju nadan se, heyatu i jui/

uksin cengtai, gūsin nadan se, heyatu i deo i jui uksin/ cengju, juwan uyun se, ayusi i goro mukūn i jui jalan i/janggin bandi, dehi sunja se, eseci tulgiyen, jai hafan /siraci ojoro niyalma akū seme uhei aktulafi alibuhabi. /amban be dasame kimcime baicaci, encu akū, uttu ofi/ayusi de enen obuha šiteo, jai ini goro kukūn i omolo cengju sebe beye be/ + + tuwabume gingguleme/ + wesimbuhe/ + + hese be baimbi. _ _ _ _ hūwaliyansun tob i juwan emuci aniya jorgon biyai juwan jakūn/ de baita wesimbure icihiyara hafan jang wen bin sede/ bufi ulame/ + wesimbuhe/ ineku biyai juwan uyun de ayusi sargan anggasi gaifi/ ujiha jui uksin šiteo be cohome ayusi i goro mukūn i omolo uksin cengju be adabume esei gebu be niowanggiyan ujute/arafi gūsa be kadalara amban i doron be daisalha gulu šanggiyan i manju gūsai meiren i janggin piyantu, meiren i janggin bayartu/ nasutai, gūsai baita be aisilame icihiyara coohai jurgan i icihiyara hafan gelmin se gaifi beyebe/

+ +tuwabume wesimbuhede/

+ +hese ayusi i sargan anggasi gaifi jui uksin šiteo de hafan sirabu sehe. [1]

---

① 日本东洋文库：《镶白旗蒙古都统衙门档案》，档案号：MA2 - 23 - 5 - 22。

汉译（笔者自译）：

奏

署理镶白旗蒙古都统印务镶白旗满洲副都统偏图等谨奏。为承袭世职事。办理绝嗣世职事务大臣等上奏送来文内奏称："镶白蒙古旗一等精奇尼哈番兼一托沙喇哈番色楞彻臣，原系察哈尔地方之大斋桑，携八十户人率先归附，故授予三等精奇尼哈番。击败流贼，为军效力，故加授二等精奇尼哈番。遇二次恩诏，加授为一等精奇尼哈番兼一托沙喇哈番。削去恩诏之世职之外，二等精奇尼哈番亦被降职，令其袭拜他喇布勒哈番。"等因。奉上谕："依议"。钦此，钦遵送来。为承袭该世职之事，查得，署理参领巴力扬，委署参领普寿，佐领善福，副佐领留寿，副骁骑校成寿，领催巴泰，族长护军万力保，兴柱等人呈称："阿育希之遗孀所抚养为嗣的远族孙披甲石头，十八岁，阿育希远族子三等阿达哈哈番和雅图六十七岁，和雅图之子披甲常泰三十七岁，和雅图胞弟之子披甲常柱十九岁，阿育希远族子参领班第，四十五岁，除上述人员以外再无其他可承袭之人"，等因保呈。臣我等重新详查，别无他人。遂引见阿育希养子石头及其远族孙常柱等谨奏。请旨。

雍正十一年十二月十八日

移交奏事郎中张文彬等转奏。是月十九日以阿育希遗孀养子披甲石头为拟正，阿育希远族孙常柱为拟陪，于绿头牌缮写此等人名，署理正白满洲旗都统印之副都统偏图、副都统巴雅尔图、纳苏泰、协办旗务兵部郎中格尔敏等带领引见。

奉旨："著阿育希遗孀养子披甲石头承袭此职"。钦此。

第二份文书内容如下（因篇幅所限，满文拉丁文转写从略）：

……阿育病故后由子阿育希袭一等精奇尼哈番兼拖沙喇哈番，照旧世袭罔替。后因阿育希绝嗣、削去恩诏加授之世职，又将二等精奇尼哈番降为拜他喇布喇哈番由阿育希养子石头承袭，照旧世袭罔替。等因。"据臣我等所查，前色凌彻臣之子一等精奇尼哈番兼一拖沙喇哈番，阿育希因无故缺席防火班被削爵后，并无子嗣，族人甚远，因此雍正六年四月由旗属呈报，停止此官承袭……石头之缺，以其长子珠隆阿为拟正，立官之人色楞彻臣远亲三世孙拖沙喇哈番海达色为拟陪。将珠隆阿，海达色带领引见，合将袭职折谱一并呈览请"。请旨，乾隆二十七年十二月十六日带领引见，圣旨："著珠隆阿承袭此职"。钦此。

从以上两份世职承袭文书可明确了解到色楞彻臣其后代承袭世职爵位的具体情况。色楞彻臣病故后，由其子阿育希承袭其一等精奇尼哈番兼拖沙喇哈番之爵位。后因其无故缺席防火值班之后，被削去恩诏加授之职，导致降级，因其无子嗣，其所属镶白旗蒙古都统衙门曾奏报停止其世职承袭事宜。然而清政府并未同意其奏文，而是选择由其养子石头来承袭阿育希之世职。从中可知，如遇世职出缺，由所属旗都统衙门上报清廷。具体流程为列出两位候选人的名讳，分别注明为"一正一陪"，且需将二位候选人带领引见，同时将袭世职之家谱一并呈报之后，最终由皇帝选择一位作为承袭人，进而顺利承袭世职。

其余世职承袭文书情况与上引两份文书形式上基本相同，即前半部分为追述立官之人的功绩，后半部分则为拟选承袭人的年岁、官职、与原承袭人之间的亲属关系。根据镶白旗蒙古都统衙门档案所藏相关文书，色楞彻臣家族世职承袭情况如表1所示。

**表1　色楞彻臣及其后人世职承袭**

| 时间 | 次序 | 承袭人 | 备注 |
|---|---|---|---|
| 崇德元年 | 初袭 | 色楞彻臣 | |
| *不明 | 二次袭 | 阿育希 | |
| 雍正十一年 | 三次袭 | 石头 | |
| 乾隆三十六年五月 | 四次袭 | 珠隆阿 | |

续表

| 时间 | 次序 | 承袭人 | 备注 |
|---|---|---|---|
| 乾隆三十六年十二月 | 五次袭 | 花尚阿 | 后改名为花良阿 |
| 嘉庆十五年十二月 | 六次袭 | 佛尔国春 | |
| 道光十一年十二月 | 七次袭 | 多伦泰 | |
| 咸丰三年十二月 | 八次袭 | 庆芳 | |
| 咸丰十二年十二日① | 九次袭 | 穆克登布 | |

①咸丰十一年（1861）咸丰皇帝去世，次年即同治元年（1862）。原满文档案中记载为"咸丰十二年十二日"，该处应为笔帖式抄录之误。

从表1内容来看，原察哈尔大斋桑色楞彻臣及其家族自崇德元年开始，至少到咸丰十二年为止，不间断地承袭着世职爵位。承袭过程中虽然所属旗都统衙门以其家族绝嗣为由，曾奏报申请停止承袭，然而清廷未准许其停止该世职承袭的奏请。可见，清朝统治者十分注重世职，并以此作为统治编入八旗体制的察哈尔蒙古的重要手段之一。另外从上述承袭人名称的多样性也反映出编入八旗体制的察哈尔人，最初多取"色楞彻臣""阿育希"等梵、藏、蒙古语的词语作为名讳，逐渐开始取"珠隆阿""花尚阿"等满文名字，到后期也有"庆芳"等汉文名称出现。这一历史现象生动地体现了清代各民族在文化生活层面上交往交流交融的史实。

## 结　语

清廷通过授予原察哈尔部斋桑等上层官员世职，与其建立了明确的"主从关系"，被纳入统治秩序的察哈尔斋桑在享受世职待遇的同时需担任向清朝提供兵役的义务。由此，被编入八旗体制的察哈尔官员及其属民在其后清朝入关定鼎中原以及平定叛乱等历次征伐中均屡立战功，在清朝多民族大一统国家的缔建过程中做出了重要的贡献。察哈尔斋桑等官员及其属民编入八旗的史实直接反映了清代各民族的交往交流交融。

# 清前期西南"新辟夷疆"会馆演变中的农业色彩[*]

## ——基于云南东川府的考察

李培娟[**]

**摘　要**　清前期，随着清政府对西南少数民族地区直接控制的深入，出现了很多在史料中被称为"新辟夷疆"的地区，这些地区少数民族多、汉族少，土地的利用形式也与内地有别。位于川滇黔三省交界区的东川府便是"新辟夷疆"的典型代表。在康雍年间东川改土归流之后，官府在此"募民开垦"，加之后来的矿业开发，吸引了大量移民陆续涌入此地。不同于学界所熟知的商业性会馆，在"新辟夷疆"地区，清初新进的移民大都从事农耕和矿业，他们借助移居地的寺庙来建立具有明显农业色彩的同乡组织，直到乾隆中期之后，这一组织的商业性色彩才逐渐凸显，并最终演变为以家乡神明为标志的会馆。

**关键词**　新辟夷疆；农业开发；会馆；土地开垦；东川

清初以前，位于滇黔蜀三省交界处的东川府"夷"多汉少、当地少数民族"蔓延山谷，种类各殊"。[①]　自改土归流之后，东川府成为"新辟

---

* 本文系国家社会科学基金中国历史研究院重大历史问题研究专项"历史上的西南少数民族政权与国家整合研究"（项目编号：LSYZD21010）的阶段性研究成果。

** 李培娟，云南师范大学历史与行政学院讲师。

① 乾隆《东川府志》卷8《户口》，《中国地方志集成·云南府县志辑10》，凤凰出版社，2009，第65页。另，东川自明洪武十四年设东川军民府，隶属云南省；明洪武十七年又改隶四川省；直到清雍正四年又由四川改隶云南。

夷疆"，随着政府招垦措施的推行以及铜矿业的开发，① 大量省外及旁郡之人迁居当地，建立了诸多会馆。在研究清代"新辟夷疆"的农业开发和会馆问题方面，东川府具有一定的典型意义。目前，学界关于明清会馆研究的"四大论题"之一的会馆演变问题的研究，多强调商业因素对于会馆演变的影响，较少关注其背后的农业因素。② 与此同时，在讨论清前期西南农业开发时，研究者多用力于改土归流后的移民屯垦、耕地面积的增长、粮食作物品种的变化等问题，③ 鲜少将农业开发与会馆联系起来。但实际上，在一些少数民族地区，农业开发与会馆演变存在密切关联。近年来，笔者在东川府故地收集到一些珍贵的民间资料，其中最具代表性的是刻于乾隆年间的《东川湖广会馆传书》，④ 通过书中记载的诸多"垦照"、契约等，结合当地的碑刻、族谱等文献，不仅可以看到清前期西南"新辟夷疆"的土地开垦情形以及会馆在其中所扮演的角色，还有助于探寻清代少数民族地区的会馆与农业开发之间的内在联系，梳理各民族交往交流交融、共同开发西南边疆的史实，并进一步分析这些互动关系背后基层社会结构的变迁。

---

① 东川府是清代最重要的铜产区，在产铜最盛的清中叶，云南所产铜铸出的钱约占全国铸钱额的 80%—90%，而东川又占云南铜产量的 70% 以上。参见严中平《清代云南铜政考》，中华书局，1957，第 23—24、31 页。

② 参见何炳棣《中国会馆史论》，学生书局，1966，第 101—111、114 页；王兴文、王红《明清会馆研究的四大论题——基于近百年学界研究的分析》，《中国史研究动态》2019 年第 2 期；王日根《明清时代会馆的演进》，《历史研究》1994 年第 4 期；徐鼎新《旧上海工商会馆、公所、同业公会的历史考察》，《上海研究论丛》1990 年第 5 辑；吴慧《会馆、公所、行会：清代商人组织演述要》，《中国经济史研究》1999 年第 3 期；宋钻友《从会馆公所到同业公会的制度变迁——兼论政府与同业组织现代化的关系》，《档案与史学》2001 年第 3 期；黄忠鑫《清代会馆运营与商帮力量的互动——以福州绥安会馆为例》，《中国社会经济史研究》2018 年第 2 期；黄忠鑫《从神庙到会馆：清代商帮祭祀场所的演变——基于福州南台的考察》，《宗教学研究》2019 年第 1 期。

③ 参见周琼《改土归流后的昭通屯垦》，《民族研究》2001 年第 6 期；李中清《中国西南边疆的社会经济：1250–1850》，林文勋、秦树才译，人民出版社，2012，第 185—200 页。

④ 《东川湖广会馆传书》共六卷，卷一、五已不知所踪，所幸卷二、三、四、六仍较为完整地留存下来，现存于会泽县图书馆，据笔者考证，此书成书时间应为乾隆四十九年（1784）。该书记载了清前期东川湖广会馆的土地垦照、契约等资料，部分土地甚至还绘制有清晰的图形。

# 一　移民进入之前的"夷疆"土地利用情形

清代的东川府位于滇东北，地域宽阔，东邻贵州大定府，西接四川宁远府，辖境大致包括今天云南省昆明市东川区、曲靖市会泽县、昭通市巧家县以及四川省凉山彝族自治州宁南县、会东县的一部分。在这片滇黔川三省的交界地，峰峦起伏、沟壑纵横，长江上游的金沙江、牛栏江分别从东川府的西境、北境穿过，乾隆《东川府志》称这一地区"内负江山之雄，外连黔蜀之势……危峦矗□、重围叠拥、幽箐深林、蓊荟蔽塞"。① 这里崇山耸峙、江河纵横、山多地少，生存条件较为恶劣，在清前期的官方话语体系中，把这些新纳入国家实质统治之下的地区称为"新辟夷疆"，比如乾隆二年（1737）皇帝谕旨有云："云南省之昭通、东川、元江、普洱四府内新辟夷疆，人希土旷"；② 又如乾隆九年（1744），户部议覆云南总督兼管巡抚张允随疏称："昭通、东川二府，新辟夷疆，产谷无多"。③ 由于独特的自然地理环境和政治背景，清初以前这里基本处于彝族土司和土目的控制之下，商业并不繁荣，土地的利用状况也呈现出一些异于内地的特征。

其一，以荞麦为主要作物。清代以前中央王朝对此地的控制极其有限，万历年间刻印的《四川重刊赋役书册》上并未登载所辖的乌撒、乌蒙、东川等土府的赋役数据，可见当时朝廷并不清楚东川的田土情况。④ 清初及更早之前，居于东川的主要人群并非汉人，而是"夷人"，清初到东川府任知府的崔乃镛亦有云："东故土窟，夷僚居之，汉人不为主著"。⑤ 这些人群过着"暖则登山，寒则就水，迁徙不常"的生活。⑥ 从东川府人群的生活状况来看，此时的土地耕作模式并非定居式，而更倾向于游耕。

---

① 乾隆《东川府志》卷4《疆域》，第31页。
② 《清高宗实录》卷54，乾隆二年丁巳冬十月丁酉条，中华书局，1985，第907页。
③ 《清高宗实录》卷211，乾隆九年甲子二月甲戌条，第716页。
④ 温春来：《从"异域"到"旧疆"：宋至清贵州西北部地区的制度、开发与认同》，生活·读书·新知三联书店，2008，第62页。
⑤ 光绪《东川府续志》卷3《艺文·书勉杨生璋、琰》，光绪二十三年刻本，第20页。
⑥ 乾隆《东川府志》卷4《疆域·边要附》，第42页。

关于东川府的情形，据万历《四川总志》中"东川"条目所载，此地夷民"性劲而悍"，他们身披毡衫，脚着皮履，出产的物产中除铜、铁外亦多为毡衫，极少见到定居式的农作物产品。① 他们种植的农作物以山坡上的荞为主，东川彝族素来喜食荞麦做的炒面，有"五谷中苦荞为大，人类中母亲为大"的俗语，更有谚云"是不是彝家，就看会不会吃炒面"。② 总体来看，这一时期的东川农业生产已经具备了一定的条件，少数民族对当地的农业发展做出了非常重要的贡献。

其二，土地掌握在土司及土目手中。据既有的研究，宋代西南地区的局势，并非人们常常认为的只有一个大理国与宋王朝相对峙，实际上宋与大理两国之间还存在一些林立的小"国"，比如自杞、罗殿、阿者等，在今四川南部、云南东北部、贵州西北部地区，曾长期生活着彝族的几个支系，他们经过长期的发展形成了拥有自己的文字、政治结构与礼仪传统的九大君长国，③ 在彝族的这几大支系中，东川一带分布的是阿芋陡部。④ 阿芋陡部在明代成为王朝的土司区，设立了东川土知府，但其原有的内部权力格局仍然得到延续。阿芋陡君长被朝廷赐封为世系土知府，土府之下设营长、头目（也称为伙目），乾隆《东川府志》明确记载这里有六营长、九头目，他们分别是：

> 六营长：待补营、则补营、者海营、巧家营、阿汪营、以扯营。
> 九头目：火红、那姑、马书、法戛、弩革等九处。⑤

营长是为东川土府带兵打仗的地方头目，他们拥有军事实权，驻扎在

---

① 万历《四川总志》卷 17《郡县志》，明万历刻本，第 3 页 a。
② 云南省会泽县彝族编纂委员会编《会泽县彝族志》，昆明市五华教委印刷厂，2008，第 168—169 页。
③ 这九大君长国分别是：黔西北与黔中的阿哲部，黔西北的乌撒部，滇东北的阿芋陡部、芒部、乌蒙部、磨弥部，黔西南的阿外惹部，黔中的播勒部，川南的扯勒部。详见于温春来《从"异域"到"旧疆"：宋至清贵州西北部地区的制度、开发与认同》，第 3—13 页。
④ 阿芋陡部的位置大致位于今云南省昆明市东川区、曲靖市会泽县一带。
⑤ 乾隆《东川府志》卷 14《秩官·附六营长九头目考》，第 115 页。

东川府下辖的各军事要地；头目是负责为土府征收赋税的地方头人，与土府的经济命脉关系紧密，乾隆《东川府志》精练地总结为："营长主兵，头目主赋，土府以为心腹爪牙"。① 营长、伙目具有相当的实权，有时候甚至会挑战土司的权力，明清史料中留下了大量关于营长、头目叛乱的记载。

营目是地方实力派，兼任土司向地方收税的代理人，土司通过营目来管理土地和人民，营目对地方的控制一直延续到清初，甚至在康熙三十八年（1699）东川府第一次改流将土知府革除之后，这种情况依旧没有改变，《清实录》称："云南东川府会理州……归流已久，其土目各治其民，流官向土目收粮，终非久计，请将土目迁往腹地，其催粮之里长、甲首令内地轮流充当。"② 云贵总督鄂尔泰在雍正四年（1726）的奏折中，亦有云："东川地方辽阔，营长、伙目侵占田亩，私派钱粮，甚至纵彝劫杀，绑虏平民。"③ 在改流之后，国家力量不断深入东川府腹地，营长、土目依旧掌管着这里的税粮征收，国家派驻的流官只能通过土目来间接收粮，可见土目对东川府土地的把持颇为根深蒂固。也正因为这样，迫不得已的官员们只得将土目迁往腹地，令催粮之里长、甲首由内地人来轮流充当，试图把土目在地方的势力连根拔起。

其三，土地"插花"分布，没有明确的界限。前已叙及，清初东川府的土地掌握在土司及下属的土目手中，而土司和土目由于战争、婚姻等情况，土地往往被分裂，或是作为嫁妆赠送给另外的人。因此，这里的土地往往出现"插花"分布的状况，具体说来，就是 A 土司的属地内有属于 B 土司的土地，而 B 土司的属地内可能又分布着 C 土司、D 土司的土地。直到民国时期，亲履川滇交界之金沙江流域进行社会调查的丁文江还能看到这种土地"插花"分布的现象，认为这是"地方行政的障碍"。④

其四，"捶标为记"，土地没有确切的亩数。清初，作为夷多汉少的

① 乾隆《东川府志》卷 14《秩官·附六营长九头目考》，第 115 页。
② 《清世宗实录》卷 60，雍正五年八月乙未条，中华书局，1985，第 916 页。
③ 《云贵总督鄂尔泰奏报经过东川所见地方情形折》，载中国第一历史档案馆编《雍正朝汉文朱批奏折汇编》第 8 册，江苏古籍出版社，1989，第 703 页。
④ 丁文江：《漫游散记（二十）·金沙江》，《独立评论》第八十三号，1933 年 12 月 31 日，第 19 页。

"新辟夷疆"，其土地往往并不以亩来计量，成书于乾隆四十九年（1784）的《东川湖广会馆传书》作为了解清代东川府不可多得的史料，在提及一处早年间的田产时，无奈地写道：

> 查水城早年遵照内，费氏所施水田一分又只载明四至，而未尝计亩多寡、数目良以。时方改土，疆域初辟，民人捶标为记，其田土不可以亩计也。①

所谓"载明四至"，即标明田土的东、西、南、北或上、下、左、右四个方位分别界邻某人的田地，或是界邻某条河沟、某个山洞、某条道路等。譬如，在记载位于水城的一块田庄时，《东川湖广会馆传书》写道：

> 先年费常璋踩得荒田一段……东至水沟为界，南至者曲熟田为界，西至者志熟田为界，北至水沟徐天佑田为界，四至分明。②

诸如此类的土地标记方式，使得清初土地交易的各类契约往往只能强调某块田地"四至分明""四至清白""四至指实"等，大概到了乾隆年间，土地交易的契约上才逐渐有了亩数以及上、中、下田的划分。

综上，在清初改土归流之前，土地掌握在土司和营目手中，当地少数民族已经积累了一定的种植经验，但种植的作物品种较单一，以荞为主粮，农业开发的程度较低。实际上，纵览明代与清初的各种史料，还可知道这里缺乏商业传统。直到雍正年间清王朝实现对东川的实际控制之后，农业才真正兴起。

## 二 清初移民在"新辟夷疆"的生计选择

康熙三十八年（1699），在长达十余年的营目之间相互仇杀之后，东

---

① 《东川湖广会馆传书》卷2《翅落田地》，乾隆四十九年刻本，第10页a。
② 《东川湖广会馆传书》卷2《水城田庄》，乾隆四十九年刻本，第7页a—b。

川府禄氏土司之位已无嗣继承，在禄氏土司的两个儿子禄应龙、禄应凤先后被杀之后，土司遗孀禄氏无奈只得"献土归流"，东川实现了名义上的改土归流。[①] 但改流之后相当一段时间，官府依旧无法对这个地区进行有效管理，特别是在远离交通线的地区，基本还是"夷人"的势力范围，官员对此也心知肚明，比如雍正四年（1726），云南巡抚鄂尔泰上奏时，就忧心忡忡地说道："查四川东川一府，原系土酋禄氏世守地方。考禄氏，籍隶马龙，分据东川，明季并未归版图。"虽然此地"方隅广阔，地土肥饶"，但是"昔遭流寇蹂躏之后，缘半未开辟，兼之土人凶悍，专事劫掠"，以致"川民不肯赴远力耕，滇民亦不敢就近播垦，故自改土以来，历今三十余载，风俗仍旧，贡赋不增"，[②] 可见改流后一段时期内这里的土地开垦并未取得实质进展。

在清王朝看来，无法深入管理"新辟夷疆"的原因，是营长、伙目盘根错节的势力依旧在控制着地方社会。雍正四年（1726）十一月二十五日，云贵总督鄂尔泰由贵阳府启程，过贵州威宁镇，于十二月十三日抵达东川府，一路上目睹"田皆蒿莱，地尽荆棘，耕种不施，渔樵绝迹"的现状，鄂尔泰认为最主要的原因是地方势力的长期把持，致使"归流之后仍属六营盘踞，诸目逞凶，岁遇秋收辄行抢割，故改土三十年，仍然为土所有"。[③] 营目力量的强大，使得朝廷委任的流官们并未进驻东川，而是长期寓居在两千里之外的省城，只是到岁末时，"文来收租，武来散饷，此外皆不复问"。[④]

有鉴于此，瓦解营目势力成了解决问题的关键所在。清政府采取了恩威并施的政策：首先是积极拉拢，"传谕六营长、诸头目，赐以银牌、牛、酒，无不踊跃贴服，惟命是从"，并且"营长、伙目改立乡约、保长，一体

---

① 乾隆《东川府志》卷3《建置·土官禄氏献土归流始末附》，第27—28页。
② 《云南巡抚鄂尔泰奏陈东川事宜折》，中国第一历史档案馆编《雍正朝汉文朱批奏折汇编》第7册，第11页。
③ 《云贵总督鄂尔泰奏报经过东川所见地方情形折》，中国第一历史档案馆编《雍正朝汉文朱批奏折汇编》第8册，第702页。
④ 《云贵总督鄂尔泰奏报经过东川所见地方情形折》，载中国第一历史档案馆编《雍正朝汉文朱批奏折汇编》第8册，第702页。

编甲"。① 其次是武力镇压，比如雍正八年（1730），东川营目叛乱，清王朝出兵"讨平夷乱"，并斩杀部分营目。② 此外，在行政区划上，雍正四年（1726）之后，把东川府由四川改隶云南，解决了东川"去成都二千八百余里，一切事宜俱有鞭长不及之势"的痼疾，③ 进一步控制"新辟夷疆"。

经历了明末清初的社会动荡、营目的内乱以及清政府的用兵后，东川原有的社会秩序被瓦解，长期的战乱使得地方社会极不稳定，人口大量凋零，乾隆《东川府志》云：

> 东川夷民昔云繁盛，经流寇艾能奇、祈都督赵世朝之兵燹，去其十之五六；加以禄应凤、小安氏之自相残杀，去其十之二三。④

不仅如此，雍正八年清政府对东川营目的用兵又使得原本已经凋零的人口再次雪上加霜，此次用兵之后，当地民众"逃亡死徙，村舍坵墟"。⑤ 例如在米贴，"几天之内把三万余人杀尽"，未被杀的民众则越过金沙江逃到四川凉山；在东川，"乌倮数万，半已渡江，外则勾连凉山"。⑥ 在动乱频仍、人口死亡和外逃的大背景下，本来就地广人稀的"新辟夷疆"出现了大量的有主荒地和无主荒地，内地百姓大量移入，为东川府的开发提供了契机。

来到东川的内地移民，其生计选择大致有两类，一是从事矿业，雍正以降，伴随着东川矿厂的逐步兴盛，"铜厂大旺，鼓铸新添，各省其旁郡民聚二三万人"。⑦ 二是从事农业，在过去粗犷的游耕方式下，东川土

---

① 《云贵总督鄂尔泰奏报经过东川所见地方情形折》，载中国第一历史档案馆编《雍正朝汉文朱批奏折汇编》第 8 册，第 702—703 页。
② 乾隆《东川府志》卷 3《建置》，第 26 页。
③ 《云南巡抚鄂尔泰奏陈东川事宜折》，载中国第一历史档案馆编《雍正朝汉文朱批奏折汇编》第 7 册，第 11 页。
④ 乾隆《东川府志》卷 8《户口》，第 65 页。
⑤ 乾隆《东川府志》卷 8《户口》，第 65 页。
⑥ 方国瑜：《凉山彝族的来源、分布与迁徙》，载《四川、贵州彝族社会历史调查》，云南人民出版社，1987，第 15—16 页。
⑦ 乾隆《东川府志》卷 8《户口》，第 72 页。

地的巨大潜力并未得到有效开发，还存在大片未垦之土，官方的大力招垦政策吸引着大批移民前来垦殖。① 需要指出的是，由于地理环境的复杂性和生计的多元性，清前期东川府的农业开发并未简单遵循先平原、次丘陵、再山区的模式。其原因有：其一，雍正以降东川铜矿业兴盛之后，由于矿区主要在山上，正所谓"凡厂，皆在山林旷邈之地，距村墟、市镇极远"，② 因此普通矿民"娶妻生子、凿井耕田"的地区最开始也主要是在就近的山区，山下的坝区并没有得到优先开垦。其二，当时的山下平原地区虽然有大片土地存在，但或因积水弃置，③ 或因缺水灌溉，④ 并不适合耕种。这样，清前期东川府农业开发并未按"平地—丘陵—山区"的次序递进，而是经历了更为复杂的历程。

总之，在一个地广人稀、动乱频仍，又缺乏商业传统的地区，从事商业显然不是早期东川移民的最佳选择。因此，移民根据籍贯而建立起的会馆，自然不会有太多商业色彩，很多会馆都与农业、矿业开发密切相关，而《东川湖广会馆传书》显示，农业与会馆之关系更为紧密。下文中，笔者将重点运用《东川湖广会馆传书》中的材料来展开论述。

## 三 会馆的农业色彩

在清前期的西南少数民族地区，刚迁入新地区的移民往往流动性很强，相互之间比较陌生，为了能在复杂的新环境中更好安身，他们往往根据籍贯，形成会馆组织，这样一种基于同乡的联系，通常以一个大家

---

① 关于清初官方在东川的招垦措施，可参见《云贵总督鄂尔泰奏报经过东川所见地方情形折》，载中国第一历史档案馆编《雍正朝汉文朱批奏折汇编》第9册，第702—704页。
② （清）王菘：《矿厂采炼篇》，收于（清）吴其濬纂、马晓粉校注《〈滇南矿厂图略〉校注》，西南交通大学出版社，2017，第57页。
③ 例如位于今天会泽县城北部的蔓海坝子，在清初改流后三十多年依旧没有得到开垦，《清实录》有载："东川府城北漫海一区，地本肥饶，因积水弃置。"参见《清世宗实录》卷117，雍正十年壬子夏四月乙卯条，第559页。
④ 例如被誉为"滇铜万里京运第一站"的娜姑坝子，虽然地势平坦，但因周围高山的阻隔而干旱无比，直到乾隆十年云南总督兼管巡抚张允随奏请之后，才在娜姑开凿山洞，引入山外河水灌溉，把大片的荒地化为良田。参见《清高宗实录》卷237，乾隆十年乙丑三月壬寅条，第57页。

共同祭拜的神明作为核心，所以会馆必有神庙，甚至以神庙指称会馆，二者相互混用。因为会馆通常具有强烈的团结同乡人群的特点，所以会馆所奉之神，往往就是在原乡有较大影响之神明，例如在清代东川，江西会馆亦名万寿宫，福建会馆拜天后，贵州会馆名忠烈宫，均是如此。本文所着力讨论的湖广会馆，供奉大禹，又称禹王宫。除云南东川外，北京、河北、四川、重庆、贵州、安徽等地都有不少湖广会馆，即禹王宫。① 祭拜禹王显然是湖广会馆的重要标志。

东川湖广会馆有禹王宫、寿佛寺、东岳庙三个寺庙。根据三个寺庙的建立时间可知，清初到东川的湖广人，凝聚他们的神庙不是禹王宫而是寿佛寺与东岳庙。东川府的"夷人"向来有佛教信仰，对于佛教神祇多有供奉，② 在府城内外皆有寿佛寺分布，③ 而湖广会馆内的寿佛寺应该是康熙三十八年（1699）东川改流之前或改流之初已经存在的，至迟不会晚于康熙四十六年（1707）。④ 这充分说明，初来乍到的湖广移民，尚未建立以家乡神明为标志的公共场所，而是入乡随俗，借助在东川当地有影响的寿佛寺来凝聚同乡。与此同时，湖广移民还积极修建获得官方认可、在国家祀典中拥有一席之地的东岳庙，⑤ 该庙修成于改流次年——康熙三

---

① 党一鸣：《移民文化视野下禹王宫与湖广会馆的传承演变》，硕士学位论文，华中科技大学，2018。

② 东川"夷人"有祭祀佛教神祇的活动，例如府城内的如来寺"在金钟山下孟琰祠前，每岁四月八日夷人演戏酬愿，祀之惟谨"；且"夷人"的观念和传说故事中也有佛教信仰的痕迹，例如东川府娜姑地区的"夷人"中就流传着观音为夷妇送水的故事。参见乾隆《东川府志》卷7《祠祀》，《中国地方志集成·云南府县志辑10》，第64页。

③ 东川府城内的寿佛寺位于湖广会馆内部，且府城之外的五里村和十里村还有两个寿佛寺。参见乾隆《东川府志》卷7《祠祀》，《中国地方志集成·云南府县志辑10》，第64页。

④ 据《东川湖广会馆传书》中一份官方颁发的土地"垦照"，康熙四十六年二月十七日，湖南衡州府费常璋把一处位于水城的庄田施给寿佛寺，可知寿佛寺至迟康熙四十六年已经存在。参见《东川湖广会馆传书》卷2《水城田庄》，乾隆四十九年刻本，第7页b。

⑤ 东岳庙向来带有较强的官方正祀的性质，普遍见于全国各地的各级城市（参见赵世瑜《国家正祀与民间信仰的互动——以明清京师的"顶"与东岳庙为个案》，《北京师范大学学报》（社会科学版）1998年第6期）。东川的东岳庙同样具有官方色彩，官方曾在此地举行立春前"迎土牛"的"鞭春"仪式（详见乾隆《东川府志》卷7《祠祀·群祀》，《中国地方志集成·云南府县志辑10》，第63页）。

十九年（1700）。[①] 有意思的是，作为湖广标志性神明的禹王宫，迟至乾隆三十一年（1766）才正式落成，[②] 此后，禹王宫逐渐成为东川会馆的最重要标志。

禹王宫落成之前，湖广会馆有时与东岳庙联系在一起，如雍正《东川府志》称："东岳庙，在东关湖广会馆。"[③] 但查阅湖广移民自己留下的文献，寿佛寺可能是他们更重要的标志，东川湖广会馆留存的《禹王宫碑》中就曾描述楚人在寿佛寺聚集的情景："滇东城东关外寿佛寺……吾楚来滇之人一会集处也。"[④] 这样，考察寿佛寺的运作，就能明白湖广会馆早期的情形，事实上，在《东川湖广会馆传书》中，禹王宫落成之前讲述的内容大都与寿佛寺有关。

《东川湖广会馆传书》所记载的寿佛寺，其活动几乎没有涉及商业，而是紧紧围绕土地开垦与租佃，可见湖广移民初到东川时，并未致力于商业活动，湖广会馆也没有多少商业色彩，而是与农业紧密相关。来到东川的湖广人，早期正是通过寿佛寺来聚集、控制土地等农业资源，扩展势力。寿佛寺获取、占有土地的主要方式是接受捐施。《东川湖广会馆传书》显示，寿佛寺获得了大量布施土地，这些土地不仅分布在府城附近，还分布在府城之外的"四乡八里"，有的土地甚至距离府城遥至"三站"，也即三天的路程。通过对湖广会馆公产情况的统计，可以看到，除了少量房屋外，湖广会馆的公产全是土地，基本没有商铺之类。

### 表1　东川湖广会馆的产业来源情况

| 时间 | 产业名称 | 产业规模 | 产业来源 | 性质 |
| --- | --- | --- | --- | --- |
| 康熙四十六年 | 水城田土 | 中田八十三亩七分九厘 | 衡州府费常璋施入 | 捐施 |
| 康熙五十九年 | 拖罗田地 | 中田五十六亩五分八厘 | 宝庆府邓三英施入 | 捐施 |

① 雍正《云南通志》卷15《祠祀》，清文渊阁四库全书本。
② 乾隆三十二年《禹王宫碑》，现存于会泽县湖广会馆旧址。
③ 雍正《东川府志》卷1《寺观》，《国家图书馆藏地方志珍本丛刊》第789册，天津古籍出版社，2016，第375页。
④ 乾隆三十二年《禹王宫碑》，现存于云南省会泽县湖广会馆旧址。

续表

| 时间 | 产业名称 | 产业规模 | 产业来源 | 性质 |
|---|---|---|---|---|
| 雍正六年 | 翅落田地 | 田一十九亩八分八厘 | 郴州府谢老实室人丁氏施入 | 捐施 |
| 乾隆二十五年 | 水坪子田土、荒地、山岭 | 下田五亩，荞地一百八十亩 | 宝庆府柳东海施入 | 捐施 |
| 乾隆二十五年 | 苫片房屋 | 苫片房屋四间，门首街路下园地一块等 | 衡州府衡山县单士元、单彩玉施入 | 捐施 |
| 乾隆二十五年 | 洒海村田地 | 水田三亩 | 衡州府清泉县徐圣传施入 | 捐施 |
| 乾隆二十八年 | 歹戈田庄 | 水田六亩二分七厘，瓦房铺面一间 | 武昌府江夏县毕其珠施入 | 捐施 |
| 乾隆四十五年 | 以舍村田地 | 中田三亩六分 | 萧李氏（以舍村人）所卖 | 买入 |
| 乾隆四十五年 | 以舍村基地、菜园 | 基地三间，菜园一块 | 黄凤鸣（以舍村人）所卖 | 买入 |
| 乾隆四十六年 | 碧古坝熟田 | 水田二十六亩，瓦房三间，田土、地基、牛圈等 | 段崇禄（碧古坝大桥段家村大寨人）所卖 | 买入 |

资料来源：《东川湖广会馆传书》卷2《水城庄田》《拖罗庄田》《翅落庄田》《水坪子庄田》《歹戈庄田》《以舍田地》《碧谷坝大桥段家村田地》，乾隆四十九年刻本，第5a、12b、9b、31b、36b、39a、41b、45a、47a页。

占有土地之后，为了获得合法性与官方保护，需要向官府登记报税，在这个取得迁入地土地合法权的过程中，"垦照"起到非常关键的作用。"垦照"又被称为"遵照""垦单"等，是地方官府颁发给土地开垦者的一种凭证。例如一份颁发于康熙四十六年（1707）的垦照，详细地记录了外来移民如何通过"踩荒田"进而取得"垦照"、拥有土地合法使用权的过程：

遵照

东川军民府经厅张□□为垦恩赏照、开垦裕国、便民事，据周耀、王国佐报前事，报称情缘东川改土，招来开垦。今小的踩得荒田一段，坐落地名木树朗，上顶箐为界，下底河为界，东至水沟为界，西至岭嘴为界。伏乞天恩赏照，以便开垦。照例六年起科，办

纳粮差等情。到厅合行给照。为此照给周耀、王国佐遵照事理，即
便招佃开垦，六年起科办纳粮差，毋得有误。须至遵照者。

康熙四十六年三月二十一日右给周耀、王国佐遵照①

在这份垦照中，因为"东川改土，招来开垦"的契机，原籍为湖广
荆州府的周耀、王国佐二人辗转来到东川，之后便开始踏勘土地，最终
"踩得荒田一段"，他们把这块荒田的具体地理位置以及上、下、东、西
四至禀明官府，请求官府"赏照"，有照之后才有了土地开垦的合法权
益，才能对土地进行开发。

这份垦照是颁给个人的，本文所关注的，是与寿佛寺相关的垦照。
事实上，我们所看到的最早的一份垦照，就是康熙四十六年（1707）二
月十七日官府颁给东川府城内"寿佛寺东岳庙"（即东川湖广会馆的前
身）的，其文如下：

遵照

东川军民府经历张□□为垦恩赏给遵照，以输国赋事。据寿佛
寺东岳庙住持真徼呈前事呈称，情因先年费常璋踩得荒田一段，坐
落地名鱼硐，栽种一石，东至水沟为界，南至者曲熟田为界，西至
者志熟田为界，北至水沟徐天佑田为界，四至分明。蒙前任府主萧
□□给照在案。今费常璋已故，众议将此田施入寿佛寺东岳庙，永
为常住，伏乞天恩赏照，以便招佃耕种、纳赋办粮等情。到厅，据
此为合行给照。为此照给寿佛寺东岳庙住持遵照事理，即便招佃耕
种，办纳国赋。如有无知棍徒争奈，许该住持执照禀究，决不宽贷，
须至遵照者。

康熙四十六年二月十七日照执寿佛寺住持僧真徼遵守②

① 《东川湖广会馆传书》卷2《木树朗田地》，乾隆四十九年刻本，第54页。
② 《东川湖广会馆传书》卷2《水城田庄》，乾隆四十九年刻本，第7页。

这是官府发给"寿佛寺东岳庙"住持真徹的一份垦照，以官府的口吻确定了真徹对于土地的合法地位，还明确了这块土地的来历、地理位置以及东、南、西、北四至，并明确了取得垦照后，持有垦照的寿佛寺东岳庙具有招佃耕种的权力、纳赋办粮的义务。不仅如此，拥有了此照还可得到官府的庇护，比如在"无知棍徒争紊"的民事纠纷中，只要有此照在手，即可"执照禀究"，而官府"决不宽贷"。很明显，拥有了垦照，就拥有了合法的开垦权，也拥有了官府的鼎力庇护。

有了垦照，相关土地的所有权就获得了官府的认可与保护，但代价就是要向官方缴税。在清代的不同时期，新垦土地起科的年限是不同的，[①] 在东川，是"照例六年起科，办纳粮差"，即有免税六年的优待，此举显然是为了吸引更多人前来新辟疆土开垦。但即使有这些优惠政策，东川寺庙为了避税，有时仍然不会那么积极向官方如实登记土地垦殖情形。例如《东川湖广会馆传书》中一份关于"拖罗田地"的资料显示，来自湖广宝庆府的邓三英于康熙五十九年（1720）把水田二分施给寿佛寺，而后者却拖了四十一年，直到乾隆二十六年（1761）才去报垦升科。[②] 有意思的是，在这四十一年中，寿佛寺不但不登记，而且还不断新辟田土，其周围的二十亩荒地也被进一步开垦为田地。

这种推迟报垦升科、拖延申领垦照的现象在西南地区绝非特例。四川凉山"白夷"后人李仕安先生在一段关于祖上报粮的口述史中，也提到其祖上"大概过了六、七十年，到了嘉庆皇帝时才去报"。[③] 事实上，不管是对于外来移民，还是对于当地少数民族来说，在官方力量还无法完全对基层土地进行有效监控的时期，特别是对那些距离府城较远的地区，"踩荒田"之后很少有人愿意主动去报垦缴税。因此，位于府城的寿

① 陈锋：《清代的土地开垦裕社会经济——〈清代土地开垦史〉述评》，《中国经济史研究》1991 年第 1 期；Donald S. Sutton, "Violence and Ethnicity on a Qing Colonial Frontier: Customary and Statutory Law in the Eighteenth-Century Miao Pale", *Modern Asian Sdudies*, Vol. 37, No. 1 (Feb 2003), pp. 41 – 80.

② 《东川湖广会馆传书》卷 2《拖罗田地》，乾隆四十九年刻本，第 12 页 b。

③ 温春来：《身份、国家与记忆：西南经验》，北京师范大学出版社，2018，第 205—206 页。

佛寺把远离府城的田地拖了四十多年才登记，而四川凉山的李仕安祖上则拖了六七十年才去登记。但是如果不登记，土地就没有合法性，很有可能被人抢夺侵占，甚至被人"捷足先登"。再者，领取"垦照"，成为粮户之后，便可读书、参加科考，成为真正的老百姓，① 这些又是切实可见的利益。正是在寻求土地合法性与企图逃税的交织中，许多土地登记进了官方册籍。

寺庙不仅是向官方申报土地的主体之一，而且在实际的土地经营与管理中，寺庙也发挥着重要作用，其中僧人又扮演了重要角色。土地的"垦照"、契券等被存放寺庙中，并由寺庙中的僧人来保管，这甚至是客民们习以为常的"定规"：

> 寿佛寺历年由单、契券，合省验过，存庙交僧，此乃家祠定规，原上交下接，轮流经查，毫无有失。②

不仅如此，寺庙中的僧人还对这些土地进行经营和管理，比如康熙五十九年（1720）湖广会馆得到的一块荒地，住持僧人"募化牛工，于本年开凿成地"；③ 又如雍正元年（1723），一位名叫"如性"的住持僧人"募化工本，将陆地内开成水田八亩"，土地开垦好之后，如性又向官府申请了垦照、由单，把土地变成寿佛寺的合法产业，然后又把土地租赁给"猓佃"戈着、颇第、魏涵元、者得、颇塔等人分耕，佃户则"按年上纳租谷，交与住持僧收用"。④ 这样的情况并非孤例，同在东川府城的关西会馆，亦"醵金置田□□，住持典守其事"。⑤ 种种迹象表明，分散的客民来到东川之后，并没有故步自封，而是很巧妙地通过寺

---

① 温春来：《身份、国家与记忆：西南经验》，第205—206页。
② 《东川湖广会馆传书》卷2《僧性常改过字约及状词官批等项》，乾隆四十九年刻本，第54页b。
③ 《东川湖广会馆传书》卷2《拖罗田地·遵照》，乾隆四十九年刻本，第14页a。
④ 《东川湖广会馆传书》卷2《拖罗田地·厅主勘察详报》，乾隆四十九年刻本，第20页a。
⑤ 乾隆四十六年《关西会馆碑记》，此碑现作为建筑石材镶嵌于云南省会泽县福禄寺西侧墙壁内。

庙及僧人逐渐控制土地，并把部分流动的当地少数民族变成了定居的
"猓佃"。

据周翔鹤的研究，清代台湾普遍存在当地少数民族把土地租赁给汉
族移民耕种的现象，即"蕃产汉佃"，①与台湾不同，西南东川府表现出
来的更多是"汉产猓佃"。与东川府相邻的贵州也存在这样的情况，比如
贵州兴义县"苗户日渐凋零，田土悉归客有，所有苗人尽成佃户矣"。②
袁轶峰在其研究中，把这一现象称为"反客为主"。③

除了文献对湖广会馆前期活动的记载基本上均与农业相关、会馆的
公产大体上都是土地外，另外一个彰显会馆农业色彩的重要信息是参与
会馆之人的身份，结合《东川湖广会馆传书》与我们在当地发现的碑刻
可知，当会馆有事时，捐输者名单中并未发现商号，而是全部由府城之
外大大小小的村寨与厂矿构成。④ 在当时的情况下，这些居住于群山峻岭
中的村寨之人显然基本上都是从事农业生产的。从捐输者构成来看，至
少在乾隆中期以前，湖广会馆主要是一群农民与矿工的组织。

## 四　从神庙到会馆的演变

东川的湖广会馆，早期并未建立原乡的标志性神庙，而是借用了移
入地的寿佛寺作为议事场所。这可能是由于早期移民的数量、经济实力

---

① 周翔鹤：《从契约文书看清代台湾竹堑社的土著地权问题》，《台湾研究集刊》2003年第
2期。
② （清）罗绕典著，杜文铎等点校《黔南职方纪略》，贵州人民出版社，1992，第290页。
③ 袁轶峰：《反客为主：清代黔西南民族区域的客民研究》，博士学位论文，华中师范大
学，2013。
④ 《东川湖广会馆传书》卷四中记载了详细的捐目，细化到每一个矿厂、每一个村寨，诸
如碧古坝、小江、尖山众姓捐目；米粮坝众姓捐目；铅厂、碱山、闸塘众姓捐目；包谷
山等村捐目；汤丹厂各府捐目；落雪厂各府捐目；大水沟；普麦厂；乐马厂；凤凰厂；
凤凰厂、蓋盛厂、白龙潭、井田坝、白沙坡、小关口、石门坎、拖罗厂众姓捐目；以
舍、华宜寨、鱼硐、以则、朦姑、白乌众姓捐银；龙家店、水坪子、郑家村、待补、倒
马坎、鲁机、三家塘、三家村、卜朵、色革箐、栗树坪、借鸡塘、炭山、高家箐、兴国
州、上下河箐众姓捐目；龙王庙、红石岩、卡狼箐、三道沟、江底、箐口塘、江坡头、
者海、江半坡、大桥众姓捐目；柯可、大麦冲、头塘众姓捐目。

与社会影响都比较有限，于是通过与寿佛寺合作来建立同乡组织。对湖广移民而言，这种合作让他们有了一个公共空间，也有了一个凝聚乡情、获取神佑的途径，同时借助在东川有相当影响的寺庙，也方便他们更好地融入当地社会。但寿佛寺是当地原有的寺庙，寿佛寺的僧人（包括住持），大都也不是湖广人，① 他们为何愿意向湖广移民提供这种帮助呢？仔细阅读史料可以发现，湖广移民把部分土地布施寄在寿佛寺名下，大大增强了寿佛寺的经济实力与影响力，僧人们帮助湖广客民管理这些土地，也会获得诸多好处。② 但是，随着湖广移民越来越多，他们开发的土地越来越广，随着东川矿业、商业的发展而使得许多移民从事商贸与矿业活动，湖广人逐渐增强了对寿佛寺的控制，并积极限制、削弱甚至剥夺僧人的权力。在占有、控制各种资源时，他们也不再打寿佛寺的旗号，而是直接以"湖广会馆"为名。我们看到，尽管"湖广会馆"之名在雍正《东川府志》中已经出现，但并未得到广泛应用，产业的凭证上代表这一移民组织的依旧是"寿佛寺"，到乾隆三十年以后，湖广会馆的称呼才广泛取代了"寿佛寺"。

在雍正年间至乾隆末年七十多年的时间内，云南铜矿进入极盛时期，③ 在以铜矿著称的东川，更是"铜厂大旺，鼓铸新添"。④ 大量移民的进入，意味着土地资源的紧缺，而矿厂又主要在山上，正所谓"凡厂，皆在山林旷邈之地，距村墟、市镇极远"，⑤ 因此矿区大量人员生活必需的蔬菜、肉食、米、油等物资都需要从附近的农业区补给，农业和土地的重要性更加凸显，在这样的背景下，拥有固定的土地资产不仅仅是解

---

① 寿佛寺住持与僧众的籍贯我们无法全部掌握，但从《东川湖广会馆传书》中所记载的客民与僧人诉讼案来看，部分僧人是从与东川府相邻的曲靖府迁居而来的，并非湖广籍。

② 管理产业不仅使僧人有了容身之所，同时他们参与产业管理的过程中往往有从中谋利的机会，比如曾有僧人"私窃由单、遵照、田契、绘图盗卖"。参见《东川湖广会馆传书》卷2《僧性常改过字约及状词官批等项》。

③ 严中平：《清代云南铜政考》，中华书局，1957，第10页。

④ 乾隆《东川府志》卷8《户口》，第72页。

⑤ （清）王崧：《矿厂采炼篇》，载（清）吴其濬纂、马晓粉校注《〈滇南矿厂图略〉校注》，西南交通大学出版社，2017，第57页。

决生计需求的保障，更是掌握基层社会主动权的基础。而在交通要道，贩夫走卒也逐渐汇聚，"新辟夷疆"的商业也开始兴盛起来，除了原先的捐施土地外，各色人等的捐款也成为这一移民组织收入的一大来源，"会馆"的称呼逐渐明朗起来，使用率越来越高。

与此同时，神庙中的僧人逐渐受到排挤，而移民中的客长、首事"出镜率"越来越高。① 随着移民数量的壮大、经济实力的积累，产业越来越多，"以庙控产"的模式被认为弊端丛生，僧人及其管理素质遭到严重质疑。乾隆二十四年（1759），湖广客民把名为"性常"的僧人告到官府，声称：

> 寺内钱谷等项俱系性常经管，迨后私窃银钱肥家，又夜宿俗家，淫行无所不为，不守清规……（乾隆——引者注）二十二年，私窃由单、遵照、田契、绘图盗卖，当经头人追究，跟至西门大佛寺，追取文约，并盗卖租谷银七十余两……事在切肤，情难缄默，故敢冒昧陈情，禀乞大人阁前俯察舆情，请将僧官赶任别局，则楚省人民感戴鸿慈。②

从讼词中看，客民状告僧人的理由是僧人不仅素质堪忧，"夜宿俗家，淫行无所不为"，而且在管理产业时"私窃由单、遵照、田契、绘图盗卖"。表面上看，这是僧人的素质问题，实质上是"以庙控产"的种种弊端以及神庙与客民之间矛盾的升级。根据现有材料难以判断客民与僧

---

① 客长、首事是东川湖广会馆的领导人，他们负责经营会馆的产业、查勘会馆田产、组织募捐、监督会馆建筑修缮、代表会馆参与诉讼案等事宜，但是囿于史料阙如，笔者无从查考其身份如何获得，笔者掌握的史料中无法看到他们是否通过选举或其他途径获得领导人身份，但从《东川湖广会馆传书》中可知：一是，客长、首事并非单独的一个人，而是一个群体，比如在乾隆二十五年四月十四日的一份契约中，东川湖广会馆当时的"阖省客长"多达22人；二是，客长、首事并不都是经济实力雄厚之人，从《传书》中捐目可知，他们之间经济实力相差很大；三是，虽然东川湖广会馆位于府城之内，但是该会馆的客长、首事并不都是府城中人，他们大部分来自府城中，但也有人来自离府城较远的"四乡八里"。

② 《东川湖广会馆传书》卷2《僧性常改过字约及状词官批等项·原词》，乾隆四十九年刻本，第55b—56b页。

人孰是孰非，但客民想要驱逐僧人已经是不争的事实。与此同时，客民在新获得土地时，不再登记在寿佛寺名下，《东川湖广会馆传书》中所载的土地"垦照"、契券上，渐渐不再出现僧人的名字，取而代之的是客长、首事的姓名，控制土地的主体逐渐从僧人变成了客民。

这些现象背后的深层社会变化是，僧人力量在衰弱，而以客民为代表的"会馆"力量日渐增强。在乾隆中期之后，移民组织内部加强了基础设施的建设力度，其中最显著的是，乾隆三十一年（1766）作为湖广客民象征的禹王宫修建完工，"殿貌辉煌，栋宇壮丽，□□墙垣，焕然一新"。[①] 至此，这一移民组织越发打上了湖广会馆的标签。

总之，乾隆中期以后，随着农业开发的日益深入，客民的数量增多、经济实力增强，寺庙受到排挤，客长、首事成为移民组织产业的实际控制者，僧人的力量逐渐在"垦照"、契券中隐去，"新辟夷疆"的移民组织逐渐完成了从神庙到会馆的转型。

# 结　语

作为有着自己独特政权传统的东川府，曾经"夷多汉少"，土地被土目、营长所把持，"夷民"在生计上的迁徙不定、土地计量方式上的模糊不清等使得这里的土地权属极不明晰，在游耕式的生计背景下，土司统治时期的东川商业并不繁荣。

康熙三十八年（1699）东川改流之后二三十年，官府依旧无法对这一地区进行有效管理，虽然清政府在此地实行招民开垦的政策，但是初期移民流动性很强，居住分散，官府能控制的仅仅是交通沿线及府城附近的人群，金沙江及牛栏江流域的众多"野夷"依旧在国家的赋役系统之外。在清政府清剿土目、营长的战争之后，东川"夷人"死亡、迁徙者甚多，原本就土旷人稀的地区出现了大量荒地，在这样的情势下，带着谋生立业希望的湖广移民与当地原有的寺庙合作，建立同乡会馆，会

---

① 乾隆三十二年《禹王宫碑》，现存于云南省会泽县湖广会馆旧址。

馆的公产也是列入神庙名下，并通过申领官府颁发的"垦照"来使土地合法化，这种通过神庙来凝聚力量并对部分土地进行开垦和经营的模式在"新辟夷疆"不失为一种行之有效的生存策略。

但随着清政府对"新辟夷疆"统治的深入以及当地铜矿资源的开发，越来越多的移民涌入东川，移民数量和实力的增强使得原先神庙中管理土地的僧人与客民关系日益紧张，原先"以庙控产"的土地管控模式失去效用。以客长、首事为代表的客民通过与僧人的诉讼案夺取了土地的管理权。最终，乾隆中期以后，土地的契券、"垦照"被客民掌握，僧人的势力遭到极大压制。

东川湖广会馆的建立与演变，都不是单纯的民间行为，而是与官方有着或明或隐的关系。清初改流之后，官员们力图改变东川地广人稀、大片土地荒废的状况以及游耕式的粗放农业模式，所以积极招徕内地移民。移民到来之后，官府对神庙和会馆建设亦持鼓励态度，甚至还曾划出土地供客民修建庙馆，① 东岳庙建在湖广会馆内，这不可能出于偶然。当神庙和会馆有重建、扩建等活动时，亦可发现官员为其题字、送匾额等行为；② 会馆也有意攀附官方的势力，例如向官员及其随从赠送价值不菲的银两，并在官员来访时举行演戏等庆祝活动。③ 总体来说，会馆是民间组织，它并不简单依附、服从或独立于官府，它们之间有着相互依靠的关系：官府通过会馆来管理流动人口、稳定地方社会秩序；会馆中的客民通过领取官府颁发的垦照取得在迁入地开垦土地的合法权益，逐步控制迁入地的土地资源，并努力与官员搞好关系，以便在各种与"夷

---

① 比如东川府城内的江西会馆筹建时，府主、县主曾拨给"北隅"及"龙潭"两处土地，使得江西会馆"地势宽宏"。参见乾隆二十年《万寿宫碑记》，现存于会泽县江西会馆遗址。

② 例如乾隆三十年湖广客民修建禹王宫时，便有云南粮储道罗源浩、东川府知府方桂等官员为其撰文、书丹；乾隆四十五年时，有汤姓官员为湖广会馆"上匾"。参见乾隆三十年《新建禹王宫重修家祠碑》，现存于会泽县湖广会馆旧址。

③ 例如乾隆四十年，东川湖广会馆赠给官员罗源浩银二百两，并赏给其随从人员银五十两；乾隆四十五年，湖广会馆送给汤姓官员从役银十五两，这些支出皆被记录在湖广会馆当年的账簿中。参见《东川湖广会馆传书》卷6《计开逐年出用总数》，乾隆四十九年刻本，第8b页。

人"的诉讼官司中占据有利地位,① 同时借助官员的力量壮大声势、凝聚力量。

东川湖广会馆的例子说明,虽然会馆大都与外乡人的商业活动相关,但会馆的产生并不必然缘于商业。对于传统时期的移民而言,初到一个既人烟稀少又缺乏商业传统的新地区时,往往很难快速从事商业活动,相当一部分人依赖农业维生,由他们所建立的会馆,商业性色彩并不浓郁,农业的性质反而更为突出。当我们回到地方社会自身发展的机制中,会发现清前期"新辟夷疆"的移民、"夷民"、官府、土目之间错综复杂的互动关系几乎都与农业开发问题相关,且西南少数民族地区的会馆演变有其自身的特点,体现出少数民族与汉族移民互相合作、共同开发西南山区的历程,显示出基层社会因地制宜、顺势而为的生存智慧。

---

① 或许是出于稳定社会秩序、增加赋税收入等考量,面对土客之间的土地纠纷时,官府往往倾向于站在客民一方,证据有二:一是,乾隆三十六年,东川的湖广客民与"猓佃"之间围绕一处田产进行了长达两年的争讼,"控告两载,由县至院,呈词累牍,不可胜纪",从当时官员的批复中可见官府偏向于站在客民一方,维护客民手中"垦照"的权威;二是,曾以幕僚身份来到云南的清人倪蜕在《滇云历年传》中称:"东川久为流府,汉、夷相安。自招垦之法行,而知府黄士杰颇祖垦户侵占熟田,夷民怨甚"。参见《东川湖广会馆传书》卷2《拖罗田地》;(清)倪蜕辑,李埏校点《滇云历年传》,云南大学出版社,2018,第386页。

# "东线"与"西线":东南畲族的入浙历史与迁徙记忆[*]

李 扬[**]

**摘 要** 浙江是畲族历史上重要的迁徙定居地,通过大量族谱可见,明清时期畲民自述迁居浙江主要有两条路线:"闽东—浙南"方向的"东线"和"闽西南、赣—浙西南"的"西线","东线"较为密集,"西线"也不可忽略。不同路线其族谱和人群历史记忆都有明显的差异。因闽地社会动荡而向北迁徙至浙的"东线"移民和因浙南开发"由客入畲"的"西线"经济移民,都在区域内交流发展,充实了浙南人口,共同开发了东南山林,亦都是今日浙江畲族的重要来源。

**关键词** 东南;畲族;浙江;迁徙记忆

明清时期,畲族大量迁入浙江,定居繁衍,与周边人群交流互动,集中反映了我国东南地区中华民族共同体形成的历史过程。经典的畲族史研究为我们勾勒了畲族族群大致的迁徙路径:至迟在 7 世纪,聚居在闽、粤、赣三省交界地区的一部分山民,在接下来的 10 个世纪里不断往周边特别是东北方向的闽东、浙南迁徙,并形成了"大分散,小聚居"的分布格局。[①] 目前,关于入浙畲民的来源问题,以往研究表明畲民入浙

---

\* 本文系国家社科基金重大项目"近代浙江畲族文书的搜集、整理与研究"(项目编号:20&ZD213);湖水省教育厅哲学社会科学研究项目"中东部地区少数民族族谱编修与中华民族认同研究"(项目编号:23Q127)的阶段性成果。

\*\* 李扬,三峡大学民族学院讲师。

① 参见施联朱《畲族》,民族出版社,1988,第16—20页;蒋炳钊《畲族史稿》,厦门大学出版社,1988,第8—10、81—98页;《畲族简史》编写组、《畲族简史》修订本编写组编《畲族简史》,民族出版社,2008,第37页。

的主要迁出地为福建，少部分为江西和其他地区。① 但近年，民间文献特别是族谱等资料的大量搜集和整理让入浙畲民的历史有了更加丰富的书写，而丰富的族谱资料中隐含着以往未曾发现的明显事实：来自不同区域的入浙畲民——大致分成"闽东—浙南"和"闽西南、赣—浙西南"两个方向——实际上存在较为明显的差异，拥有不同的历史记忆，亦是不同的"结构过程"②，这是以往研究较少深入分析的议题。有鉴于此，本文采用区域社会史的视角，在量化分析畲族族谱的基础上，围绕畲民迁浙的两条线路就相关问题展开论述，或可对东南地区中华民族共同体形成的讨论有所裨益。

## 一 畲民迁浙的"东线"与"西线"

编修族谱时，编纂者常常需要追溯本族的来历及迁徙过程，畲民族谱也不例外。作为人口资料来说，单一族谱记载的内容并不一定确切，其中或许存在杜撰、抄袭等情况。但如果将大量族谱放于一起，辨别其中的谱序、编修年代等情况，就可以得出关于人群相对确切的信息。比如，距族谱编修年代较近的几个世代的人口迁出、徙入地，修谱以后新的迁徙记录，以及较多族谱中共同确认的某一迁徙路线，这些内容反映的族群迁徙大致方向基本都可采信。同时，这些描述"迁徙记忆"的文本也能反映当时的社会背景和人群认知。所以，一定数量迁徙路线被描绘出来，能够大致获知人群流动的总方向，找到畲民"何以迁徙""为何定居于此""认同何种来历""何以修谱"等问题背后的原因。在此基础上，我们利用现存的畲族族谱，对迁入浙江畲族的线路进行了统计和图样处理。③

---

① 详见徐规《畲族的名称、来源和迁徙》，《杭州大学学报》（人文科学版）1962 年第 1 期；浙江省少数民族志编纂委员会编《浙江省少数民族志》，方志出版社，1999，第 82—83 页；邱国珍《浙江畲族史》，杭州出版社，2010，第 52—65 页。

② 参见赵世瑜《结构过程·礼仪标识·逆推顺述——中国历史人类学研究的三个概念》，《清华大学学报》（哲学社会科学版）2018 年第 1 期。

③ 族谱来源：丽水学院图书馆畲族资料室、浙江图书馆畲族文献数据库。本文使用其中 110 余种迁徙内容较为完整的族谱进行统计，畲族分布较多的浙江诸县均有涉及，引文标注藏地为资料和数据库注明的来源信息。

畲民迁浙大致包括两个主要的迁徙路径：一是较为密集的"闽东—浙南"方向，我们称之为"东线"；二是"闽西南、赣—浙西南"方向，我们称之为"西线"。大部分畲民由福建东部迁入浙南，"东线"包含的线路最为丰富，但"西线"也有一定的数量比例。

表1为根据现有族谱统计的浙江畲族移民来源地，主要以县域（明清时期）为单位，若无明确县域，如只记载"福建""福建福州"则按原内容统计，谱中若记载有多处县域来源，如"闽之罗源、连江"而又无法确定其具体来源，我们则将"福建罗源""福建连江"频次各加1。

表1　浙江畲族移民来源地统计

| 自述入浙来源地 | 计数 | 地区 | 比例（%） |
|---|---|---|---|
| 福建罗源 | 44 | 闽东 | 40.74 |
| 福建连江 | 11 | 闽东 | 10.19 |
| 福建 | 9 | | 8.33 |
| 福建古田 | 7 | 闽东 | 6.48 |
| 福建福鼎 | 5 | 闽东 | 4.63 |
| 福建上杭 | 5 | 闽西 | 4.63 |
| 福建福安 | 4 | 闽东 | 3.70 |
| 福建武平 | 4 | 闽西 | 3.70 |
| 福建霞浦 | 4 | 闽东 | 3.70 |
| 江西安远 | 3 | 赣南 | 2.78 |
| 福建宁德 | 2 | 闽东 | 1.85 |
| 福建福州 | 1 | 闽东 | 0.93 |
| 福建福宁 | 1 | 闽东 | 0.93 |
| 福建清流 | 1 | 闽西 | 0.93 |
| 福建汀州 | 1 | 闽西 | 0.93 |
| 福建漳州 | 1 | 闽南 | 0.93 |
| 福建南靖 | 1 | 闽南 | 0.93 |
| 江西会昌 | 1 | 赣南 | 0.93 |
| 江西进贤 | 1 | 赣北 | 0.93 |

| 自述入浙来源地 | 计数 | 地区 | 比例（%） |
|---|---|---|---|
| 江西瑞金 | 1 | 赣南 | 0.93 |
| 苏州 | 1 | 江苏 | 0.93 |
| 总计 | 108 | | |

据表1，迁入浙南的畲民，其最大的来源地是福建罗源、福建连江，它们在笔者所统计的108个来源地中分别占据44个（40.74%）和11个（10.19%）。闽东诸地是畲民最大的来源地（79，73.15%）。上杭、武平、清流、南靖等闽西南汀、漳诸地是迁浙又一来源，共占据13个（12.04%）。另外，江西诸县也占据了一定比例（6，5.56%），并且集中在赣南（5，4.63%）。此外，还有一个较特殊的来源地苏州（1，0.93%）。

本文亦对畲民首次迁入浙江，到最终定居期间在浙江的迁转地进行了统计。首先是入浙首迁地的统计，主要以县域（明清时期）为单位，谱中若无来源地县份，如只记载浙省内迁徙的，和只记载迁入大致区域的，如"浙之括瓯"，则不进行统计；谱中若记载有多处落脚地如"浙省之云和、景宁"而又无法确定其具体来源的，我们则将"云和""景宁"频次各加1。表2是畲民入浙首次迁入地统计。

表2　畲民入浙首次迁入地统计

| 入浙首迁地 | 次数 | 比例（%） |
|---|---|---|
| 景宁 | 30 | 25.86 |
| 云和 | 25 | 21.55 |
| 平阳 | 16 | 13.79 |
| 遂昌 | 9 | 7.76 |
| 龙游 | 6 | 5.17 |
| 苍南 | 4 | 3.45 |
| 汤溪 | 3 | 2.59 |
| 江山 | 3 | 2.59 |
| 龙泉 | 3 | 2.59 |
| 泰顺 | 3 | 2.59 |

续表

| 入浙首迁地 | 次数 | 比例（%） |
| --- | --- | --- |
| 青田 | 3 | 2.59 |
| 松阳 | 2 | 1.72 |
| 衢州 | 2 | 1.72 |
| 宣平 | 1 | 0.86 |
| 遂安 | 1 | 0.86 |
| 开化 | 1 | 0.86 |
| 缙云 | 1 | 0.86 |
| 钱塘 | 1 | 0.86 |
| 丽水 | 1 | 0.86 |
| 台州 | 1 | 0.86 |

畲民入浙后最大的首迁地是景宁（30，25.86%），其次是云和（25，21.55%）。首迁主要目的地基本位于浙南。

其次，我们对畲民入浙后的全部迁转记录（包括省内）进行了统计，主要以县域（明清时期）为单位，谱中若无来源地县份和只记载迁入大致区域的，如"后迁处之多邑"，则不进行统计；谱中若记载有多处落脚地如"浙省之云和、景宁"而又无法确定其具体信息的，我们则将"云和""景宁"频次各加1。在浙迁转的记录如表3所示。

表3 畲民入浙迁转记录统计

| 浙省迁转地 | 频次 | 占比（%） |
| --- | --- | --- |
| 景宁 | 46 | 16.20 |
| 云和 | 42 | 14.79 |
| 遂昌 | 35 | 12.32 |
| 宣平 | 29 | 10.21 |
| 龙游 | 21 | 7.39 |
| 平阳 | 18 | 6.34 |
| 泰顺 | 17 | 5.99 |
| 丽水 | 12 | 4.23 |
| 苍南 | 11 | 3.87 |

| 浙省迁转地 | 频次 | 占比（％） |
|---|---|---|
| 青田 | 10 | 3.52 |
| 兰溪 | 7 | 2.46 |
| 龙泉 | 5 | 1.76 |
| 松阳 | 4 | 1.41 |
| 江山 | 3 | 1.06 |
| 汤溪 | 3 | 1.06 |
| 衢州 | 3 | 1.06 |
| 淳安 | 2 | 0.70 |
| 寿昌 | 2 | 0.70 |
| 武义 | 2 | 0.70 |
| 桐庐 | 2 | 0.70 |
| 文成 | 2 | 0.70 |
| 瑞安 | 1 | 0.35 |
| 遂安 | 1 | 0.35 |
| 庆元 | 1 | 0.35 |
| 萧山 | 1 | 0.35 |
| 钱塘 | 1 | 0.35 |
| 台州 | 1 | 0.35 |
| 开化 | 1 | 0.35 |
| 临安 | 1 | 0.35 |

　　畲民在浙江省内的迁徙到定居持续了较长的一段时间，在浙江域内迁移的过程中，畲民迁转地不断外拓，相较首迁地来说有了更多的选择。但明清以来畲民在浙地的大量迁入、迁转和定居活动，始终围绕着景宁、云和、遂昌、宣平、平阳等地展开。虽然记录的形成有着复杂的原因，畲民各分支的发展和部分地区的文字传统都影响了资料的留存，但在空间上，它们仍很大程度地反映了畲民迁入的真实历史情况。

　　这些统计还说明，畲民在迁入浙南后，这里的人群流动并未停止，省内迁徙依然大量存在，但大部分移居都在浙南诸县的范围内进行，只有少部分人群流出浙南，到达浙西、浙东、浙北诸地。亦有一部分人群跨越省际流动，如回迁闽省，或迁入江西、安徽，直至晚清民国，仍有零星迁散，但这一部分比例较小。留居浙省的畲民大部分都定居在浙南的山林地带。

通过前述数据分析，一些值得关注的问题也随之浮现：畲民的主要迁徙线路如何产生？明清之际畲民何以大量从闽东迁徙至浙南？为何罗源是被记录最多的迁出地？为何迁入地多是景宁、云和等地？其他迁徙线路又包含了哪些信息？由闽西南、赣地迁至浙地的家族的修谱时间、迁徙时间有何特点？浙省定居地为何集中在浙西南？带着这些问题，我们下面进一步分析这两条迁徙路径。

## 二　从"罗源"到"景宁"：明清之际"东线"畲民的流动与记忆

综上可见，族谱自述中畲民入浙的最主要路线就是明清之际由闽东至浙南的"东线"，迁入来源地中，闽东占比最高，罗源为最大的迁入来源（40.74%），而迁入地与迁转地多是景宁、云和等地。为何出现这种现象值得追问。

### （一）畲民的动乱记忆

明末清初时期出现了畲民移民的最大热潮，就浙江来看，自"东线"而来的畲民更是其中最大的一部分，以往的研究多从此处展开。虽然大部分"东线"畲民族谱并未叙述其具体迁徙原因，或者部分记载了因"生齿日繁"等原因而迁徙，但仍有一些族谱记录保留了他们关于迁徙的一段特殊记忆。如《车门蓝氏宗谱》载：

> 明之中叶讳法亨者，因饥馑由广东而徙福建福州府罗源县塔下居住，生四子，曰杨宁、杨求、杨隐、杨担，不数十载，因匪乱而杨宁迁居金郡之龙游，杨求、杨隐、杨担迁居处郡之遂昌。第数世，而杨宁、杨求子孙见处宣地厚土肥，尽可开掘放麻，遂侨居宣平各地，或车门、或堰下、或荒田坪、或陶七弄、或中央铺，奥居郑山

头居、青蓬山居……以上各地方皆是一本一脉相承。①

与车门蓝氏同出法亨公其他支脉的族谱，如《陶七弄蓝氏宗谱》《大车蓝氏宗谱》《伍家桥蓝氏宗谱》中也有同样的记载。②

如其自述，闽地的匪乱是促使他们向北迁徙的重要原因。明清时期，随着山林经济开发和客民的迁入，闽东山区动荡不安。"邑居万山之中，地之平旷者不得什一"的永福县在明代有许多客民迁入，因其"引水不及之处，则漳泉延汀之民种菁种蓝，伐山采木，其利乃倍于田"，所以长期下来"穷冈邃谷，无非客民""客民黠而为党，凌揉土民，岁侵，揭竿为变者，皆客民也。土民好礼守法，安土重迁"。③ 宁德地区亦有相同的记载："外郡有等无籍顽民，往往聚集群众，偷矿煎银，甚至肆为劫掠，拒敌官兵，杀伤人命，殃及无辜"④。

这类"土民—客民""无籍—有籍"的对立叙述之大量产生，反映了社会的动荡和人口的变动。如上文提及的永福县在明中后期动乱不断："万历十七年正月，汀人邱满聚众据陈山为乱"，"万历十八年，烽洋、小姑、西林、赤皮、赤水诸处菁客会盟为乱"。⑤ 明清鼎革以及明清时期区域内的多次战乱也打破了闽地的社会稳定，从而"邑之下里，多有人外业荒"⑥，不仅正史、方志多载，畲民中亦保存了相关的记忆。原住霞浦雁落洋的李姓畲民因"明季兵燹之秋移来浙东昆阳之南港"⑦ 垦业发展。《村头蓝氏宗谱》自述其"原籍广东潮州者，有迁于福建福宁府罗源县罗坪里川山大坡头盖，中和二年（882）黄巢猖獗，人民星散各州郡县。鸿

① 《车门蓝氏宗谱》，民国八年（1919）版，浙江省武义县柳城镇车门村蓝治深藏。
② 《陶七弄蓝氏宗谱》，1949年版，浙江省武义县桃溪镇陶七弄蓝忠新藏；《大车蓝氏宗谱》，民国八年（1919）版，浙江省龙游县沐尘畲族乡大车村蓝招华藏；《伍家桥蓝氏宗谱》，民国二年（1913）版，浙江省兰溪市诸葛镇伍家桥村蓝景江藏。
③ （明）唐学仁修；（明）谢肇淛纂《永福县志》卷1《风俗》，万历抄本。
④ （明）闵文振：《宁德县志》卷4《遗事》，嘉靖十七年（1538）刻本。
⑤ （清）陈焱等修；（清）俞荔、陈云客纂《永福县志》卷10《杂事》，乾隆十四年（1749）刻本。
⑥ （清）王楠修；（清）林乔蕃、王世臣纂《罗源县志》序，康熙六十一年（1722）刻本。
⑦ 《五亩李氏宗谱》，民国三十一年（1942）版，浙江省苍南县莒溪镇五亩村李招福藏。

乎前明耿逆一乱，郡盗掳掠，有始祖千字七十一公自福建迁至浙江处州府云和县八都石塘南山居焉，迄今传至六世孙，讳景财公者……迁松邑二十五都西村卜居，其子蓝李贵移村头”。① 耿精忠等的叛乱是促使村头蓝氏迁徙浙江的直接原因。这些族谱所载的先祖曾经的境遇，正表明他们是在动乱的背景下不断前去相对稳定的地区开田辟林。“邑之下里，多有人外业荒”，反映了在面对这样多次兵乱的背景下，一部分畲民不得不做出“外出”选择。与其相邻近、田土条件类似，但“地广人稀，田土荒芜”② 而又相对安定的浙南，无疑成为闽东山民迁徙的最佳目的地。

### （二）新县与畲民迁入

《富泽蓝氏宗谱》谱序中记载了这样一份材料：

> 正德元年，三姓开基启者曰蓝氏四位，名敬华、敬泰、敬泉、敬连四房人丁，雷氏九位，名进明、进裕、进宝、进元、处山、处受、德贵、德和、元连，钟氏五位，名世贵、世有、世金、世存、世林，移迁浙江国处州府金溪村……坐落包凤开基。……蓝敬泉公太祖在福建府古田县十八都小茶岭居住，家有十三丁，因正德四年受买姓王山山坞一片，坐落浙江处州府丽水县二十七都安居庄……③

明正德年间蓝姓先祖敬泉公在处州丽水县购买山场，迁徙的定居地坐落在包凤（景宁下辖村）。这个买卖成为他们表达定居原因的一种说法，是为迁居的合法理由。在《东弄蓝氏宗谱》序中，亦有类似版本的材料：

> 蓝敬泉、敬华太祖在福建福州府古田县十八都小茶岭住，家有

---

① 《村头蓝氏宗谱》，光绪九年（1883）版，浙江省松阳县象溪镇村头蓝水根藏。
② 《栝郡蓝氏宗谱》，道光二十九年（1849）版，浙江省遂昌县新路湾镇夹路畈村蓝荣光藏。
③ 《富泽蓝氏宗谱》，民国十七年（1928）版，浙江市淳安县千岛湖镇富泽村蓝荣贵藏。

十三丁口。正德四年接买王姓山场一处，坐落浙江界处州府丽水县二十七都安溪庄土名泗州堂安着。雷蓝二姓，蓝氏三位，雷氏八位，共上十一位约至一同入浙江，准依众议约定嘉靖二十四年十月初八日起马。雷虔山公佩带一男名德贵，家有四十九丁口，家眷在祖地，父子二位起马。蓝氏敬泉公亦佩带一男寿位蓝念一郎，家有十三丁口，家眷在祖地。蓝雷二氏共十一人起马，入浙江处州府丽水县石塘居住，分别约定说订两姓如若学法传度，一同赴会道场，如若某位不到者，分数取之不得称也。又订各住某处难以说也，总上两县各住一县，言说有理，群议做周，实美可嘉，一同去至云坛叉路捡周摆定。蓝过丽水县分，县分云和，雷过青田县分，明朝景泰三年壬申岁青田分景宁。①

在这份材料里，蓝敬泉公选择云和作为居住地，雷姓先祖则去了景宁。虽与上一个记录有出入，且因年代远湮的记录我们已然无法确切考证，但这份材料里最重要的是留下了关于"分县"的记忆。

明代中期之后，邓茂七、叶宗留起义等动乱事件的发生，推动了国家力量介入闽浙山区，朝廷出于管理和开发的考虑，在闽浙边界新置县治。② 明景泰年间，浙闽交界处新置六县，浙江"割丽水鲍村为宣平县，浮云为云和县，青田县沐溪为景宁县，瑞安县罗洋为泰顺，并儒学等衙门各设置官吏"③，设立宣平、云和、景宁、泰顺。福建新设寿宁、永安县，成化年间在浙江新置汤溪县，并将福宁县升为直隶州。

对比上文表格（表2和表3），我们发现设立的新县和畲民迁入的人口有着最直接的联系，畲民入浙最集中的迁转迁入地就是明中后期浙江的新置诸县。在首迁地中，景宁、云和、泰顺、宣平四县占比在20个目的地中高达50.86%；迁转地中，四县在28个流转地中占比亦达47.35%。

---

① 《东弄蓝氏宗谱》，2012年版，浙江省景宁畲族自治县王金垟村雷福良藏。
② 孙良胜：《处州府云和、宣平、景宁三县的设立与地方社会的发展》，硕士学位论文，浙江大学，2014，第77页。
③ 《明英宗实录》卷216，景泰三年五月丙辰条。

这一方面固然反映了明代新设县地区本来的确林深人少，开发相对不足，为外来畲民的定居创造了条件，另一方面也是因为新设县为移民定居甚至入籍提供了某种"合法性"。

当然这些记录留存的多寡亦与畲民各分支的发展有一定的关系。迁入平阳下湖源的雷氏、遂昌井头坞的钟氏等就繁衍出较多支派，在省内不同地方的畲民族谱中留存了较多记录；而苍南、平阳等地因修谱文化盛行、族谱修纂者较多，保存下来族谱的家族也较多。这些因素都在一定程度上影响了对不同支系记录的统计。但在景、云等文化薄弱的后设县诸地仍有如此多的记录，足以说明畲民在迁居时更加倾向去往设立新县的地区。

### （三）"罗源"何以成"源"？

如前文所叙，罗源等地是"东线"乃至整个浙江畲民自述的最大来源地。但若是就地理位置而言，罗源、连江、古田等地并不接壤浙江，建宁府、福宁府与浙江接壤的诸县应当是浙南畲民迁入的更直接的来源，但为何罗源、连江等这几处成了畲民中最大的来源地？除去它们可能是迁徙的始发地之外，还有一种可能，就是来源于他们构建的祖先记忆。

首先，可以确定的是，分布在浙南地区的畲民，乃明清以来陆续由外地迁来，畲民"在漫长的流徙过程中，每经过一个地方并没有全数迁走，迁走的只是一部分或是绝大部分，其余仍在原处安居下来，故迁徙沿线，都有畲民住居"[①]。而东南区域历史在明末清初时经历了重大历史转折点。包括浙南、闽东在内的东南沿海各地，皆目睹了诸如土民之乱、海盗肆虐、倭寇作乱等社会混乱与地方社会秩序的崩溃。明代的海防以及一系列诸如卫所屯兵的配套制度，影响了当时沿海地区的地域格局与人群关系。这涉及浙、闽、粤等广大区域和数量庞大的人群，如此影响

---

① 《中国少数民族社会历史调查资料丛刊》福建省编辑组、《中国少数民族社会历史调查资料丛刊》修订编辑委员会编《畲族社会历史调查》，民族出版社，2009，第155页。

也一直延续到清代迁界、复界政策的实行。① 对清代试图创修族谱的畲民（特别是"东线"畲民）来说，这些事件对文本资料和记忆的影响都是巨大的。

雷云在《凤阳雷氏宗谱》序中说道：

> 云以遍处查阅蓝、雷、钟、李旧谱，志、记俱皆是传抄来，未知其真邪？其假邪？其传闻附会不如舍远纪近为是录也。明季间，我鼻祖永祥公由罗源来温平桥墩卜居，于是迫国朝定鼎之初，缘海氛迁界，合族移居北港等处……缘我国初之际，海氛将作，界迁人移，无复稽考，难以实指。迫雍正时，世治人良，复拓疆土，爰居爰处者不止一家，同沟同井者复非一姓。②

钟熙贤在《金丝弄蓝氏宗谱》光绪十九年（1893）的序中也议论及此：

> 查资治新书，处郡由清初移入居住者更多以国初兵燹之后，田地荒芜，一郡数万顷之田，其粮三不征一，有周太守出示招摸于蓝、雷、钟姓入境垦复田土，粮遂增收过半。奈迭被兵燹，迁徙离居以致宗谱毁失，只能知近所见闻者，于该蓝族一派初由广东移福建连江、罗源等邑，续移分之景宁、云和二县，自康熙间，有分之青田、遂昌。③

在明清长时间的持续战乱、旷日持久的迁界和展复中，数次离乱不仅使得人群分布格局被打乱，破坏了从唐宋以来形成的地方权力结构的稳定，也给东南地域社会带来了重新"洗牌"的机会，很大程度上改变

---

① 陈春声：《明代前期潮州海防以及其历史影响（上）》，《中山大学学报》（社会科学版）2007年第2期。
② 《凤阳雷氏宗谱》，同治五年（1866）版，浙江苍南县灵溪镇雷顺兰藏。
③ 《金丝弄蓝氏宗谱》，民国十五年（1926）版，武义县桃溪镇金丝弄村蓝伟进藏。

了东南区域社会。人群流离失所，资料更是难以留存，对于靠近海界的"东线"畲民更是如此。而在动乱结束，人们开始恢复生产、恢复家族记录的时候，资料的缺失带来的问题便是无法表达来历，对于从游耕转定居时间较短的畲民来说便存在被边缘化的风险，而在重构历史的过程中，一些典型的历史机缘就促使他们选择了"罗源"。

在闽东、浙南的多部族谱中，我们常可以看到这样的故事：

> 唐光启二年，盘、蓝、雷、钟、李有三百六十余丁口，从闽王王审知为乡导官，由海来闽，至连江马鼻道登岸，时徙罗源大坝头居焉。盘王碧一船被风漂流，不知去向，故盘姓于今无传。[1]

在这个故事中，连江—罗源成为他们的有年代可考的登陆定居地，所以罗源、连江刚好是畲民的最大迁入地或许并非巧合。这一传说给了他们构建迁徙地和迁徙路径的合理解释。因而才会导致"罗源—景宁""罗源、连江—景、云"等路线的高频出现。而闽王王审知，亦是他们极好的依附对象。王审知和福建多处移民传说有联系，畲民也不例外，正史中可以援引的记录有"王潮以从弟彦复为都统，弟审知为都监，将兵攻福州。民自请输米饷军，平湖洞及滨海蛮夷皆以兵船助之"[2]，这也为畲民的故事提供了极大的支持。

正如前文统计中出现的"苏州"一样，"苏州—景宁"这一跨越千山万水的迁徙路线全然不合逻辑，但其自述来自金陵（今南京）一派，而南京曾多次作为祖地出现在他们的传说中：

> 凤凰山原有祖祠址与南京一脉相连，因世远年湮，祠宇倾圮，祖灵未妥，今族众捐贤，将凤凰山旧址重建祖祠，其祠坐丑山未向，计直二十四丈，横十八丈，前至雷家坊，后至观星顶，左至会稽山，

---

① 《凤阳雷氏宗谱》，同治五年（1866）版，浙江苍南县灵溪镇雷顺兰藏。
② 《资治通鉴》卷259《唐纪七五》，中华书局，2013，第8656页。

右至七贤洞，四至开俱明白，以为盘蓝雷钟四族永远同据。①

流传更广的畲族叙事史诗《高皇歌》亦有记录：

> 一想原先高辛皇，四门挂榜招贤郎；无人收得番王倒，就是龙麒收番王。
>
> 二想山哈盘蓝雷，京城唔掌出朝来；清闲唔管诸闲事，自种林土山无税。
>
> 三想陷浮四姓亲，都是南京一路人；当初唔在京城掌，走出山头受苦辛。②

苏州的出现或许表达了他们对传说中"南京祖地"的向往，这一线路也是他们同传说中"南京祖地"建立联系的一个合理想象。

罗源亦如此。如《大西畈蓝氏宗谱》谱序等多处载："至明之中叶，有讳行小五十四公因饥馑由广东而徙福建福州府罗源县西洋宫七保里管坑居住，后明贵（即法源）生三子，长曰法乔，次曰法图，幼曰法玉，兄弟三人同上浙江处郡云邑大坑底开基立业。"③

罗源是祖先小五十四公解决"饥馑"且开枝散叶的地方，畲民对罗源不可不谓有着很深的感情。故而这些存放畲民记忆的迁徙地也是历经社会动乱后畲民的心理故乡，近世的先祖记忆，正是从这里的传说拉开序幕的。除了"凤凰山"这个因为祖先盘瓠传说构建的久远的祖地记忆外，对于浙江"东线"畲民来说，罗源、连江等地是离他们更亲近的近世记忆祖地。

---

① 《敕木山蓝氏宗谱》，光绪三十四年（1908）版，浙江省景宁畲族自治县敕木山村蓝石根藏。
② 浙江省民族事务委员会：《畲族高皇歌》，中国广播电视出版社，1992，第12页。
③ 《大西畈蓝氏宗谱》，光绪二十五年（1899）版，浙江省武义县坦洪乡大西畈村蓝明俊藏。

## 三 "由客入畲"的清代经济移民与"西线"历史记忆

### （一）"西线"谱牒的共同特点

从上文可见，沿着"西线"迁徙的畲民占据了迁浙畲民一定的比例。但在浙江畲民的研究中，这一部分畲民常常被忽略或被笼统地概括入整个浙江的情况。畲民迁浙的"西线"所涉及的部分谱牒如表4所示。

**表4 "西线"畲民宗谱统计**

| 族谱 | 所在地 | 首修年代 | 传说封地 | 迁浙来源 | 迁浙时间 |
|---|---|---|---|---|---|
| 鸽坞塔钟氏宗谱 | 婺城 | 1875 | 颍川郡 | 福建武平 | 清乾嘉时期 |
| 水竹蓬蓝氏宗谱 | 婺城 | 1823 | 汝南郡 | 福建 | 乾隆元年 |
| 高塘钟氏宗谱 | 婺城 | 1346 | 颍川郡钟离之地，江南凤阳府凤阳县 | 福建武平 | 清初/清中 |
| 大洞源蓝氏宗谱 | 遂昌 | 1945 | 蓝田 | 江西瑞金 | 雍正乾隆年间 |
| 北川蓝氏宗谱 | 衢州 | 1424 | 蓝田 | 福建 | 明代及以前 |
| 大竹坞雷氏宗谱 | 龙游 | 1438 | 豫章郡 | 福建上杭 | 雍正三年 |
| 小砻坑钟氏宗谱 | 龙泉 | 1576 | 颍川郡 | 江西安远 | 清乾隆初年 |
| 花桥钟氏宗谱 | 龙泉 | | 河南浒州颍川 | 福建汀州 | 清康熙 |
| 新庄钟氏宗谱 | 龙泉 | | 颍川郡 | 福建上杭 | |
| 台临雷氏宗谱 | 临海 | 1777 | | 福建清流 | 清雍乾时期 |
| 保安蓝氏宗谱 | 江山 | 1924 | 蓝田县 | 江西会邑 | 乾隆二十一年 |
| 木车钟氏宗谱 | 江山 | 1833 | | 江西安远 | 雍正六年 |
| 洋坪钟氏宗谱 | 江山 | 1469 | 河南许州宗昌县安乐乡平城里号为颍川 | 江西安远 | |
| 上门雷氏宗谱 | 衢州 | 1740 | 山西方雷氏始封地（今河南登封） | 福建上杭 | 清乾隆十四年 |
| 潘山头钟氏宗谱 | 龙泉 | 1939 | 安乐乡平城里号为颍川 | 福建武平 | 清初 |
| 流川雷氏宗谱 | 兰溪 | 1773 | 冯翊郡 | 江西进贤 | 明嘉靖年间 |
| 叶南坞钟氏宗谱 | 开化 | 1870 | | 福建武平 | |

在所有自述早于 17 世纪创修的畲族族谱中，"西线"族谱占据大半以上。这些人群的迁入和定居地基本位于龙泉、衢州、江山等浙江西南部地区，而非迁入频次最高的景宁、云和、平阳等地。但这批畲民迁入浙江的时间也在所有样本中比较靠后，明代迁入较少，有确切年代记录的迁入都在清代顺康朝以后。更值得注意的是，他们族谱中所记载的祖先传说，竟极少记录盘瓠传说。

据此，我们不难发现，闽西南、赣南甚至赣北等地部分并未拥有"盘瓠记忆"的畲民也在一定时期迁入浙江，而他们正是修谱年代记录中最早的那一批家族，他们的集中迁入地位于浙西南，迁入时间集中于清代。所以"西线"畲民编修族谱的历史更早，但记录的迁入时间却最为晚近。那为何会产生这种看似"悖论"的记录？

### （二）"由客入畲"的历史记忆

通过仔细地翻阅族谱，我们发现了更多相似的细节。

首先，闽西南、江西迁入浙江人群的祖先传说多是姓氏由来或姓氏名人相关的传说，蓝姓传说在上述族谱中有如下版本：

《北川蓝氏宗谱》乾隆五十四年（1789）《重修蓝氏宗谱序》中记叙了先祖"蓝采和"的飞升传说：

> 吾蓝氏自受姓以来，代有闻人，厥后宗支蕃衍，分派于青、徐、幽、冀、荆、益、雍、豫者何能枚举。第考唐中宗则天武后朝有自豫迁金陵者，富敌国而无子，因与其妻陈氏祷于嵩岳之间，夜梦其神馈药一九，奕奕有光，陈氏受而吞之，既觉异香袭体，遂而有娠。及产，红光满室，异香经月不散，生一子，取名彩和。及长，登开元癸丑科进士及第，授左补厥迁谏议大夫，后因词颇切直忤当途而卸印归家，遂匿终南山修炼，功成白日飞升，遗书嘱子任曰：汝宜隐居岩穴中，自耕而食，自织而衣，勿干禄仕，方得脱离尘网，而为清闲物外之人。由是观之，吾蓝氏为汝南望族，虽自会稽公定址以来，仕迹稍微，而后有作者安知不媲美于前耶？况吾地北川溶漾

而如画，南山延绕而如屏，尤足以钟灵毓秀也哉。①

这些族谱中记载的先祖内容更多是与姓氏来源相关的传说。现存金华市婺城区琅琊镇《水竹蓬蓝氏宗谱》中载：

> 蓝氏之姓有昌奇者，出自炎帝神农之后、帝来之孙、榆冈之子也。昔帝都空桑时，有熊国君即轩辕氏贡秀兰一株，适值后宫生子，帝欢甚，遂以蓝为姓，赐名昌奇。及长，分封蓝昌奇为汝南郡火旺公。盖炎帝以蓝为官故，以火为封，犹今之品级也。②

遂昌县黄沙腰镇《大洞源蓝氏宗谱》有关蓝姓姓氏的记载："蓝氏汝南郡蓝田楚大夫后望出东莞，又竹书纪年，梁惠王秦子向命为蓝君即田，子孙以地为氏也。"③ 现存江山市保安乡龙溪村的《保安蓝氏宗谱》中载："按蓝氏之本先伯翳之后……周显王元年，秦子向命为蓝君，其地即今之陕西省西安府蓝田县是也，子向之子孙因地为氏，遂以蓝姓焉。"④ 其记载的蓝姓渊源故事同《大洞源蓝氏宗谱》一样，但内容更加丰富、详细。

雷姓传说有如下版本。龙游《大竹坞雷氏宗谱》载雷氏出自豫章郡：

> 予考雷族源流，系出周宣王朝卿大夫方叔，俗名方雷氏苗裔，樊公周平王时征戎有功官拜郎中丞，弃职隐居雷州，因地为氏。周报王朝少正公累伐有功，官拜忠勇侯，追封豫章郡公，其子孙以豫章为郡。⑤

① 《北川蓝氏宗谱》，民国十五年（1926）版，浙江省衢州市柯城区航埠镇北二村蓝雨良藏。
② 《水竹蓬蓝氏宗谱》，民国十五年（1926）版，浙江省金华市婺城区琅琊镇水竹蓬镇蓝寿林藏。
③ 《大洞源蓝氏宗谱》，民国三十四年（1945）版，浙江省遂昌县黄沙腰镇大洞源村蓝培利藏。
④ 《保安蓝氏宗谱》，民国十三年（1924）版，浙江省江山市保安乡龙溪村蓝才兴藏。
⑤ 《大竹坞雷氏宗谱》，民国八年（1919）版，浙江省龙游县庙下乡长生桥村雷金喜藏。

衢州《上门雷氏宗谱》载雷氏"雷冯翊郡系出方雷氏皇帝臣雷公之后"，"由山西移居鄞江宁化"。① 现存兰溪下吴村的《流川雷氏宗谱》记载"考之于古有方雷氏者，女为皇帝妃，生玄枵，食采于雷，因氏焉，则雷氏之所由来远矣"，② 本谱中也叙述了姓氏谱牒的来源，"自唐诏修《氏族志》，而各姓始有谱书"。③

"西线"钟姓留存的谱书最多，姓氏传说却最为稳定：

有一种传说认为：颍川钟氏世系出自殷汤之裔，至纣王无道，周武王伐之，封微子启为殷之后于宋，其嗣食采于钟，因以钟姓。如《高塘钟氏宗谱》载：

> 今夫枝干茂浓，原出一本支流，脉络系归一源，粤稽荒，唐僖宗皇帝龙飞，践位之初，我祖佐河南许州襄城县谓为天下之中枢，遂宦居于安乐乡平城里号为颍川郡。遥溯世系，始自商汤，出自子姓，原为微（微）子启之后，子因纣无道剖比干之心而子遂入宗庙抱祭器而逃以存殷祀迢，武王克商，大封功臣，先封子于宋，主先王之祀，后助祭于周，武王不敢视为臣，而以客礼待之，与陈杞宋号曰三恪，考自宋桓公之五世孙宗伯仕晋生州黎，州黎仕楚食采于钟离，因以为氏。④

大多《钟氏宗谱》（包括《鸽坞塔钟氏宗谱》《花桥钟氏宗谱》《小畚坑钟氏宗谱》《洋坪钟氏宗谱》《潘山头钟氏宗谱》等）都采用了"微子启之后，州黎食采于钟"的这一姓氏来源故事。唯有龙泉《新庄钟氏宗谱》记载了不同的故事：

---

① 《上门雷氏宗谱》，光绪四年（1878）版，浙江省衢州市柯城区七里乡上门村雷安辉藏。
② 《下吴流川雷氏宗谱》，民国八年（1919）版，浙江省兰溪市下吴村雷宗发藏。
③ （清）姚暷：《雷氏谱序》，《下吴流川雷氏宗谱》，民国八年（1919）版，浙江省兰溪市下吴村雷宗发藏。
④ 《高塘钟氏宗谱》，民国二十二年（1933）版，浙江省金华市婺城区岭上乡高塘村钟开元藏。

高辛氏之后，曾孙讳铎封于荆蛮，今荆州枝江县，后都郢，更名曰楚，即今之江陵县。续后，楚公族钟建封于钟，始有颍川郡钟氏之姓。①

　　其次，除姓氏传说之外，这些族谱中还保留了许多"南渡"的记忆。迁居汤溪的钟氏（今金华婺城岭上乡高塘村钟氏）先祖曾因北方战乱渡江避难。《高塘钟氏宗谱》录《钟氏世系宗谱上篇源流》中载：

　　　　迨宋嘉定二年五月二十二日辰时，统领家眷，渡江避难，从此分散。会正公携妻谢氏、薛氏、韩氏为江南都督府管辖三千户即今之汀州，爰是长男移居背碛，次男移居信州丰羊山，三男移居云都县。会正公恐致失脉，因援笔作谱，俾流传万代，能知支脉散九州，根同一处。②

　　这部族谱记载，在北方早期较为安定之时，作为衣冠的钟氏家族能人辈出，各先贤是皆"光昭史册者矣"，而后泰仁公、固就公"适僖宗广明元年黄巢作乱，遂于庚辰年携家避徙江南，散处五道"，"又因宋高宗南渡，万成公移居江西金谷县竹乡"，后裔从简公三子"时遇东晋将败，恭帝禅宋之时，寇匪倏起，于元熙二年五月二十二日兄弟三人渡江避难"。历经动乱的钟氏家族在移居闽地的会正公"适匪戎肆起，即督兵剿灭后为督府，配欧阳氏"后才开始进入较长时间的稳定期。③

　　清代迁入龙泉的一支钟姓亦采用了相同的记忆，《花桥钟氏宗谱》中《颍川郡钟氏历代世系宗谱序》载：

　　　　窃谓鸿蒙既判，宗派殊分，有一代之君臣，必有一代之宗族，属

---

①　《新庄钟氏宗谱》，道光二年（1822）版，浙江省龙泉市城北河里新庄村钟章妹藏。
②　《高塘钟氏宗谱》，民国二十二年（1933）版，浙江省金华市婺城区岭上乡高塘村钟开元藏。
③　《高塘钟氏宗谱》，民国二十二年（1933）版，浙江省金华市婺城区岭上乡高塘村钟开元藏。

盛衰不同，聚散不一，恭惟我始高曾祖以产业垂统之功，遗裔百十余代，枝叶相传，源涯一处，分散九州。粤巧唐朝僖宗皇帝即位之初，广明元年，此时黄巢作乱，给出此图轴，带襟在江南杨家军处寻钟氏子孙。先在浒州颍川郡宗昌县安乐乡城里居住，天下正中之地，江南世旧之家，代代相承，枝枝发荣……仕宦相传，青云屡显，后因人盛业窄，流寓海内，穴散星居，几此前代官班俱如叶落，九州根同一处……直到嘉泰二年五月廿五日，兵革四兴，遂将家眷过江避难遂州县，开基建业三十代。[1]

台州《台临雷氏宗谱》较早年代的谱序中亦记载了："吾族之所自始肇于宪公居陕西同州，同于三辅，属左冯翊是以名郡。历晋永和间秦地兵乱，五世祖间徙江之豫章，七世祖甫前后再迁，终定居于汀之宁化焉。枝叶既蕃，簪缨弥盛。"[2] 后雷伯御于宋庆元间迁清流，为清流城南雷氏始祖。

以上种种迹象表明，这一人群与我们现在称之为"客家"的人群有千丝万缕的联系。与"东线"畲民多蓝、雷等姓不同，"西线"的钟姓更多，"钟"是客家大姓，钟氏的迁入地也多来自"客家祖地"附近，且保留了大量的"南渡"记忆。因为这些人群较早在南方定居和繁衍，闽赣地区族谱编修的年代也会被追溯得更早。与赣南等地流传的"畲客不分家"一样，这波迁往闽粤赣地区的"南渡"人群在反方向北迁至浙西南时，因在姓氏、语言等某些方面与"东线"迁入人群相似，共同成为今日浙江畲族的来源之一。

### （三）清代浙南的经济发展与人口流动

在这一人群中，除了较早定居的北川蓝氏、流川雷氏，其余家族均集中于清代前中期、顺康朝之后迁入。他们何以集中在清代迁入亦是值得关注的问题。通过梳理宗谱，我们注意到这一时期他们的迁徙原因：

---

[1] 《花桥钟氏宗谱》，民国四年（1915）版，浙江省龙泉市花桥村钟章文藏。
[2] 《台临雷氏宗谱》，民国二十二年（1933）版，临海珠算博物馆藏。

迨咸阳被炬，汉罢诸侯，蓝氏子孙遂宦游南北。自明初凉国公玉被难之秋，株连全族，其氏族因避祸于锋，遂流离于闽赣之间，潜身于岩田之中。犹幸祖德深厚，仍得蕃昌，蔓衍四方。我保安蓝氏实来自会邑之石螺盘，元之仲晦公十二世孙景玉、贵玉两公也。两公隐逸者流性，好山水，寻胜来此，因爱霞山之秀里、石溪之冰清，知能钟毓人才，遂卜地而居焉。以似以续，燕翼贻谋，不数传遂成保安望族。公之子孙有鉴梁国公之前辙，不以仕宦为荣耀，甘以布艺传家遗，独善其身之风，然内中瑰玮离奇之士、排难解纷之流，代不乏人。①

明清家庭手工业的发展不仅带来了资本主义的萌芽，亦促进了家族经济的繁盛、人口的兴旺，以布艺传家的保安蓝氏在清代迁入之后迅速成为当地的望族。这都植根于明清不断充实的经济大环境。

经济的发展带来的是商业人口的流动，龙游《大竹坞雷氏宗谱》序中载："龙邑南源大竹坞雷氏系出福建上杭崇夏大洋坝，创守家业以传至十有三世孙恒锦公于我朝雍正三年贸易于斯，见其田原广厚、竹木森然而且山水明秀、风俗纯庞，遂卜居焉，迄今百有余年，以历书代，瓜绵瓞衍。"② 大竹坞雷氏先祖恒锦公于雍正三年（1725）因贸易原因从上杭迁入龙游。无独有偶，《台临雷氏宗谱》中也记载了先祖迁徙台州的原因：南渡之前的雷氏祖先雷宪居同州，为避战乱，裔孙于晋永和年间迁豫章，又九世后，雷甫始迁汀之宁化，后雷伯御于宋庆元间迁清流城南发族，成城南望族。而后裔孙雷霄于清雍乾年间"缘商入台"③，为迁台始祖。

商业人口以及相关劳动人口的流动成为这一地区这一时期的典型现象。高塘钟氏传至会正公时为江南都督府，"因朝廷旨下欲迁汀州长汀，

---

① 《保安蓝氏宗谱》，民国十三年（1924）版，浙江省江山市保安乡龙溪村蓝才兴藏。

② 《大竹坞雷氏宗谱》，民国八年（1919）版，浙江省龙游县庙下乡长生桥村雷金喜藏。

③ 《台临雷氏宗谱》，民国二十二年（1933）版，临海珠算博物馆藏。

府县将督公黄氏祖妣坟墓平造公堂，会正公率领家丁移居河田南岭挖梅穿□坑回龙等处，后自四七郎公卜居武平县城南，汝祖士廉公腾甫公等自武平县城南至浙江汤溪营谋木客生意，后士廉公居住在塔石庄高堂，腾甫公居住在下坞口是汝等迁居之始祖也"。① 同样，钟氏因从事木客生意而迁徙至汤溪，是典型的山林经济发展带来的移民。

综上所述，清代由"西线"移入浙西南山区的畲民是来自闽赣的"经济移民"或"商业移民"。以往研究已经表明，清代前期是闽粤赣客家大举外迁的重要时期。② 伴随着客家聚居地如闽西等地由于汀、漳、泉贸易发达和一体化带动的蓝靛、蔗糖、木材、茶叶等需求，山林经济得到发展，但也带来了当地人地关系的紧张。得益于闽浙赣之间的水路联系，大量闽、赣人口迁入浙西南开发山林，客域畲民亦是其中重要的一部分。当然迁入浙西南的人群并非少数，也并非只有"入畲客民"，大量的杂姓人群因为各种原因在这一时期迁入浙南发展，开发了浙江南部的山林田地，一系列的时空条件也促使闽赣徙居浙西南的畲民永久定居于此。可以说，明清浙南的开发、经济的发展流动和人口的流动是一个相互作用的过程，即浙南的开发和发展带来了人口的流动，人口的流入也促进了这一地区的开发。需要提醒的是，迁入浙南的畲民并非闽西赣南迁徙的主流，客家人外迁亦有多个方向，而本文所述只是与浙江畲族相关的部分情况。

# 结　语

通过对浙江留存畲族族谱信息的梳理和内容的统计分析，我们可以清晰地看到，最终定居在浙的畲民历经明清鼎革的动乱、清代浙南山区的发展，而从"东线"即"闽东—浙南"，"西线"即"闽西南、赣南—

---

① 《高塘钟氏宗谱》，民国二十二年（1933）版，浙江省金华市婺城区岭上乡高塘村钟开元藏。
② 曹树基：《清代前期浙江山区的客家移民》，闽西客家联谊会编《闽西客家外迁研究文集》，海峡文艺出版社，2013，第177页。

浙西南"两条路线迁徙而来的过程，共同构成了畲族人群定居的重要历史。

畲民入浙的"东线"和"西线"，其族谱和历史记忆都有明显的差异。"东线"是畲民入浙的最主要路线。明中后期以来闽地的社会动荡是促使他们向北迁徙的重要原因，大量迁徙的畲民多出于此。与此同时，相对较好的田土条件、新县的设立和招垦政策的推行也让这一部分畲民完成了定居。在明清长时间的持续战乱、旷日持久的迁界和展复结束后，东南地域社会也得到形塑，畲民也通过族谱构建了"罗源""连江"等近世记忆祖地。清代山林经济的发展和浙南山区的开发，也带动了"西线"的一批"经济移民"，他们"由客入畲"，进入了浙南地区，这是浙江畲族不同于其他地区畲族的重要特点之一。"东线"和"西线"，仅在于表述其大致的迁徙方向和迁入时间的不同，其都是清代入浙畲民的主要来源。

东南人群之间、人群与国家之间的互动随着时代变迁，有较长的历时性，区域社会发展与区域社会的整体稳定和繁荣有关。稳定的社会环境、优渥的田土条件和优惠的招垦政策都使畲民等人群得以在深山和平原盆地间流动。在区域社会发展的漫长过程中，不同来源的人群流动、相融，最终亦形成了共同的认同。迁徙方向和迁入时间不同的"东线"和"西线"畲民，共同充实了清代以来浙江南部的人口，也在新中国成立后同被识别为同一民族，他们与同一时期迁入的其他人群一起，共同开发和建设了东南山林。而畲族族谱作为民族民间文献产生于畲民与周遭人群的交流、学习以及发展过程中，是民族间交往交流交融的重要文化产物，也是特定人群对家族历史、文化建构、权利诉求的一种表达载体，亦构成他们与其他人群之间、与地方或国家之间永恒的互动与记忆。

# 2022 年中国民族史研究综述<sup>*</sup>

中国社会科学院民族学与人类学研究所民族历史研究室

2021 年 8 月中央民族工作会议和 2022 年 10 月党的二十大的胜利召开，引领民族史研究迈入新的发展阶段。2022 年，民族史工作者努力提高研究水平和创新能力，出版、发表了一定数量的具有较高水平的学术论著，为铸牢中华民族共同体意识、构建民族史"三大体系"贡献了自己的力量。

## 一　民族史通论

2022 年民族史学人继承和发扬前辈重视理论与实证研究相结合的优良传统，紧抓铸牢中华民族共同体意识工作主线，对中华民族历史观、中华民族共同体的形成、各民族交往交流交融，以及"中华""大一统""北族王朝""大清帝国"等概念工具进行了细致的讨论。

在理论探索上，学者对中华民族历史观、中华民族共同体的形成等议题展开讨论。赵天晓、彭丰文认为，新时代党的中华民族历史观由中华民族整体史观、发展史观和多元一体辩证史观共同组成，具有重大理论价值和现实意义。中国民族史研究必须以新时代党的中华民族历史观为思想指南，探索研究新方向，为铸牢中华民族共同体意识夯实学术根基。[1] 瞿

---

　＊　本文资料由中国社会科学院民族学与人类学研究所民族历史研究室同仁彭丰文、周峰、苏航、陈春晓、肖超宇、苏日朦等人提供，杨园章执笔。

　①　赵天晓、彭丰文：《新时代党的中华民族历史观及其重大意义》，《民族研究》2022 年第 2 期。

林东强调，中华民族是在中国历史进程中形成、发展和壮大起来的，这是一个以无可辩驳的历史实际和历史逻辑彰显于世界的伟大民族。① 石硕认为，中华民族的凝聚与发展正是历史上不同民族、不同文化相互包容和彼此接纳的结果。② 林超民指出，天下一统是中华民族共同体意识的基石，华夷一体是中华民族共同体意识的核心，正统论是中华民族共同体意识的精髓，文化是中华民族共同体意识的血脉。③ 杨军、徐琦认为，中国古代北方民族政权在自身发展过程中共同体意识逐渐产生，并在不同阶段呈现出不同特征，促进了中华民族的形成与发展。④ 史金波按朝代顺序系统梳理论述大量存世和出土的合璧文字文献资料，归纳其演变特点，指出这些资料折射出中华民族多元一体的内在联系，是中华民族优秀传统文化有特色的瑰宝。⑤ 2022 年民族史学界关于各历史阶段民族交往交流交融的讨论详见后文。

围绕"中华民族""中华""大一统""汉族""边疆""北族王朝""大清帝国"等概念工具，学者们有深入的考察。晁福林认为，中国古代虽无"中华民族"之名，但有中华民族之实。先有地区性的诸族融汇，然后才有大一统式的融汇，当时被视为"蛮夷"的诸侯国也为民族交融做出了独特的贡献。⑥ 石硕认为，"中华"一词始于西晋末期的胡汉区分，却终于唐代胡汉的融合，胡汉融合正是认识"中华"概念的起点，这是后来"中华"所指称的共同体得以不断扩大的原因。⑦ 陈俊达、赵永春认

---

① 瞿林东：《论中华民族形成和发展的历史》，《北京师范大学学报》（社会科学版）2022年第2期。

② 石硕：《中华民族的凝聚与演进——从"民族"角度认识中国历史》，《中华民族共同体研究》2022年第1期。

③ 林超民：《中国历史整体性与中华民族共同体》，《云南师范大学学报》（哲学社会科学版）2022年第1期。

④ 杨军、徐琦：《中国古代北方民族政权共同体意识研究》，《赤峰学院学报》（汉文哲学社会科学版）2022年第8期。

⑤ 史金波：《民族交往交流交融的典型例证——中国古代合璧文字文献刍论》，《中央民族大学学报》（哲学社会科学版）2022年第3期。

⑥ 晁福林：《"大夷"是中华民族形成中的重要进阶》，《历史评论》2022年第4期；《"大夷"之力：中华民族形成过程中的重要进阶》，《历史研究》2022年第3期。

⑦ 石硕：《胡入中华："中华"一词的产生及开放性特点——东晋南北朝至隋唐胡汉融合与"中华"词义嬗变》，《清华大学学报》（哲学社会科学版）2022年第4期。

为，在中华民族共同体形成的过程中，将中国古代无论是汉族（政权），还是边疆民族（政权）统一于"多元一体格局"之下的"共同体意识"即中国古代的"中国认同"。① 江湄指出，南宋"中国"认同的建构有三个相关的思想脉络，并非现代的国族意识，而是有所变化的"中国"原理，为新的"大一统"准备了思想条件。② 武沐、冉诗泽认为，中国的大一统是各民族的大一统，大一统思想体系是各民族共同创建与不断充实的，少数民族贡献了"脱夷统华""我本中国"等重要共识，功不可没。③

王震中认为，"大一统"思想既有人们对于统一的理想，更因为有夏商西周三代王朝国家多元一体的复合制结构这一历史渊源，其间经历了从"族邦联盟"到"复合制王朝国家"再到郡县制王朝国家中央集权帝制国家形态的过程，这就是中国"大一统"思想的由来和演进。④ 朱诚如指出，回溯历史，"大一统"理念是贯穿中国历代政治格局和思想文化的主线之一，更是维系中华民族共同体意识的重要纽带。⑤ 杨念群指出，清朝创造出了一种新型"正统观"：清朝以前的"正统论"基本上依赖单一的儒家道德教化观念，而清朝建立起了另一种对前朝正统观的补充性诠释框架，与其"二元理政"的治理模式相互配合。该研究对探讨"大一统"观在清代政治、社会与文化实践过程中到底如何发挥其作用和影响力以及清朝国家构建研究提供了新的视角与理论。⑥ 陈跃认为，清朝对"大一统"进行全新的阐释，突破了此前的"华夷之别"和"内外之别"，实现了"大一统"思想的重大突破。⑦ 都永浩考察"天下"内涵及与近现代中华

---

① 陈俊达、赵永春：《十至十三世纪中国各族政权的"中国观"与"中国认同"》，《中华民族共同体研究》2022 年第 3 期。

② 江湄：《正统、道统与华夷之辨——论南宋的"中国"认同及其历史意义》，《中国哲学史》2022 年第 3 期。

③ 武沐、冉诗泽：《中国大一统思想及各民族共创中华的集体记忆》，《民族研究》2022 年第 1 期。

④ 王震中：《"大一统"思想的由来与演进》，《海南大学学报》（人文社会科学版）2022 年第 5 期。

⑤ 朱诚如：《中华民族"大一统"理念的历史传承》，《求是》2022 年第 14 期。

⑥ 杨念群：《"天命"如何转移：清朝"大一统"观的形成与实践》，上海人民出版社，2022。

⑦ 陈跃：《论中国古代"大一统"内涵的发展演变》，《中国边疆史地研究》2022 年第 1 期。

民族的关系，认为将"nation"翻译成"人民共同体"，将"中华民族"理解为"中华人民"，可使"中华民族"概念既与历史渊源相联系，又能覆盖近现代国民或公民属性。①

何德章指出，汉代与周边民族对举时出现的"汉人"，因蕴含强烈的政治意义并没有自然而然地成为魏晋时期"中国人"的称号，直至唐代，随着其边疆的拓展，"蕃汉"使用日广，高宗、武后时期以后，汉族族称定型。② 李大龙认为，在中国传统话语体系中，"边疆"与"中国"是内涵丰富的两个词语，无论是指称政权、地理空间还是族群，二者的关系都构成了多民族国家中国的主要内容，甚至可以说是我们认识多民族国家、中华民族形成与发展的钥匙。③ 罗群以云南为例，讨论了中国古代至近代边疆观的历史书写与建构。④ 祁美琴、陈骏针对"北族王朝"这一近年来学界所惯用的概念进行辨析，强调唯有回归历史语境下北族政治体演进的王朝化叙事，才能走出西方近代民族国家话语的桎梏，重新认识中国王朝超越族群性的特质，以树立正确的中华民族历史观。⑤ 刘文明通过考证清政府在中日交涉过程使用的"大清帝国"称号及相关语境中的使用情况，阐述"大清帝国"只是特定历史环境中外来者赋予清朝的一个称谓符号，清朝的国家性质并非西方语境中的"帝国"，无论是"帝国史"还是"新帝国史"，其理论和方法均不适用于清史研究。⑥ 彭丰文认为，习近平总书记提出的"铸牢中华民族共同体意识"，扎根于中华民族历史文化的深厚土壤之中，是对中华优秀传统文化的创造性转化、创新

---

① 都永浩：《"天下"内涵及与近现代中华民族的关系》，《中国边疆史地研究》2022 年第 4 期。
② 何德章：《汉族族称的出现与定型》，《历史研究》2022 年第 5 期。
③ 李大龙：《交融与一体：多民族国家视域下的"边疆"与"中国"——〈流动的疆域：全球视野下的云南与中国〉引出的话题》，《云南师范大学学报》（哲学社会科学版）2022 年第 4 期。
④ 罗群：《边疆观的历史书写与建构——以云南为中心的讨论》，《中国边疆史地研究》2022 年第 4 期。
⑤ 祁美琴、陈骏：《中华民族史观视野下北族王朝的概念与性质》，《中华民族共同体研究》2022 年第 5 期。
⑥ 刘文明：《"大清帝国"概念流变的考察》，《历史研究》2022 年第 3 期。

性发展。①

　　同时，民族学界从学理上对国外某些错误观点给予有力反击。王延中通过对"新清史"等所谓"新史观"的评析，指出其中蕴含的历史和逻辑错误，论述树立和坚持正确中华民族历史观的必要性。② 彭丰文认为，海外汉学界"胡族汉化亡国论"深受近现代西方民族国家理论影响，其主要内容包括对中国北方少数民族民族性的片面强调、对草原游牧文化的片面美化和对汉文化的刻意贬低。这种论述脱离中国历史实际，体现出鲜明的民族歧视和文化偏见。③ 近年来，国外某些藏学研究者以藏族与蒙古族具有共同宗教信仰为由，提出所谓"西藏佛教世界"共同体的理论假说，国内学界也开始针对这一错误思潮进行批驳。如钟焓通过引入历史人类学的观察视角以分析发掘民间口碑材料中承载的历史信息，再将之与传世文献提供的历史背景结合互证，所得出的结论足以揭示上述理论模式实际上无法解释蒙藏民族在清代经历的复杂历史进程，因而步入历史解释的误区。④

　　2022 年，学界出版了一批涵盖多族群，跨时段和地域的精品专著。北京大学历史学系民族史教研室编译了丹尼斯·塞诺（Denis Sinor）的部分论文，汇成《丹尼斯·塞诺内亚研究文选》，该书是研究内亚诸民族的历史文化的重要成果，也是塞诺的第一本中译本著作。⑤ 周良霄《知止斋存稿》收录作品 40 余篇，内容涵盖蒙古史、元史、宋史、辽史、明史等，极具学术价值。⑥ 张铭心《出土文献与中国中古史研究》收有作者关于碑形墓志问题、墓表问题、神道石柱问题，墓砖书式、书法问题，墓砖墓志的出土时地问题、吐鲁番出土文书的总体性问题等相关论文，涉

① 彭丰文：《中华民族共同体意识的历史文化根基》，《前线》2022 年第 10 期。
② 王延中：《正确认识中华民族历史观》，《历史研究》2022 年第 3 期。
③ 彭丰文：《"胡族汉化亡国论"不能成立》，《历史评论》2022 年第 1 期。
④ 钟焓：《历史人类学视角下的清代蒙藏关系再思考——兼论所谓"西藏佛教世界"共同体的成立性问题》，《文史哲》2022 年第 2 期。
⑤ 〔美〕丹尼斯·塞诺：《丹尼斯·塞诺内亚研究文选》，北京大学历史学系民族史教研室译，社会科学文献出版社，2022。
⑥ 周良霄：《知止斋存稿》，上海古籍出版社，2022。

及高昌、北凉、于阗、粟特等多个民族的史事。① 王银田《回望桑干：北朝、辽金考古研究》以墓志和考古资料为依据，对北朝及辽金时期山西大同的历史、人物与文物、建筑进行了研究。② 韩香《波斯锦与锁子甲：中古中国与萨珊文明》利用多语种文献以及中西方考古文物资料，探讨了萨珊波斯与中国的文化交流。③ 唐均《胡天汉月方诸：阿尔泰学论稿初编》收入作者 28 篇文章，涉及鲜卑、突厥、蒙古、契丹、女真、西夏等多种文字、文献的研究。④ 陈浩主编《欧亚草原历史研究》是 2018 年在上海召开的"第七届中古欧亚草原国际学术研讨会"会议论文集的中译本，全书分成考古、历史、文献、地理、宗教和文化六大板块，作者多数是国际上研究欧亚草原的名家，他们的文章具有一定的代表性和权威性。⑤ 朱雷《吐鲁番出土文书补编》系统整理了新疆维吾尔自治区博物馆所藏未经刊布的吐鲁番出土文书残片，为学界为深入研究中古时期西域社会文化以及丝绸之路沿线的历史提供了新资料。⑥

此外，唐晓峰详细考察了唐元之间基督教徒在北方各民族中的迁徙和基督教的传播过程，指出唐朝景教和元代也里可温之间具有连续性。唐元之间中国西部和北部地区政权林立，互相割据，但这并没有阻碍各民族的交往交流交融，这种互动沟通很大程度上是以宗教作为纽带的。粟特、回鹘、汪古部等各民族部落间的基督徒们在迁徙、经商的过程中不断交融，共同的信仰也加速了各民族间的交融。⑦ 张博系统梳理了史念海先生历史民族地理思想，总结其研究特点与方法，指出相较于政治史、民族史等领域的研究，史念海先生突破传统片面强调血缘、族别的观念，

① 张铭心：《出土文献与中国中古史研究》，广西师范大学出版社，2022。
② 王银田：《回望桑干：北朝、辽金考古研究》，上海古籍出版社，2022。
③ 韩香：《波斯锦与锁子甲：中古中国与萨珊文明》，社会科学文献出版社，2022。
④ 唐均：《胡天汉月方诸——阿尔泰学论稿初编》，甘肃文化出版社，2022。
⑤ 陈浩主编：《欧亚草原历史研究》，商务印书馆，2022。其英文版《游牧民族与定居人群之间的竞争性叙事》（Competing Narratives between Nomadic People and their Sedentary Neighbors）已由塞格德大学出版，收入论文 27 篇，中文版论文集多收了 1 篇文章。
⑥ 朱雷：《吐鲁番出土文书补编》，巴蜀书社，2022。
⑦ 唐晓峰：《唐元间基督教史述评——兼论早期中国基督教史的连续性》，《世界宗教研究》2022 年第 8 期。

立足于各民族所居多元地理环境，从民众在生产生活中的人地互动和族际互动入手，基于动态分析的视角，从疆域沿革、农牧分界线变迁、农牧区域盈缩、生态环境变化等过程，对民族空间分布变迁、民族交流交融、民族区域开发等问题展开深入研究，并直面社会现实问题与需求，这些理念与方法至今仍有重要借鉴意义。①

## 二　先秦两汉魏晋南北朝民族史

2022 年，先秦两汉魏晋南北朝的民族史研究充分体现出新时代民族史研究蓬勃发展的趋势，有力推动了中华民族共同体形成与发展的深入研究。

在基础资料、学术专著和论文集方面，2022 年出版了不少与先秦两汉魏晋南北朝民族史相关的优质作品。二十四史修订本《周书》由中华书局出版。史党社《秦与"戎狄"的文化关系研究》从考古资料出发，结合文献、古文字资料，从宏观与微观两个方面对秦与"戎狄"的文化关系进行了探讨。② 川本芳昭《魏晋南北朝时代的社会与国家》汇集了作者二十年间的研究成果，对魏晋南北朝时期的民族史进行全面考察，从社会观念、国家制度等多个层面展现了北族入主中原所带来的变化及中古时期的民族关系和国际格局。③ 段晴《神话与仪式：破解古代于阗氍毹上的文明密码》释读了和田山普拉所发现的氍毹上的于阗文含义，以及图像的内容，揭示了古代于阗人的原始宗教信仰。④ 吴强华、赵超编《翟门生的世界丝绸之路上的使者》刊布了东魏时期翟国使主翟门生墓石棺、石屏风、石阙和墓志等文物，并刊载多篇研究论文。⑤ 尹波涛《后秦史》

① 张博：《史念海历史民族地理研究的特点与变化》，《史学理论研究》2022 年第 6 期。
② 史党社：《秦与"戎狄"的文化关系研究》，上海古籍出版社，2022。
③ 川本芳昭：《魏晋南北朝时代的社会与国家》，黄桢、张雨怡译，复旦大学出版社，2022。
④ 段晴：《神话与仪式：破解古代于阗氍毹上的文明密码》，生活·读书·新知三联书店，2022。
⑤ 吴强华、赵超编《翟门生的世界：丝绸之路上的使者》，文物出版社，2022。

记述后秦政权的历史。① 罗新《漫长的余生》利用墓志等史料讲述了宫女王钟儿的一生及其所经历的从献文帝、孝文帝到宣武帝、孝明帝近八十年的北魏历史；《内亚渊源》收录了作者研究中古时代与内亚各人群有紧密关联的各种名号的文章；《黑毡上的北魏皇帝（修订本）》，讨论北魏的代都旧制及内亚视角。② 楼劲《六朝史丛札》有部分论文涉及这一时期的民族史。③ 王萌《北魏军镇及军镇职官考》以北魏军镇为研究主线，通过探究北魏军镇镇将的族属与家世出身的多元化，阐述北魏军镇盛衰之原因。④ 另外，《魏晋南北朝隋唐史资料》第 45 辑、《丝绸之路研究集刊》第 8 辑和《丝路文明》第 7 辑等集刊载有多篇与相关论文，详见下文。⑤

作为正史之首，《史记》影响深远。王子今认为，司马迁在《史记》中表达的民族意识与儒学严格界隔"华夷"的传统有别，《史记》关注中原农耕民族与边地游牧射猎民族在文化基因方面的共通性，承认多民族对华夏文明发生和发育的综合作用，尊重文化风习的"四夷各异"，肯定并赞扬"胡服之功"，这些都体现了开明的理念。考察中华民族文化共同体的形成和发展，理解并说明这一历史进程，应当重视司马迁民族意识的积极意义。⑥

围绕先秦、秦汉时期的民族交融、族群文化认同、边疆社会治理等方面内容，学者们提出了一些新的认识。例如，刘玉堂、薛源认为，先秦、秦汉时期的中原政权对周边蛮夷族群采取过多种政治举措，建构了完善的服制体系，华夷关系的现实变化导致蛮夷在"五服"中的政治地

---

① 尹波涛：《后秦史》，社会科学文献出版社，2022。

② 罗新：《漫长的余生》，北京日报出版社，2022；《内亚渊源》，社会科学文献出版社，2022；《黑毡上的北魏皇帝（修订本）》，上海三联书店，2022。

③ 楼劲：《六朝史丛札》，南京大学出版社，2022。

④ 王萌：《北魏军镇及军镇职官考——以正史文献与墓志为中心的探讨》，花木兰文化出版社，2022。

⑤ 武汉大学历史学院中国三世纪至九世纪研究所编《魏晋南北朝隋唐史资料》第 45 辑，上海古籍出版社，2022；陕西师范大学历史文化学院、陕西历史博物馆、陕西师范大学人文社会科学高等研究院编《丝绸之路研究集刊》第 8 辑，社会科学文献出版社，2022；刘进宝主编《丝路文明》第 7 辑，上海古籍出版社，2022。

⑥ 王子今：《"冠带""夷狄"之间：司马迁的民族意识》，《中华民族共同体研究》2022年第 1 期。

理位置逐渐固定化，政治称谓、基层治理、意识建构三个层面共同反映出早期华夷间的民族融合态势及其演变过程。[1]

具体到各个区域来看。东北地区，朱圣明认为，秦汉时期的东北塞外，基于边民群体性越塞亡出的基本史实和华夷区分的观念意识，形成了两条"边民—亡人—蛮夷"的身份衍生路径。[2] 北方地区，冯世明认为，南匈奴内附之后，随着政治经济环境的改变，儒家所提倡的正统观、家庭伦常、忠孝观逐渐取代匈奴旧有的风俗观念，成为其行为与道德准则，带来匈奴人文明程度的提升，加速其融入中华民族的进程。[3] 西北地区，于天宇认为，东汉统治者没有认识到此时汉羌关系的转变，致使治理战略缺失，在地方治理上政策亦有重大失误，导致社会矛盾激化，最终动摇了东汉政权的统治根基。[4] 西南地区，蒙家原认为，随着秦汉时期一系列政治制度在巴地的逐步确立与不断完善，当地人群对于华夏政治体系与华夏文化的认同逐渐形成，巴地最终在秦汉时期基本完成了自身的华夏化。[5]

十六国东晋以来直至隋唐建立，是中华民族历史上的大分裂时期，也是民族交融鼎盛时期。岳凯峰、宋艳梅、王东洋等人都从正统观角度讨论了十六国东晋南北朝时期胡族政权对中华民族共同体演进所做出的贡献；[6] 董文强、陈鹏和蒋晓斐梳理了鲜卑等北族人群追祖黄帝的历史过程，经过长时段的胡汉"一体化"整合，北朝晚期黄帝祖源记忆已超越单纯的

---

① 刘玉堂、薛源：《多元一体：先秦、秦汉蛮夷族群关系认同演变》，《江汉论坛》2022 年第 11 期。

② 朱圣明：《秦汉边民与"亡人""蛮夷"的演生——以东北边塞为例》，《学术月刊》2022 年第 4 期。

③ 冯世明：《1—4 世纪南匈奴的儒家文化认同研究》，《内蒙古师范大学学报》（哲学社会科学版）2022 年第 4 期。

④ 于天宇：《东汉西羌治理的再思考——以国家统治战略制定为中心》，《西南民族大学学报》（人文社会科学版）2022 年第 6 期。

⑤ 蒙家原：《从"夷狄之国"到"九州一隅"：秦汉时期巴地的华夏化》，《中华文化论坛》2022 年第 4 期。

⑥ 岳凯峰：《"五胡次序"与"自造正统"：十六国政权的玉玺之争》，《咸阳师范学院学报》2022 年第 1 期；宋艳梅：《十六国北朝的正统建构与中华民族共同体的演进》，《民族论坛》2022 年第 2 期；王东洋：《南北朝时期的封禅之议与大一统思想的神圣宣扬》，载《魏晋南北朝隋唐史资料》第 45 辑。

"攀附"内涵，成为"天下一家"四裔各族共享的集体记忆。① 崔明德、王硕极具概括性地将十六国时期各民族共创中华的形式总结为六种：一是相互吸纳族体，二是共同开拓疆域，三是协力发展经济，四是维系历史文化传统，五是丰富中华文化宝库，六是共育中华民族精神。②

对于各民族交往交流交融历史的实证性研究成果丰富，张利芳、韦正、辛龙、宁琰、刘连香等人从北京、吐鲁番—河西、辽西、关中、平城、洛阳等地的墓葬形制入手，从考古学的角度对十六国至北朝时期的民族融合情况进行了细致的考察；③ 吕千云、赵其旺则指出北齐、唐代女性的辫发习俗乃出于粟特人之影响。④ 丝绸之路是十六国北朝时期民族交流的主干道之一，王秀红、夏雄军、张雅萌、张哲琦、白梦颖、贺西林、王煜、陈姝伊、刘璟、郑成胜、胡月、崔华春、王乐、赵丰、马培杰、刘芳、朴基宪、马伟、李裕群、祁晓庆等分别从音乐、美术、工艺、文物、考古遗存等多个角度考察了这一时期丝绸之路上的物质传播及文化交流与交融。⑤ 粟特人是丝绸之路上最为活跃的人群，在连通中西的过程

---

① 董文强：《中华民族共同体视域下的北朝黄帝祖源记忆建构与认同》，《西北民族大学学报》（哲学社会科学版）2022 年第 5 期；陈鹏、蒋晓斐：《北朝炎黄祖先记忆与"中华"认同》，《赤峰学院学报》（汉文哲学社会科学版）2022 年第 8 期。

② 崔明德、王硕：《十六国时期各民族共创中华的形式及路径》，《西北民族研究》2022 年第 2 期。

③ 张利芳：《西晋至北朝时期北京地区墓葬变化的考古学观察》，《中原文物》2022 年第 4 期；韦正、辛龙、宁琰：《民族交融视野下的十六国墓葬》，《中原文物》2022 年第 4 期；刘连香：《中古时期尸床葬研究》，《中原文物》2022 年第 4 期。

④ 吕千云、赵其旺：《北齐、唐代女性盘辫发式源流研究》，《中国国家博物馆馆刊》2022 年第 1 期。

⑤ 王秀红：《北魏平城时期的对外交往》，载《丝绸之路研究集刊》第 8 辑；夏雄军、张雅萌：《汉唐之际的中西音乐交流》，《中州学刊》2022 年第 9 期；张哲琦：《北齐徐显秀墓壁画中的音乐图像研究》，《艺术教育》2022 年第 6 期；白梦颖：《北周武帝及其宫廷音乐初探》，《当代音乐》2022 年第 2 期；贺西林：《胡风与汉尚——北周入华中亚人画像石葬具的视觉传统与文化记忆》，载《大匠之门》第 34 卷；王煜、陈姝伊：《敦煌佛爷庙湾魏晋壁画墓鹦鹉图像初探》，《敦煌研究》2022 年第 3 期；刘璟：《"飞天羽人"图像礼仪功能探蠡》，《美术》2022 年第 5 期；郑成胜：《跨文化视野下的图像改造——中国祆教鱼马兽来源新探》，《天津美术学院学报》2022 年第 3 期；胡月、崔华春：《南北朝至隋唐时期西域文化影响下蜀锦纹样的演变》，《美术教育研究》2022 年第 1 期；王乐、赵丰：《丝绸之路汉唐织物上的狮子纹样及其源流》，《艺术设计研究》2022 年第 5 期；马培杰：《犍陀罗样式的汉化终点——论北魏龙门石窟造像的审美变化》，《艺术研究》2022 年第 3 期；刘芳：《云冈早期佛像"半右祖式"佛衣及"折带纹"（转下页注）

中起到了重要作用，李瑞哲、邱忠鸣、苗轶飞、成文白等人对进入中原的粟特人的生活情况及其与其他民族的交流交融进行了探讨。①

对于史料相对缺乏的十六国时期历史，学界深耕现有史料，得出了一些新的认识。李磊认为，匈奴汗国（即前赵政权）所实行的政治体制是对中原王朝体制和匈奴传统的交融与发展。②宋祖雄、薛海波认为，冉闵之乱中所谓的"诛胡"事件实际上是针对反对势力的政治清洗，其出发点仍是维系后赵政权。③杨建林、张海斌对 2014 年新发现的石铭进行了考辨，认为其系 389 年贺兰部首领贺讷与染干为其母亲辽西公主的葬事而立，是目前所见贺兰部唯一存世遗物。④此外，李磊、宁一、桑东辉、王新成、王俊铮、范英杰、魏军刚、李宗俊、李若愚、王怀成、沈国光等人文也对十六国诸政权及民族的历史发展进行了细致的探讨。⑤

---

（接上页注⑤）的形成与影响》，《服装学报》2022 年第 4 期；朴基宪：《北魏平城时期定州地区金铜佛像小考》，《中原文物》2022 年第 3 期；马伟：《四川地区持杖胁侍造像源流考》，《中国国家博物馆馆刊》2022 年第 3 期；李裕群：《佛殿的象征——山西大同仝家湾北魏佛教壁画石椁》，《文物》2022 年第 1 期；祁晓庆：《莫高窟北朝石窟中的叠涩藻井》，《美术大观》2022 年第 8 期。

① 李瑞哲：《中古时期粟特人对丝路贸易的掌控》，载《丝绸之路研究集刊》第 8 辑；邱忠鸣：《多极政权时代的个体生命史与社会流动——〈曹仲达与"曹家样"研究〉续篇》，《故宫博物院刊》2022 年第 6 期；苗轶飞：《统万城发现的域外文化因素遗物》，《洛阳考古》2022 年第 2 期；成文白：《浅议北周康业墓石棺床背屏图像中的汉化元素》，《百花》2022 年第 5 期。

② 李磊：《中华体制下匈奴政治传统的延续与发展——以匈奴汉国的政治模式为中心》，《西南民族大学学报》（人文社会科学版）2022 年第 9 期。

③ 宋祖雄、薛海波：《石虎夺权，冉闵之乱与后赵灭亡新论》，《内蒙古社会科学》2022 年第 4 期。

④ 杨建林、张海斌：《新见十六国时期"宁西将军云中王"葬母石铭初释》，《中国国家博物馆馆刊》2022 年第 2 期。

⑤ 李磊：《永嘉之乱后汉国的权力结构及其变化——从后宫、前朝的联动到内朝、外朝的对立》，《苏州大学学报》（哲学社会科学版）2022 年第 1 期；宁一：《慕容跳迁都龙城年代再探》，《渤海大学学报》（哲学社会科学版）2022 年第 3 期；桑东辉：《五胡政权对儒家文化的认知与接受——以后燕君臣关于儒圣和忠德的讨论为例》，《河南社会科学》2022 年第 2 期；王新成：《天道与天命——慕容诸燕统治者的神学信仰》，《聊城大学学报》（社会科学版）2022 年第 3 期；王俊铮：《三燕佛教及其遗迹、遗物》，《地域文化研究》2022 年第 4 期；范英杰：《西凉亡国梦谶新解》，载《历史文献研究》第 48 辑；魏军刚：《出土墓志与五凉史研究》，《档案》2022 年第 4 期；魏军刚：《北魏〈沮渠树乌墓志〉考释》，《文博》2022 年第 4 期；李宗俊：《〈沮渠愍墓志〉与（转下页注）

在北朝历史方面，李德山对北部鲜卑族源、其与周边各民族关系、大鲜卑山之历史地位、北魏王朝对中华传统文化的贡献、世祖遣李敞告祭鲜卑石室，以及石刻祝文的价值与意义诸问题进行了新的论述和考辨。①郭硕抓住传世史籍中对拓跋部早期历史记载的自相矛盾之处，揭示了代王号废、复的曲折线索。②谢振华认为鲜卑族生子埋胞衣之俗是一种由生殖崇拜衍生出的交感巫术，后演化成内亚族群信奉的"于弥女神"。③潘向东从两方墓志的魏纪年出发，提出拓跋珪于登国八年脱燕自立，并改国号为魏。④刘蓉探索幽隐，为冯太后与孝文帝为母子说提供了更多的细节线索。⑤王英维、周胤、莫久愚对北魏北边的历史地理问题进行了考辨，⑥张文平对六镇的构成、位置和防御体系进行了系统研究，⑦禅馨、薛海波、胡胜源考察了北魏后期六镇鲜卑的历史动向。⑧王丹、庄芸、

　　（接上页注⑤）北凉政权相关问题》，《甘肃社会科学》2022 年第 1 期；李若愚：《前凉河西著姓家国观之转变》，《炎黄地理》2022 年第 2 期；王怀成：《儒释文明的交融：前秦佛经翻译事业》，《中华文化论坛》2022 年第 5 期；沈国光：《〈东魏赫连明墓志〉考释——兼论北朝至唐赫连氏的发展》，《河北师范大学学报》（哲学社会科学版）2022 年第 3 期。

①　李德山：《论北部鲜卑的发展及对东北汉文化传播的贡献》，《史学集刊》2022 年第 4 期。

②　郭硕：《拓跋氏"代王"号兴废考论》，《烟台大学学报》（哲学社会科学版）2022 年第 3 期。

③　谢振华：《北魏道武帝感生传说中的"埋胞"之谜》，《中国社会历史评论》2022 年第 1 期。

④　潘向东：《新见东魏〈王光墓志〉〈王钊碑〉所见皇魏纪年考释》，《中国国家博物馆馆刊》2022 年第 11 期。

⑤　刘蓉：《文明冯太后与孝文帝母子说再论》，《西北大学学报》（哲学社会科学版）2022 年第 4 期。

⑥　王英维：《北魏七介山地望新考——兼论拓跋珪早年踪迹问题》，《山西大同大学学报》（社会科学版）2022 年第 3 期；周胤：《拓跋鲜卑初期都城"定襄盛乐"与"云中盛乐"考》，《山西大同大学学报》（社会科学版）2022 年第 4 期；莫久愚：《代国都城、北魏金陵及相关地理位置——拓跋史札记四题》，《内蒙古师范大学学报》（哲学社会科学版）2022 年第 3 期。

⑦　张文平：《北魏六镇新论》，载《魏晋南北朝隋唐史资料》第 45 辑；《北魏武川镇若干问题考辨》，《内蒙古社会科学》2022 年第 2 期。

⑧　禅馨：《北族传统复起与北魏政局的走向》，《唐都学刊》2022 年第 3 期；薛海波：《河北大族与东魏建立新论》，《社会科学战线》2022 年第 6 期；胡胜源：《帝纪微言：〈魏书〉北魏末诸帝的书写与东魏北齐正统性的建构》，《文史哲》2022 年第 1 期。

赵永磊讨论了西魏北周的周制改革，① 王文光、马宜果、崔明德、赵世金探讨了北朝后期东西政权的民族政策。②

北朝的文化变迁一直是民族史研究的重点。侯瑞、魏雪涛、德山、韦正、曹彦、倪润安、张国文、易冰、周丽琴、吕晓晶、崔贺勋等从多个角度对北魏平城时代的鲜卑文化及其与汉文化的交融进行了讨论。③ 对孝文帝改革及北魏汉化进程的研究则更加细化，并同样广泛利用了考古资料。黄桢梳理太和十八年孝文帝以洛阳为起讫的北巡，诠释此间种种动向，再现拓跋集团正在经历的剧变；④ 龚艳认为孝文帝"绍晋定德"，以复归晋制作为文化导向，是北魏中后期文学兴盛的关键原因。⑤ 倪润安、成文白、白炳权、周杨、郭子源等则利用考古资料丰富了我们对于北魏汉化进程的认识。⑥

关于北朝时期氐、羌、勿吉、高句丽、吐谷浑等族群，徐晨、罗丰、

---

① 王丹：《苏绰〈大诰〉书写与西魏政权更替》，《民族文学研究》2022 年第 4 期；庄芸：《西魏北周"大诰体"兴废考论》，《北京大学学报》（哲学社会科学版）2022 年第 2 期；赵永磊：《"制造"周制：北周蜡祭的构建理路发微》，《中国史研究》2022 年第 3 期。

② 王文光、马宜果：《北齐、陈两政权的民族交往交流交融》，《烟台大学学报》（哲学社会科学版）2022 年第 2 期；崔明德：《西魏北周时期处理民族关系的政策和实践》，《民族研究》2022 年第 4 期；赵世金：《"北周迎后"及北周政权对甘州的经略——以碑刻史料为中心》，《敦煌学辑刊》2022 年第 2 期。

③ 侯瑞：《北魏鹿文化与文化认同意识建构》，《云冈研究》2022 年第 3 期；魏雪涛、德山：《胡汉杂糅的北魏平城宫建筑风貌——以文成帝太华殿的营造与复原为中心》，《山西大同大学学报》（社会科学版）2022 年第 3 期；韦正：《大同北魏吕续墓石椁壁画的意义——在汉晋北朝墓葬壁画变迁的视野下》，《美术大观》2022 年第 4 期；曹彦、韦正：《大同寺儿村石雕与北魏傩仪》，《故宫博物院院刊》2022 年第 3 期；倪润安：《北魏平城时代中期平城墓葬的发展线索》，《云冈研究》2022 年第 1 期；张国文、易冰：《拓跋鲜卑生计方式综合研究》，《考古》2022 年第 4 期；周丽琴、吕晓晶、崔贺勋等：《北魏平城地区的农耕化：山西大同金茂府北魏墓群人和动物的 C、N 稳定同位素分析》，《第四纪研究》2022 年第 6 期。

④ 黄桢：《论北魏孝文帝太和十八年之北巡》，《文史》2022 年第 2 期。

⑤ 龚艳：《"绍晋"与北魏文学的演进》，《民族文学研究》2022 年第 2 期。

⑥ 倪润安：《北朝至隋代墓葬文化的演变》，《社会科学战线》2022 年第 2 期；成文白：《从巩义石窟寺帝后礼佛图看北魏汉化成果》，《洛阳考古》2022 年第 2 期；白炳权：《班剑仪卫：北魏洛阳时代墓葬门卫图像研究》，《形象史学》2022 年第 1 期；周杨：《礼乐文化视角下北魏王朝的华夏化——以墓葬中具有音乐内容的文物为中心》，《故宫博物院院刊》2022 年第 9 期；郭子源：《北朝陶俑的衣袿与鲜卑的汉化进程》，《黄河·黄土·黄种人》2022 年第 10 期。

李星宇、郭孟秀、王美艳、冉宇迪、王俊铮、牛敬飞、王石雨等从多个角度进行了讨论。① 关于敕勒的族称，陈恩取得重大突破，他详细梳理了墓志和传世文献中所存"敕勒""铁勒"称为"敕勤""铁勤"的诸多例证，指出前者实为后者之误，后者乃鲜卑语"大车"\*terigin 之音译，与"突厥""丁零""狄历"之名没有关系，此文一举颠覆了学界关于"敕勒""铁勒"的成说。②

在魏晋南北朝时期南方的民族关系与民族政策的研究方面，学者们提出了新的见解。陈彦波认为，秦汉至南北朝时期我国西南人文环境变迁与民族社会经济发展对西南既有阻碍制约的影响，也有巨大的促进作用。③ 代维、张世均以诸葛亮边疆治理为中心，考察边缘区域的国家认同建构。④ 霍巍通过分析梁元帝《职贡图》、青海吐谷浑故地考古新发现指出，在南北对峙的政治格局下，南朝与西域各国的交流不仅未中断，反而经由与川西北、甘青一带的"西戎"积极的交往、互动，建立起以益州、荆州为重镇的丝路交通网络，维系了秦汉以来以中国为中心的"世界秩序"和"朝贡制度"。⑤ 崔明德、王硕认为，南朝各政权的政治家、史学家等各类人物对诸"蛮"的认识及治理方式，决定着该时期民族关系的发展状况和走向，大体上适应了当时的民族关系现状，在实践中取得了显著成效。⑥ 王文光、马宜果对以往学界关注较少的北齐、陈两

① 徐晨：《北朝时期关中氏族的分布与融合》，《民族学刊》2022 年第 3 期；罗丰、李星宇：《药王山北朝荔非氏造像碑铭考释》，《文物季刊》2022 年第 2 期；郭孟秀：《关于勿吉考古文化的推定》，《学习与探索》2022 年第 1 期；王美艳、冉宇迪：《中原汉文化对高句丽壁画角抵图像的影响研究》，《艺术与设计（理论）》2022 年第 11 期；王俊铮：《北朝石窟视阈下高句丽墓葬壁画中的佛教元素——以长川 1 号墓为中心》，《敦煌研究》2022 年第 3 期；牛敬飞：《论吐谷浑早期的活动范围及战略转移》，《学术月刊》2022 年第 6 期；王石雨：《高车诸族称来源及关系探析》，《内蒙古社会科学》2022 年第 3 期。
② 陈恩：《敕勒与铁勒族名新证》，载余太山、李锦绣主编《欧亚学刊》新 11 辑，商务印书馆，2022。
③ 陈彦波：《魏晋南北朝西南人文环境变迁与民族社会经济》，《西部学刊》2022 年第 2 期。
④ 代维、张世均：《边缘区域国家认同建构——以诸葛亮边疆治理为中心的考察》，《西南民族大学学报》（人文社会科学版）2022 年第 6 期。
⑤ 霍巍：《梁元帝〈职贡图〉与"西戎"诸国》，《民族研究》2022 年第 4 期。
⑥ 崔明德、王硕：《南朝对诸"蛮"的认识及治理方式》，《湖北民族大学学报》（哲学社会科学版）2022 年第 1 期；《南齐民族关系思想述论》，《东方论坛》2022 年第 4 期。

政权的民族交往交流交融进行了论述。① 沈志富、何敬坤认为，中古时期大别山区地域人群演替体现出过渡性特点，东晋南朝政权在当地实行的一系列差异化的政治、经济、军事治理策略，促进了民族交流交融，至隋初大别山区蛮民族群的华夏化进程基本完成。② 姜照中通过语言的考察，认为古人称賨为氏是有依据的。③

西域地区是魏晋南北朝民族史研究中的另一重要区域。李并成分析了魏晋隋唐之际塔里木盆地部分绿洲居民的生活方式和历史事件对塔里木盆地沙漠化的影响；④ 周亚威、何昊、朱泓发现构成汉代楼兰人种的主体成分应是欧罗巴人种中的"地中海东支类型"，同时还有少量蒙古人种；⑤ 李智君探析了于阗佛教徒将于阗嵌入佛教世界想象的方式和过程。⑥ 西域出土的大量汉语和非汉语文献为我们提供了宝贵的历史信息，薛斐、赵梦涵、张婧、王丁对这些文献进行了探讨。⑦ 在西域石窟的研究方面，夏立栋将高昌石窟归纳为高昌郡至高昌国、唐西州和西州回鹘三个大的发展演变阶段。⑧ 此外，张世奇、何芳、侯明明、张东民对壁画所体现的西域生活图景与文化交流进行了讨论。⑨

---

① 王文光、马宜果：《北齐、陈两政权的民族交往交流交融》，《烟台大学学报》（哲学社会科学版）2022 年第 2 期。
② 沈志富、何敬坤：《中古大别山区的蛮民族群及其华夏化》，《安庆师范大学学报》（社会科学版）2022 年第 4 期。
③ 姜照中：《论賨人、冉駹之称"氏"：来自语言方面的证据》，《西北民族大学学报》（哲学社会科学版）2022 年第 4 期。
④ 李并成：《塔里木盆地达玛沟下游古绿洲沙漠化考》，《历史地理研究》2022 年第 2 期。
⑤ 周亚威、何昊、朱泓：《楼兰人种考》，《北方文物》2022 年第 4 期。
⑥ 李智君：《三至九世纪于阗佛教信仰空间的生产》，《民族研究》2022 年第 5 期。
⑦ 薛斐：《楼兰张济文书年代官职考》，《西北美术》2022 年第 2 期；赵梦涵：《楼兰文书所见泰始年间西域史事——以"马厉文书"为线索的考察》，《河北民族师范学院学报》2022 年第 2 期；张婧：《佉卢文书所见鄯善国牛之用途初探》，《西安文理学院学报》（社会科学版）2022 年第 2 期；王丁：《粟特语高昌延相买婢契补考》，《国学学刊》2022 年第 3 期。
⑧ 夏立栋：《高昌石窟分期与谱系研究》，《考古学报》2022 年第 2 期。
⑨ 张世奇：《魏晋十六国时期高昌弓箭文化探析——以阿斯塔那及哈拉和卓墓群出土墓主生活图为中心》，《民族艺林》2022 年第 3 期；何芳：《谈谈新疆吐鲁番高昌故城周围发现的晋唐墓葬壁画》，《文物鉴定与鉴赏》2022 年第 16 期；侯明明：《古代新疆尉头地区佛教故事塑像及相关问题研究》，《法音》2022 年第 8 期；张东民：《龟兹壁画上的甲胄造型分析》，《西部皮革》2022 年第 7 期。

## 三 隋唐五代辽宋夏金民族史

2022 年，隋唐五代辽宋夏金时期的民族史研究在一些传统议题上，特别是突厥史、辽金史领域，取得了较大的突破，史料整理工作也有长足发展。

学界继续推进有关该时期民族史各类资料的整理工作。文字资料方面，荣新江编著《和田出土唐代于阗汉语文书》收录除中国国家图书馆、中国人民大学博物馆、新疆维吾尔自治区博物馆藏卷以外的已知海内外所藏和田地区出土的汉语非佛教文书共计 300 余件。① 刘文、杜镇编《陕西新见唐朝墓志》收录新见唐代墓志拓片 223 种。② 仇鹿鸣、夏婧辑校《五代十国墓志汇编》辑录历代出土的五代十国墓志共 420 余方，附录 40 余方。③ 米热古丽·黑力力《鄂尔浑文回鹘碑铭研究》对《希纳乌苏碑》《塔里亚特碑》《铁兹碑》等鄂尔浑文回鹘碑铭进行转写、再译和语文学注释，探讨碑文所涉及的回鹘汗国历史地理、思想文化以及政治社会变迁。④ 杜建录、邓文韬主编《党项与西夏碑刻题记》收录有早期党项碑刻题记。⑤ 刘凤翥、张少珊、李春敏《契丹文字辨伪录》体现了契丹文字学研究的最新成果。⑥ 曹流《〈亡辽录〉辑释与研究》利用《三朝北盟会编》中的资料对《亡辽录》进行了辑佚、校勘与注释，对该书的作者、成书时间等问题进行了探讨。⑦ 周阿根校注《辽代墓志校注》共汇集整理辽代墓志 218 方。⑧ 物质资料方面，林俊雄《石人考古学》汇集近三百幅突厥石人及相关墓葬遗址测绘与摄影的第一手图像资料，分析草原石人

① 荣新江编著《和田出土唐代于阗汉语文书》，中华书局，2022。
② 刘文、杜镇编《陕西新见唐朝墓志》，三秦出版社，2022。
③ 仇鹿鸣、夏婧辑校《五代十国墓志汇编》，上海古籍出版社，2022。
④ 米热古丽·黑力力：《鄂尔浑文回鹘碑铭研究》，中国社会科学院出版社，2022。
⑤ 杜建录、邓文韬主编《党项与西夏碑刻题记》，三秦出版社，2022。
⑥ 刘凤翥、张少珊、李春敏：《契丹文字辨伪录》，北京燕山出版社，2022。
⑦ 曹流：《〈亡辽录〉辑释与研究》，巴蜀书社，2022。
⑧ 周阿根校注《辽代墓志校注》，天津古籍出版社，2022。

的特征，探讨其起源、发展及其与古代突厥人的密切关系。① 《隋代史射勿墓葬壁画修复研究》是对宁夏固原博物馆所藏隋代史射勿墓葬壁画科学保护修复工作的总结；② 《金帝夏宫》揭示了太子城是国内首座金代行宫遗址，详细介绍了遗址与文物情况。③ 张多勇《西夏监军司遗址及军事布局》对监军司周边的堡寨进行考察，并对西夏监军司的边防体系进行相关的研究。④

研究专著方面，唐纳德·洛佩兹《慧超的旅行》对《往五天竺国传》残卷进行研究，其中涉及一些民族志材料；⑤ 岳鹏《唐代河东道军政关联问题研究》对唐代河东道军事行动、在唐朝边疆防御和内疆重塑方面的作用进行研究，涉及河东地区的古代民族历史；⑥ 张开《西北地区唐代农牧业地理研究》对唐代边境的"缓冲族群"在牧业中的角色和边防上的地位进行了探讨，⑦ 董文阳《唐代岭南国家化进程研究》研究了唐朝在岭南地区的治理及岭南地区的国家化进程，⑧ 戴仁柱《火与冰：后唐庄宗李存勖》对民族交融、武人当政、河朔崛起等问题皆有所研究。⑨ 武文君《辽代部族军研究》以辽代部族军为研究对象，重点考察部族军的军事体制演变历程、部族军征发与分工、部族军管理机构及职官、部族镇戍军与行军等问题。⑩ 陈晓伟《〈金史〉丛考》从反思《金史》版本源流和纪传志表各部分的文献史源入手，针对《金史》原点校本和修订本的具体校勘案例，重审两次文献整理工作的得与失。⑪

① 林俊雄：《石人考古学：突厥遗绪与欧亚草原的世界》，朱振宏译，台北，八旗文化，2022。
② 宁夏回族自治区固原博物馆：《隋代史射勿墓葬壁画修复研究》，科学出版社，2022。
③ 河北省文物考古研究院、张家口市文物考古研究所、张家口市崇礼区文化广电和旅游局编《金帝夏宫——崇礼太子城遗址考古发掘》，文物出版社，2022。
④ 张多勇：《西夏监军司遗址及军事布局》，中华书局，2022。
⑤ 〔美〕唐纳德·洛佩兹：《慧超的旅行》，冯立君译，社会科学文献出版社，2022。
⑥ 岳鹏：《唐代河东道军政关联问题研究》，线装书局，2022。
⑦ 张开：《西北地区唐代农牧业地理研究》，齐鲁书社，2022。
⑧ 董文阳：《唐代岭南国家化进程研究》，花木兰文化事业有限公司，2022。
⑨ 戴仁柱：《火与冰：后唐庄宗李存勖》，刘广丰译，重庆出版社，2022。
⑩ 武文君：《辽代部族军研究》，黄山书社，2022。
⑪ 陈晓伟：《〈金史〉丛考》，中华书局，2022。

在隋唐五代时期各民族交往交流交融研究方面，王永平、薛正昌、杜文玉对陆海丝绸之路上的重要节点进行了考察，① 王婧璇、石云涛、肖超宇分析了中原人的异域认知，② 陈明、周运中对丝绸之路上的物产交流进行了梳理，③ 杨瑾、张晓妍、刘呆运、赵海燕、宗世昊、丛振、孙思扬、葛承雍、吴铁、朱利民、刘喆、李梅田、龙成松、余欣、吴正浩、马小鹤、杨蕤、田文从多维度探讨了丝绸之路及中原各地之间的民族文化交流。④

在隋唐五代时期中央王朝的边疆开拓、治理方略、民族政策、民族关系方面，丁友芳、景凯东、丁俊、徐承炎、滕玉磊、李鹏、董艳阳等

---

① 王永平：《从拜占庭到薄骨律：一份粟特语地名录所反映的丝绸之路走向》，《山西大学学报》（哲学社会科学版）2022 年第 3 期；薛正昌：《唐代海上丝绸之路与广州港口》，《石河子大学学报》（哲学社会科学版）2022 年第 5 期；杜文玉：《五代时期山东半岛至于阗之间交通路线考》，载《丝绸之路研究集刊》第 8 辑。

② 王婧璇：《丝路与博物：唐前小说殊方异物的文学书写与美学特质》，《云南社会科学》2022 年第 4 期；石云涛：《唐代小说中外来文明的传奇性书写》，《武汉科技大学学报》（社会科学版）2022 年第 4 期；肖超宇：《民族志视角下的〈经行记〉研究》，《中国社会科学院大学学报》2022 年第 8 期。

③ 陈明：《丝绸之路医书中"诃罗诃罗毒"的文化源流》，《华东师范大学学报》（哲学社会科学版）2022 年第 3 期；周运中：《唐宋文献记载的海外异兽丛考》，《中国港口》2022 年第 S1 期。

④ 杨瑾：《胡汉交融视角下唐代披袍女俑形象新探》，《中原文物》2022 年第 1 期；张晓妍：《中古时代女性冠饰演变与丝绸之路妆饰文化交流》，《服饰导刊》2022 年第 4 期；刘呆运、赵海燕：《陕西泾阳石刘村 M318 出土"胡人宴饮图"探析》，《故宫博物院院刊》2022 年第 8 期；宗世昊、丛振：《唐代丝绸之路上的饮宴游艺与娱乐》，《云冈研究》2022 年第 1 期；孙思扬：《从长安地区唐墓壁画管窥唐代的胡汉文化融合》，《西北美术》2022 年第 1 期；葛承雍：《新出中古墓葬壁画中的下层胡人艺术形象》，《故宫博物院院刊》2022 年第 8 期；吴铁、朱利民：《唐朝胡人都市生活研究——以西安唐墓出土的胡人杂戏俑为例》，载杜文玉主编《唐史论丛》第 35 辑，三秦出版社，2022；刘喆、李梅田：《内蒙古清水河塔尔梁五代墓葬壁画释读》，《美术研究》2022 年第 1 期；龙成松：《浙东唐诗之路上的"胡声"——兼论浙东唐诗之路与丝绸之路的交会》，《浙江大学学报》（人文社会科学版）2022 年第 7 期；余欣：《占灯术源流考：德藏吐鲁番出土文献 Ch1634 发微》，《浙江大学学报》（人文社会科学版）2022 年第 7 期；吴正浩：《于阗毗沙门天王信仰在内地的传播——以〈李锷墓志〉为中心的考察》，《石河子大学学报》（哲学社会科学版）2022 年第 1 期；马小鹤：《新见屏南抄本夷偈〈四寂赞〉校释》，《文史》2022 年第 1 期；杨蕤、田文：《10—13 世纪丝绸之路上的僧侣往来与中西文化交流》，《中州学刊》2022 年第 6 期。

进行了专门的讨论。① 羁縻州是唐朝治理边疆的重要制度,范恩实对之进行了理论上的讨论,指出羁縻州是唐朝地方行政机构,羁縻州制度所实现的不仅是政治管理方式划一,经济、文化上的趋同也表现得更加明显,各族群人员的交融使得"夏""夷"差异被进一步弥合。② 此外,森部丰、李想、梁振涛、熊中凯、严奇岩、郭桂坤、刘亚光对羁縻州制度进行了具体的考察。③

稽胡自北朝至唐前期活跃于太行山迤西地区,谢守华对其分布及在隋末唐初之际的活动进行了细致的梳理。④ 大量鲜卑人及北方民族自北魏以来徙居中原,至隋唐时期已经基本汉化,南泽、李忠魁、刘森垚、李宗俊、柴怡、赵兆、杨永刚、刘勇、王书钦、沈国光等借助墓志材料对他们自北朝以来的世系及汉化过程进行了讨论。⑤ 罗丰、谢泳琳、胡可

---

① 丁友芳:《〈西域图记〉:隋朝的西域情报、知识与战略总纲》,《唐史论丛》第 35 辑;景凯东:《王言所见唐与民族政权的"父子""兄弟"关系》,《北京社会科学》2022 年第 5 期;丁俊:《唐前期营州事件与河北三层防御体系构建》,《北京社会科学》2022 年第 7 期;徐承炎:《试论唐代安西的屯田》,《农业考古》2022 年第 1 期;滕玉磊、李鹏:《和、战之间:辽与后周关系嬗变考论》,《辽东学院学报》(社会科学版)2022 年第 2 期;董艳阳:《契丹、后梁以及晋三者的关系探微——以神册元年为基准》,《丝绸之路》2022 年第 1 期。

② 范恩实:《唐羁縻州制度是一体而治的重要一环》,《历史评论》2022 年第 1 期。

③ 森部丰:《唐代前半期羁縻州、蕃兵、军制纪要——以营州为例》,《唐史论丛》第 35 辑;李想:《唐代关内道所置新州研究——以行渭、武、威、宥州为中心》,《兰台世界》2022 年第 7 期;梁振涛:《唐代北庭行政管理体制的类型及其实质》,《昌吉学院学报》2022 年第 4 期;熊中凯、严奇岩:《唐黔州都督府羁縻明州考》,《中华文化论坛》2022 年第 2 期;郭桂坤:《唐瀚海、单于二都护府初置年代再考》,《中国历史地理论丛》2022 年第 3 期;刘亚光:《唐代副大都护考》,《魏晋南北朝隋唐史资料》第 45 辑。

④ 谢守华:《隋唐之际稽胡族群的地域结构与政治动向》,载杜文玉主编《唐史论丛》第 34 辑,三秦出版社,2022。

⑤ 南泽:《尉氏家族墓志研究》,《书法研究》2022 年第 1 期;李忠魁:《北朝尉景一支家族世系及其相关问题考述——以〈尉茂墓志〉〈尉州墓志〉等为例》,《云冈研究》2022 年第 2 期;刘森垚:《分流与冲突:中古达奚氏源流考述》,《中央民族大学学报》(哲学社会科学版)2022 年第 1 期;李宗俊、柴怡:《新出隋豆卢贤与唐豆卢弘毅墓志跋》,《考古与文物》2022 年第 1 期;柴怡、赵兆、杨永刚等:《陕西西咸新区空港新城隋唐豆卢贤家族墓发掘简报》,《考古与文物》2022 年第 1 期;刘勇:《新近出土唐鲜卑后裔豆卢氏墓志考释》,载《丝绸之路研究集刊》第 8 辑;王书钦:《从新出唐〈宇文去惑墓志〉〈宇文仲逵墓志〉略考北周介国赓续》,载《唐史论丛》第 34 辑;沈国光:《〈东魏赫连明墓志〉考释——兼论北朝至唐赫连氏的发展》,《河北师范大学学报》(哲学社会科学版)2022 年第 3 期。

先、张坤对隋唐时期活跃于丝绸之路及中原各地的粟特人的生活情况、历史作用进行了考察。①

突厥是隋唐时期最为强大的北方游牧政权，2022 年关于突厥的研究取得了丰硕的成果，特别是对多语种文献的广泛运用，成为诸多成果的基础。陈浩把不同语种史料中的突厥起源叙事放置于全球史的视野中讨论，揭示现有史料对突厥起源的不同表述：希腊语史料中是斯基泰起源说，拉丁语史料中是特洛伊起源说，汉文史料中是狼种起源说，穆斯林文献中是雅弗起源说，几乎所有关于突厥起源的叙事都或明或暗地揭示了突厥人与印欧语人群在历史上和文化上具有相关性。② 孟楷卓、于子轩认为《新唐书·西突厥传》以线性思维重构突厥可汗世系中相对模糊的部分并不可信，突厥早期的西面可汗 Silzibul、步离可汗和达头可汗皆非室点密，室点密世系乃突厥后世统治家族及唐人出于政治目的的伪造。③ 李强借助更为全面的拜占庭希腊语文献，以西突厥与拜占庭使节往来为中心，探讨了 6—7 世纪西突厥与拜占庭交往中体现的丝绸之路中西段复杂的地缘政治。④

孙培岗基于突厥、北周、北齐三方关系和国力的分析，提出 "两儿" 并非北齐、北周，而是尔伏、步离两小可汗。⑤ 徐弛据新发现的慧思陶勒盖碑铭，提出在信仰佛教的第一突厥汗国佗钵可汗之后，佛教在漠北地区的影响力可能又持续了十余年。⑥ 胡康认为，《旧唐书·突厥传》关于后突厥末期史事的叙述最初应是来源于颜真卿所撰《康阿义屈达干神道

① 罗丰、谢泳琳：《三方粟特人墓志考释——兼论唐代洛阳粟特人的婚姻与居地》，载《唐史论丛》第 35 辑；胡可先：《新发现颜真卿撰〈康阿义屈达干墓志〉释证》，《浙江大学学报》（人文社会科学版）2022 年第 4 期；张坤：《试论隋唐之际伊吾粟特人的来源——兼论丝绸之路北道的使用》，载《丝绸之路研究集刊》第 8 辑。
② 陈浩：《全球史视野下的突厥起源叙事分析》，《史林》2022 年第 5 期。
③ 孟楷卓、于子轩：《以室点密为中心再探突厥早期史》，《历史研究》2022 年第 4 期。
④ 李强：《公元 6~7 世纪西突厥与拜占庭帝国交往中的地缘政治》，《西域研究》2022 年第 1 期。
⑤ 孙培岗：《突厥佗钵可汗 "两儿" 辨》，载马建春主编《暨南史学》第 24 辑，暨南大学出版社，2022。
⑥ 徐弛：《蒙古国考古新发现中的佛教元素——兼论 6 至 8 世纪漠北草原的佛教传播》，《中国国家博物馆馆刊》2022 年第 3 期。

碑》，多有不确；《新唐书·突厥传》涉及后突厥末期汗位更迭的一段来自《唐历》，史料价值较高，其他部分则多是编者对已有史料的重新删减、编排，需要谨慎使用。[1] 齐藤茂雄、董永强对入唐突厥贵族家族进行了考察。[2] 突厥人将中原地区称为 tabɣač，此名后长期流行于北方草原地区及西域，即历史上著名的"桃花石"。伯希和猜测其为"拓跋"经词中 γb 辅音互置后之形式，其说影响甚广，几为定论，但对于辅音互置仍缺乏系统的证明。刘迎胜将克劳森词典所有词中含唇辅音或合口元音与颚辅音组合的词全部检出，以统计数据证实，操突厥语的民族有将词中唇辅音或合口元音置于颚辅音之前的趋向，说明"拓跋"名称在传播过程中的辅音互置发生于突厥语中。[3] 白玉冬、车娟娟认为叶尼塞碑铭中的 ong 和 oo 为汉语词"王"的音译，[4] 苏日塔拉图认为库曼之称源自三姓咽䫻统治部族昆部。[5]

关于继突厥而起的漠北回鹘汗国，米热古丽·黑力力重释重译了铁兹碑北面三行，[6] 李荣辉据敦煌卷子 P. t. 1283 提出在 745 年之前回鹘国内已存在摩尼教信仰，这个时间要早于以前认为摩尼教传入回鹘的 763 年；[7] 于子轩以为，塞列福碑很可能是汉文史料中记录的回鹘"国门"碑，建于 8 世纪 80 年代顿莫贺统治时期；[8] 杨富学、熊一玮据福建福清市发现的摩尼教抄本《普度科仪》"东土摩呼禄慕阇"之记载，重申呼禄为回鹘语 qutluɣ 之见解；[9] 齐会君对会昌年间唐朝征讨南迁回鹘、联合黠

---

① 胡康：《后突厥汗国末期史事新证——基于史源学的考察》，《学术月刊》2022 年第 1 期。
② 齐藤茂雄：《突厥〈阿史那感德墓志〉译注考——唐朝羁縻统治下突厥集团的特征》，载《唐史论丛》第 35 辑；董永强：《唐代突厥蕃将执失家族研究——以〈执失奉节墓志〉〈执失善光墓志〉为中心》，载《唐史论丛》第 34 辑。
③ 刘迎胜：《"拓跋"与"桃花石"（"條贯主"）两名关系新探》，《西北民族研究》2022 年第 3 期。
④ 白玉冬、车娟娟：《叶尼塞碑铭所见华夏称号"王"考》，《敦煌学辑刊》2022 年第 2 期。
⑤ 苏日塔拉图：《库蛮起源新论》，载《欧亚学刊》新 11 辑。
⑥ 米热古丽·黑力力：《重译鄂尔浑文〈铁兹碑〉北面 3 行》，载《欧亚学刊》新 11 辑。
⑦ 李荣辉：《从敦煌文书 P. t. 1283 看摩尼教传入回鹘时间》，载《暨南史学》第 24 辑。
⑧ 于子轩：《"回纥可汗铭石立国门"——塞列福碑的年代》，载叶炜主编《唐研究》第 27 卷，北京大学出版社，2022。
⑨ 杨富学、熊一玮：《唐代开教福建摩尼僧呼禄法师族出回鹘新证》，《西域研究》2022 年第 2 期。

戛斯等事件进行了更为细致的考察；① 路虹、杨富学指出在敦煌文献中，"猃狁""匈奴""凶奴""突厥""北虏""獯戎""东羌""羌戎""鬼方"等词皆有可能成为回鹘的代称。② 此外，李锦绣、陆离、樊文礼、邢云分别对黠戛斯与中原地区的关系、沙陀与回鹘的关系、沙陀于晚唐崛起于代北的细节进行了研究。③

东北地区方面，董永强、铁颜颜据唐朝的契丹部落首领之子李范的墓志梳理了唐代初期契丹的内部情况及其与唐朝的关系，④ 张晓舟、刘晓东对契丹李尽忠之乱中靺鞨部的动向进行了考察。⑤ 东奔靺鞨的一支建国，后被唐朝册封为渤海郡王，遂称渤海国。冯恩学、侯璇认为，基本能够确定磨盘村山城是东牟山城，渤海国最初国号是"振国"而非"震国"。⑥ 程尼娜、沈一民、林立坤对唐朝与渤海之间的朝贡制度，⑦ 王万志、辛时代、郭威、王孝华、刘晓东对渤海国的各种制度，⑧ 张璐繁、梁

① 齐会君：《会昌年间唐朝征讨南迁回鹘诸问题考论》，《中国边疆史地研究》2022 年第 3 期。

② 路虹、杨富学：《敦煌文献中的回鹘名称考》，《宝鸡文理学院学报》（社会科学版）2022 年第 2 期。

③ 李锦绣：《唐与黠戛斯的绢马贸易》，《晋阳学刊》2022 年第 1 期；陆离：《英藏敦煌藏文书写阿弥陀经跋文年代考辨——兼论张氏归义军政权与黠戛斯的关系》，《石河子大学学报》（哲学社会科学版）2022 年第 2 期；樊文礼：《沙陀与回鹘关系研究》，载《丝绸之路研究集刊》第 8 辑；邢云：《再论沙陀李氏的崛起》，《史林》2022 年第 5 期。

④ 董永强：《论早期契丹与唐朝的关系——以新见〈李范墓志〉为中心》，《中国边疆史地研究》2022 年第 3 期；铁颜颜：《北方民族政权融入统一国家的基本路径探析——以〈唐故左屯卫郎将李公墓志铭〉为中心的研究》，《中央民族大学学报》（哲学社会科学版）2022 年第 3 期。

⑤ 张晓舟：《论李尽忠之乱期间的辽东情势——兼议乞四比羽东奔时间》，《中国边疆史地研究》2022 年第 1 期；刘晓东：《关于乞四比羽在营州之乱、靺鞨东奔中的身份及地位问题》，《北方文物》2022 年第 5 期。

⑥ 冯恩学、侯璇：《渤海国建国之地与国号变迁新识》，《北方文物》2022 年第 1 期。

⑦ 程尼娜：《渤海国朝唐贺正使考论》，《中国边疆史地研究》2022 年第 3 期；沈一民：《唐代封贡体系下的贡物制度——以渤海国贡物为视角》，《江西社会科学》2022 年第 6 期；林立坤：《渤海国与唐朝朝贡研究》，《兰台世界》2022 年第 7 期。

⑧ 王万志：《唐代渤海国"二元"地方制度下羁縻统辖研究》，《中国边疆史地研究》2022 年第 3 期；辛时代、郭威：《渤海国章服制度研究》，《北方文物》2022 年第 2 期；王孝华、刘晓东：《渤海德里府、德理镇与边州军镇设防问题考》，《中州学刊》2022 年第 7 期。

会丽、李睿怡、许大为对渤海国的文化都分别进行了研究。① 高句丽是隋唐时期东北地区的另一重要民族政权,张维慎、郑东珉、王连龙、黄志明、拜根兴对唐朝征讨高句丽的历史及入唐高句丽移民进行了讨论,② 赵春兰、韦正对高句丽的使者进行了研究;③ 刘健佐、姜维公、郑春颖、盛宇平、冯立君则分别从神话、服装与道教等方面对高句丽的文化状况进行了考察。④ 冯立君指出,辽西对中原与东北的联通,使该地区繁复的政治变化和人群流移映射出古胡汉统一与交融的历史脉络。⑤

隋唐时期的西域研究成果众多,大致分为历史研究、石窟研究、文书研究三类。石窟研究多为对壁画内容的解读,既反映当地民族的宗教信仰、音乐美术、生活场景,又体现中西文化之交流。例如,陈菊霞、刘宏梅从衣裳、披帛、凤冠等各个方面,对敦煌石窟中出现的二十多身于阗国王、皇后和公主的供养人画像进行了全面考察。⑥ 其余研究尚多,不赘述。历史研究方面,张安福、田海峰、王玉平讨论了天山地区的战略意义;⑦ 景

---

① 张璐繁、梁会丽:《浅谈渤海国的风铃》,《地域文化研究》2022 年第 5 期;李睿怡、许大为:《渤海国都城空间演变过程中文化的传承与发展》,《黑龙江民族丛刊》2022 年第 2 期。

② 张维慎:《龙朔元年苏定方东征高句丽失利原因再探》,《陕西师范大学学报》(哲学社会科学版)2022 年第 5 期;郑东珉:《唐朝疆域内高句丽遗民的杂居》,《衡水学院学报》2022 年第 5 期;王连龙、黄志明:《唐代高句丽移民〈李仁晦墓志〉考论》,《文物季刊》2022 年第 2 期;拜根兴:《〈唐故余杭郡太夫人泉氏墓志〉考释》,《文博》2022 年第 3 期。

③ 赵春兰、韦正:《阿弗拉西阿勃台地城址壁画高句丽使者身份考》,《四川文物》2022 年第 3 期;赵春兰:《中原王朝对高句丽使者官职的影响》,《许昌学院学报》2022 年第 3 期。

④ 刘健佐、姜维公:《高句丽建国神话流变探析》,《中国边疆史地研究》2022 年第 2 期;郑春颖、盛宇平:《高句丽"郸曰"新考》,《中国边疆史地研究》2022 年第 2 期;冯立君:《唐与高句丽、百济道教交流问题新探》,载《唐史论丛》第 34 辑。

⑤ 冯立君:《中古辽西所见胡汉互动与交融》,《中央民族大学学报》(哲学社会科学版)2022 年第 3 期。

⑥ 陈菊霞、刘宏梅:《于阗皇后供养人服饰与妆饰研究》,《东华大学学报》(社会科学版)2022 年第 2 期。

⑦ 张安福:《天山廊道与唐朝治理西域研究》,《社会科学战线》2022 年第 6 期;田海峰:《略谈唐代天山廊道的战略地位——基于地理视角的阐释》,《昌吉学院学报》2022 年第 4 期;王玉平:《贞观二十二年昆丘道行军路线新考——兼论天山腹地的战略意义》,《新疆大学学报》(哲学·人文社会科学版)2022 年第 1 期。

凯东、王旭送重新检讨了刘焕事件，否定了刘焕叛乱的事实；① 刘子凡系统梳理了文献中的"瀚海"，指出汉唐时期文献中所见作为地理景观的"瀚海"都是指漠北的大型湖泊，唐在北庭设的军镇因之而名为瀚海军，至清代将"瀚海"定为蒙古戈壁。②

西域地区出土了大量各种语言的文书，通过深入发掘这些文书中的历史信息，2022 年在西域历史研究方面取得了较大的进展，其中尤以于阗的研究为突出。荣新江详细介绍了有关于阗的汉语文书，③ 沈琛、庆昭蓉、孙炳晗、段晴、朱丽双等人充分利用多语种文书，深化了唐代于阗地区的历史文化研究。④ 2010 年，中国人民大学收入一批西域各种文字的文书，其后北京大学、中国人民大学等单位的学者对这批文书进行了集中研究。《中国人民大学学报》2022 年第 1 期集中刊出了孟宪实、段真子、毕波和段晴 4 篇相关研究。⑤ 此外，范晶晶也对中国人民大学博物馆藏 GXW0404 于阗语文书进行了研究，梳理了于阗地区的税收运作过程。⑥ 张湛、余柯君分别对上海私藏于阗语房产抵押契约和北京大学藏敦煌遗书

① 景凯东：《刘焕事件与开元后期西域战事——兼论王言的史料价值》，《甘肃社会科学》2022 年第 5 期；王旭送：《论北庭都护刘焕之死》，《河西学院学报》2022 年第 3 期。
② 刘子凡：《重塑"瀚海"——唐代瀚海军的设立与古代"瀚海"内涵的转变》，《中国史研究》2022 年第 2 期。
③ 荣新江：《和田出土唐代于阗汉语文书概说》，载《丝路文明》第 7 辑。
④ 沈琛：《8 世纪末吐蕃占领于阗史事钩沉》，《西域研究》2022 年第 3 期；庆昭蓉、荣新江：《唐代碛西"税粮"制度钩沉》，《西域研究》2022 年第 2 期；《和田出土大历建中年间税粮相关文书考释》，载《西域文史》第 16 辑；《和田出土唐贞元年间杰谢税粮及相关文书考释》，载郝春文主编《敦煌吐鲁番研究》第 21 卷，上海古籍出版社，2022；孙炳晗：《安史之乱后于阗地区征税体系研究》，《西域研究》2022 年第 3 期；段晴：《吕琮胡书——对中国国家图书馆藏西域文书 BH1－17 于阗语文书的释读》，《西域研究》2022 年第 2 期；朱丽双、荣新江：《出土文书所见唐代于阗的农业与种植》，《中国经济史研究》2022 年第 3 期。
⑤ 孟宪实：《中国人民大学藏西域汉文文书及其学术价值——以镇守军相关文书为中心》，《中国人民大学学报》2022 年第 1 期；段真子：《汉籍抄本在于阗——以中国人民大学藏西域汉文文书为中心》，《中国人民大学学报》2022 年第 1 期；毕波：《粟特人在于阗——以中国人民大学藏粟特语文书为中心》，《中国人民大学学报》2022 年第 1 期；段晴：《中国人民大学藏于阗语文书的学术价值》，《中国人民大学学报》2022 年第 1 期。
⑥ 范晶晶：《对一件于阗语税收文书的考释》，《西域研究》2022 年第 3 期。

D20 号与伍伦 7 号《金刚经》中的于阗文注音进行了分析。[①] 付马、夏立栋、李刚、张铁山、吐送江·依明、阿不都日衣木·肉斯台木江、阿依达尔·米尔卡马力、崔焱、阿依达尔·米尔卡马力、张戈对回鹘文文书的研究有所推进。[②]

关于吐蕃史的研究，路易斯·唐尼探析了佛教对于吐蕃王权的影响，[③] 林冠群对吐蕃大论尚结赞及其所参与的清水会盟等重大历史事件进行了考察，[④] 王蕾对唐蕃鱼海、合河之战唐军行军路线的沿途地点详加考订。[⑤]"吐蕃"到底应读 tubo，还是 tufan，长期以来争论不休，2022 年仍有一些学者参与讨论，如符必文、南小民认为 tubo 论证据不足，仍以 tufan 为是，[⑥] 朱宏一认为二者是正音和俗音的关系。[⑦] 关于吐蕃的名号，妥超群认为"苏毗"即 mdzo bod，隋代省称附国（bod），而"吐蕃"即 stod bod（西蕃）；[⑧] 赵毅、杨维对唐代汉文文献中的"西蕃"的使用情况进行了详细的梳理，指出其在不同时期有不同含义，早期指西域的突厥等部族，高宗中后期以后该词既可指西域诸蕃，又可指吐蕃，而代宗以

---

① 张湛：《一件 8 世纪后半于阗语房产抵押契约释读》，《西域研究》2022 年第 3 期；余柯君："北伍二件"敦煌汉文写经夹注字母初探》，《敦煌研究》2022 年第 2 期。

② 付马、夏立栋：《新疆吐峪沟新出西州回鹘寺院礼忏仪式文本研究》，《西域研究》2022 年 7 月网络首发；李刚：《吐鲁番新获回鹘文文书探究》，《敦煌学辑刊》2022 年第 2 期；张铁山：《敦煌研究院旧藏三件回鹘文"阿毗达磨论藏"残片研究》，《敦煌学辑刊》2022 年第 2 期；吐送江·依明、阿不都日衣木·肉斯台木江：《敦煌研究院旧藏回鹘文〈十业道譬喻故事花环〉残卷研究》，《敦煌学辑刊》2022 年第 2 期；阿依达尔·米尔卡马力：《国家图书馆藏一叶回鹘文〈佛说天地八阳神咒经〉研究》，《宗教学研究》2022 年第 1 期；崔焱：《回鹘文契约文书中的"sïčï（四至）"研究——兼与敦煌、吐鲁番出土的汉文文书比较》，《宗教学研究》2022 年第 1 期；阿依达尔·米尔卡马力、张戈：《中国国家图书馆藏两件回鹘文〈圆觉经〉注疏残叶研究》，《宗教学研究》2022 年第 1 期。

③ 路易斯·唐尼：《吐蕃的早期菩萨王权——以赤松德赞为例》，王宗慧译，载《丝绸之路研究集刊》第 8 辑。

④ 林冠群：《唐蕃关系下的尚结赞》，《中国藏学》2022 年第 4 期。

⑤ 王蕾：《鱼海、合河的位置与交通路线考》，载《唐研究》第 27 卷。

⑥ 符必文、南小民：《"吐蕃"读音溯源——兼与周艳霞、周莹〈"吐蕃"读音之辨〉一文商榷》，《西部学刊》2022 年第 5 期。

⑦ 朱宏一：《再谈"吐蕃"的读音及其规范》，《辞书研究》2022 年第 6 期。

⑧ 妥超群：《犏牛国考：苏毗与附国新论》，《西藏大学学报》（社会科学版）2022 年第 1 期。

后则皆指吐蕃。① 此外，黄博、史淑娅、丹珠昂奔对賨王的称号进行了讨论。②

　　古藏文文献在吐蕃的历史研究中也起到了重要作用。沈琛对据说出于阿里的古藏文文书进行了研究；③ 张旭据古藏文文书，对 mkho sham chen pho（大行政管理）的具体措施进行了研究；④ 才让扎西、索南多杰、卓玛加、刘凤强、格日杰布、次旦扎西、索南才旦也都对古藏文碑铭、文书中的史事、词汇进行了考释；⑤ 德吉卓玛、张长虹、沈琛、刘英华、杨宝玉利用古藏文文献考察了吐蕃时期的宗教信仰。⑥ 此外，魏睿骜利用敦煌汉文文书论证张议潮于起事之初采取与唐、吐蕃双边通好的政策，直到唐廷在沙州置归义军后，张议潮才完全打出反抗吐蕃的大旗。⑦《唐史论丛》第 34 辑刊出了史正玉、陈明迪、于光建、陆韦志等人的三篇墓志考释文章，都涉及与吐蕃相关的史事。⑧

---

① 赵毅、杨维：《唐代"西蕃"词义考辨》，载《唐史论丛》第 34 辑。
② 黄博、史淑娅：《虚实相通：从松赞干布的"賨王"封号看中国古代多民族的交往交流交融》，《中国藏学》2022 年第 1 期；丹珠昂奔：《"賨王"考——兼议"古孜"（古宗）之来源》，《中国藏学》2022 年第 1 期。
③ 沈琛：《敦煌吐蕃兵律文书补考》，《文史》2022 年第 3 期。
④ 张旭：《吐蕃按户征兵制度研究》，《中国边疆史地研究》2022 年第 3 期。
⑤ 才让扎西：《仲与王政：吐蕃赞普神话叙事探源》，《中国藏学》2022 年第 4 期；索南多杰：《察雅仁达摩崖石刻再考——兼论公元 804 年吐蕃论乞冉使团赴长安议和事》，《中国藏学》2022 年第 4 期；卓玛加：《敦煌古藏文 I. O. 750 所载吐蕃行宫"Nyen Kar"地望考辨》，《青藏高原论坛》2022 年第 2 期；刘凤强：《"phyag（致礼）"与吐蕃对唐朝"宾服四方"的效仿》，《西藏民族大学学报》（哲学社会科学版）2022 年第 3 期；格日杰布：《古藏文 chab 和 srid 的词源探析》，《中央民族大学学报》（哲学社会科学版）2022 年第 4 期；次旦扎西、索南才旦：《rhya：吐蕃早期西部西藏部落首领的一种名号》，《中国藏学》2022 年第 4 期。
⑥ 德吉卓玛：《从龟兹石窟藏文壁文管窥吐蕃佛教的传入》，《西藏研究》2022 年第 2 期；张长虹：《青藏高原东部发现的古藏文刻经与吐蕃时期的汉藏佛教交融》，《中国藏学》2022 年第 4 期；沈琛：《再论吐蕃与景教、摩尼教的联系》，《敦煌研究》2022 年第 3 期；刘英华、杨宝玉：《P. t. 351、P. t. 1049〈景教卜辞〉〈鸦鸣占〉缀合与研究》，《国学学刊》2022 年第 1 期。
⑦ 魏睿骜：《大中初年张议潮遣使活动探究——以 P. 2686V、P. 3481Vc 为中心》，《敦煌学辑刊》2022 年第 1 期。
⑧ 史正玉：《新见〈唐刘琼神道碑〉考释》，载《唐史论丛》第 34 辑；陈明迪：《〈康太和墓志〉相关问题考释》，载《唐史论丛》第 34 辑；于光建、陆韦志：《武威博物馆藏〈唐崔怀珍墓志铭〉相关问题研究》，载《唐史论丛》第 34 辑。

　　在吐谷浑和唐代党项研究方面，李宗俊、周阿根、杨瑾对吐谷浑王慕容智的墓志及相关文物进行了考察，[①] 陈国科、刘兵兵、沙琛乔、韩建华对吐谷浑王室墓葬进行了研究，[②] 周倩倩、钟华、李冀源、胡晓军考察了吐蕃对吐谷浑人的治理方式及吐谷浑人的生活状况。[③] 胡康认为松州之战的爆发是唐蕃在党项、吐谷浑问题上谈判破裂的结果，[④] 吴小龙讨论了夏州党项政权从附唐到自立的地位变化，[⑤] 陈玮则对党项窦氏家族及其所领之党项羁縻州长宁州进行了考察。[⑥]

　　在南诏史方面，舒瑜指出，唐与南诏的会盟其实是两场，分别在苍山和洱海畔举行。而且与歃血为盟的传统盟誓不同，"贞元会盟"采取"以山川为盟"的形式，两场盟誓各有其仪式目的和功能。[⑦] 李宇舟、王曙文、李宇舟、和雅迪、李学龙考察了南诏国内的制度和政策；[⑧] 李凤艳澄清了长庆三年赴唐廷进贡者为南诏大军将王丘佺，而非南诏王名丘佺者，又认为阁罗凤未入唐为质子，同时，相关史料表明阁罗凤在位期间

① 李宗俊《吐谷浑喜王慕容智墓志及相关问题》，《烟台大学学报》（哲学社会科学版）2022 年第 4 期；周阿根：《吐谷浑喜王慕容智墓志校理》，《江海学刊》2022 年第 5 期；杨瑾：《甘肃武威慕容智墓披袍俑的多元文化渊源探析》，《中原文物》2022 年第 4 期。

② 陈国科、刘兵兵、沙琛乔等：《甘肃武威市唐代吐谷浑王族墓葬群》，《考古》2022 年第 10 期；韩建华：《青海都兰热水墓群 2018 血渭一号墓墓主考》，《中原文物》2022 年第 1 期；韩建华：《青海都兰热水墓群 2018 血渭一号墓吐蕃化因素分析》，《考古》2022 年第 10 期。

③ 周倩倩：《吐蕃统治敦煌时期的新旧吐谷浑人》，《敦煌研究》2022 年第 3 期；钟华、李冀源、胡晓军：《吐蕃统领下吐谷浑邦国时期生业模式初探——以青海热水哇沿水库遗址和墓葬浮选出土植物遗存为例》，《南方文物》2022 年第 4 期。

④ 胡康：《唐蕃松州之战新论——从〈拓拔驮布墓志〉谈起》，《西藏研究》2022 年第 3 期。

⑤ 吴小龙：《唐宋时期党项夏州与中原政权的关系嬗变——以〈夏州节度押衙曹公墓志〉为中心》，载姜锡东主编《宋史研究论丛》第 30 辑，科学出版社，2022。

⑥ 陈玮：《三苗之后与扶风窦氏：从〈窦伯岁墓志〉看唐代党项窦氏家族》，《新疆大学学报》（哲学·人文社会科学版）2022 年第 1 期。

⑦ 舒瑜：《从"贞元会盟"看唐朝的盟约与"法"》，《民族研究》2022 年第 4 期。

⑧ 李宇舟、王曙文：《南诏国初期洱海区域城镇体系的建置研究》，《内蒙古民族大学学报》（社会科学版）2022 年第 3 期；李宇舟：《南诏国中后期的郡县制发展研究》，载邢广程主编《中国边疆学》第 15 辑，社会科学文献出版社，2022；和雅迪、李学龙：《论南诏历史上儒佛并举的政治策略》，《普洱学院学报》2022 年第 1 期。

或曾改革南诏的继承制。①

辽史方面，苗润博发表了系列研究契丹早期历史的论文，或对《辽史》所记录的契丹与宇文、奇首与北魏、大贺与遥辇的关系，以及古八部、隋契丹十部、唐大贺氏八部、遥辇氏八部、遥辇阻午可汗二十部进行了考察；或指出契丹阴山七骑·赤娘子传说应该承载了唐开元时期可突于兵败北逃潢水上游后族群重组的历史记忆；或认为青牛白马的传说与祭仪是契丹文化颇具特色的标志性元素，青牛白马作为盟誓牺牲的核心功能，实根植于唐代中后期契丹集团二元汇聚的来源与结构；或论证辽朝以漆水为郡望者皆系皇室成员，该郡望只是专属于辽最高统治家族的身份标识；或分析辽朝前期自称轩辕后裔实乃道宗、天祚时期方成为一种较为权威且流行的历史叙述。② 孙伟祥认为，在大贺氏部落联盟阶段，契丹族出现与大贺氏首领家族固定通婚的内稽部孙氏（审密）家族，可以视为当时的"后族"。③

姚大力的研究表明，契丹部在 7 世纪中叶已攘夺奚人位于潢水流域的衙帐，辽皇室所在部以奚人乙室活附属部落的身份于 8 世纪中叶加入契丹主体的政治军事活动，契丹遥辇部在大贺氏时代曾移牧老哈河，辽宗室所在部因于 9 世纪下半叶驻牧东遥里水，遂以地为号而名迭剌。④ 陈晓伟根据帝系及皇族范围变化的线索，推知"横帐"并非一项固定不变的制度，仅凭目前史料，所谓二院皇族隶属横帐说尚难以坐实。⑤ 邱靖嘉

① 李凤艳：《〈旧唐书〉标点勘误一则》，《中国史研究》2022 年第 1 期；《南诏阁罗凤研究札记》，《文史》2022 年第 3 期。

② 苗润博：《契丹建国以前部落发展史再探——〈辽史·营卫志〉"部族上"批判》，《中国边疆史地研究》2022 年第 1 期；《元修〈辽史〉契丹早期史观解构》，《中山大学学报》（社会科学版）2022 年第 4 期；《透视阴山七骑：图像、传说与历史记忆》，《美术研究》2022 年第 2 期；《"青牛白马"源流新论——一种契丹文化形态的长时段观察》，《北京大学学报》（哲学社会科学版）2022 年第 3 期；《民族记忆抑或家族标识？——契丹漆水郡望探赜》，《中国史研究》2022 年第 2 期；《辽朝前期自称轩辕后裔说献疑》，《中国典籍与文化》2022 年第 4 期。

③ 孙伟祥：《试论契丹大贺氏时代"后族"问题》，《辽宁大学学报》（哲学社会科学版）2022 年第 6 期。

④ 姚大力：《契丹早期历史再讨论》，《学术月刊》2022 年第 12 期。

⑤ 陈晓伟：《辽朝横帐新论》，《史学月刊》2022 年第 1 期。

认为，辽朝宰辅的职衔构成复杂、排序严谨，他们大多身兼北、南枢密院与中书（政事）省长官，决策与行政合一，可称之为"中书枢密院体制"；辽代中后期的中枢辅政机制是皇帝与以北、南院枢密使兼中书（政事）令为首的宰辅群体共同"参决大政"，表现出"超越北南"的特征。[①] 赵里萌从契丹风格的篦纹陶器及辽代陶瓷器等典型辽代遗存的出土分布出发，结合"二普"资料以及最新的城址调查结果，发现辽代遗存在松嫩平原地区的分布具有清晰的边界；辽的边界从扩张到收缩的过程侧面反映了生女真势力的逐渐壮大，为解读辽灭金兴提供了新的视角。[②]

西夏史方面，史金波认为，西夏时期刊印的党项族和汉族互相学习语言的词语集《番汉合时掌中珠》是民族间深度交往交流交融的产物，是在中华民族共同体形成和发展过程中民族关系愈趋密切的历史见证。[③]彭向前认为，西夏王朝也曾经参与对黄帝形象的塑造，宣称党项拓跋出自鲜卑拓跋，进而认为黄帝是党项人的远祖。[④] 高建国考释了作为党项族蕃官的高世忠墓志，其事迹展现了宋代蕃官普遍扮演的角色、仕宦升迁的路径，反映了宋朝蕃官体制下民族交融的必然趋势。[⑤] 房子超考证了藏地高僧热巴在河西走廊地区传法、建寺，出任帝师的史事。[⑥] 杨浣、许伟伟将西夏地方行政建置分为两个时期：前期以元昊时期为代表，实行监军司—州（城）二级制；后期以仁宗时期为代表，实行经略司（路）—监军司—地边城司三级制。另外，在农业地区还并行有负责赋税的转运司（路）—郡县二级制。[⑦]

金史方面，邱靖嘉通过对宋元文献及石刻材料有关金朝建国记载的

① 邱靖嘉：《"超越北南"：从中枢体制看辽代官制的特性》，《历史研究》2022 年第 3 期。
② 赵里萌：《辽与生女真边界的考古学观察》，《中国国家博物馆刊》2022 年第 6 期。
③ 史金波：《一部深度反映民族间交往交流交融的奇书——〈番汉合时掌中珠〉》，《中华民族共同体研究》2022 年第 3 期。
④ 彭向前：《西夏文献所见黄帝形象研究》，《民族研究》2022 年第 1 期。
⑤ 高建国：《尽忠报国：宋朝一位蕃官的仕宦与文化认同》，《西北民族研究》2022 年第 5 期。
⑥ 房子超：《多重视角下的西夏帝师热巴研究》，《中国藏学》2022 年第 2 期。
⑦ 杨浣、许伟伟：《再论西夏的地方行政制度》，《西夏研究》2022 年第 3 期。

仔细考辨，认为能够大体复原出金初历史的真实面貌：阿骨打当于辽天庆七年采纳谋士杨朴的劝进意见，称帝建国，国号大金，建元天辅。《金史》所记开国史乃是出于金修《太祖实录》时的改写与重塑，并不可信。① 程尼娜则认为，《金史》记载的金朝开国史是信史，"都勃极烈"不是金建国后女真国主的称号而是生女真进入高级酋邦阶段后大酋长的称号。宋晁公迈《历代纪年》成书早于《太祖实录》，明确记载金初存在"收国"年号。《太祖实录》没有虚构和编造金朝建国时间、国号、年号，据此撰写的《金史》没有篡改开国史。②

王善军认为，金朝建国以前，随着女真社会血缘与地缘的相互结合，逐渐形成了以按出虎水完颜部为核心的世婚集团。世为婚姻的诸部长之家，形成女真社会的特权阶层，构成了女真贵种的主要来源。女真贵种内部的分化与差异，成为金朝女真族政治等级形成的基础。金朝建国后，金熙宗为了巩固直系完颜的权势，维护以女真贵种为代表的女真民族的统治地位，采用"等威有别"的方式，将世婚集团内部差异进行制度化、定型化调整。这种颇具特色的政治等级结构，随着金朝中后期贵种家族的泛化和民族交融的深化，逐渐走向松动失序，但讫至金末，其对金王朝维护女真民族的统治地位，仍然起着重要作用。③ 赵永春认为，金人在关于金朝的德运讨论中出现了"继唐""继宋""继辽"等观点的分歧，这不仅从侧面反映出金人对唐代历史、宋代历史和辽代历史均有认同意识，也促使"五德终始"学说这一单线性中国历史发展模式的理论逐步走向终结。④ 除《〈金史〉丛考》一书外，陈晓伟还发表了数篇与《金史》相关的论文。⑤

① 邱靖嘉：《改写与重塑：再论金朝开国年代及其相关问题》，《文史哲》2022 年第 2 期。
② 程尼娜：《〈金史〉"篡改开国史"辨》，《史学集刊》2022 年第 4 期。
③ 王善军：《女真贵种与金代政治文明的演变》，《中国社会科学》2022 年第 6 期。
④ 赵永春：《中华民族共同体视域下金人的"中国"历史认同——以〈大金德运图说〉为中心的讨论》，《陕西师范大学学报》（哲学社会科学版）2022 年第 1 期。
⑤ 陈晓伟：《百衲本〈金史〉影印洪武覆刻本补版叶及修润问题》，《中国典籍与文化》2022 年第 3 期；《金〈宣宗实录〉考——再议王鹗〈金史稿〉为元修〈金史〉底本说》，《文史》2022 年第 3 期；《〈金史〉边疆史地校勘问题献疑》，《中国边疆史地研究》2022 年第 2 期；《〈金史·食货志〉修纂考》，《黑龙江社会科学》2022 年第 4 期。

## 四 元明清至近代民族史

2022 年元明清近代时期的民族史研究成果丰硕，议题多元，讨论深入。

2022 年，学术界出版了一批优质的专著和论文集。尹磊、魏曙光译校了伯希和、韩百诗注本《圣武亲征录》，便于国内学人利用。① 亨利·施瓦茨编《蒙古学书目》（*Bibliotheca Mongolica*）包括了 20 世纪初至 1975 年末关于蒙古学的英文、法文、德文出版著作信息，收录文献近 3000 种。② 李治安《元代政治文化新探》阐明作者提出的"内蒙外汉"新命题，进而揭示尘封的元王朝历史真相及其给后世中国社会带来的复杂政治文化遗产。③ 李治安《元史暨中古史新论》大致包括四部分内容，涉及诸多元史、中古民族史重要议题。④ 乌兰《文献学与语文学视野下的蒙古史研究》围绕蒙古文历史文献的文献学研究并涉及由此展开的多角度历史问题研究，是作者近四十年潜心研究之成果的汇集。⑤ 沈卫荣、安海燕《从演揲儿法中拯救历史》试图将"演揲儿法"等藏传佛教词汇置于其本来的语言、历史、文化和宗教语境中来理解，恢复元朝宫廷所传藏传密教仪轨的真实面貌，最终揭开藏传佛教在元代中国传播历史的真相。⑥ 韦兰海、李辉《蒙古语人群的分子人类学溯源》整合了历史学、民族学、考古学和语言学关于蒙古语诸族的起源和分化的丰硕成果，从分子人类学的角度，使用现代遗传学的方法，对现代蒙古语诸族（也涉及通古斯语诸族）的各类遗传成分的起源和扩散历史进行了详尽的研究。⑦

---

① 〔法〕伯希和、〔法〕韩百诗注，尹磊译，魏曙光校《圣武亲征录：成吉思汗战纪》，上海古籍出版社，2022。
② 〔美〕亨利·施瓦茨编《蒙古学书目：英、法、德文著作》，周建奇译，上海古籍出版社，2022。
③ 李治安：《元代政治文化新探》，中国社会科学出版社，2022。
④ 李治安：《元史暨中古史新论》，人民出版社，2022。
⑤ 乌兰：《文献学与语文学视野下的蒙古史研究》，中国社会科学出版社，2021。
⑥ 沈卫荣、安海燕：《从演揲儿法中拯救历史》，中华书局，2022。
⑦ 韦兰海、李辉：《蒙古语人群的分子人类学溯源》，上海科学技术出版社，2022。

乌云毕力格、张阅《同文之盛：〈西域同文志〉整理与研究》整理研究了《钦定西域同文志》这一清朝官方所修的第一部清代新疆、青海、西藏地区的地名录和山水名录，第一部卫拉特、回部和西藏贵族家谱，也是第一部该地区地名、山水名和人名六种文字对照的大型辞书，成为对研究清代早期新疆等地历史、语言、舆地及文化不可或缺的文献资料。① 胡恒《边缘地带的行政治理：清代厅制再研究》对清代厅制的起源与演变过程进行了细致的研究。② 杜祐宁《清朝科举考试与旗人的政治参与》从旗人应试制度谈起，简述旗人考试制度的建立与规定的调整，厘清旗人应试、除授、升迁等科举入仕、任官的历程。③

高月《清末新政时期中央政府对边疆地区的治理与统合研究》以新疆、西藏、蒙古为例，分析了清政府通过边疆新政加强边疆治理、重新统合边疆地区的实际效果。④ 卢树鑫《再造土司：清代黔东南的社会治理及变迁》基于地方的逻辑，揭示出土弁实际上是一种权力来源多样，身份介于土司、流官、差役之间的职官。土弁在黔东南苗疆基层社会权力结构中的地位兴衰，深刻反映了清政府此地区推行王朝秩序并不断深入的过程。⑤ 胡其瑞《中国西南苗族基督徒与国家（1900—1960）》探讨了论述中国西南苗族在时局的影响下如何在基督徒与中华民族、苗族之间的身份认同中求取平衡与进行转换，这个议题牵涉苗族追寻现代化的过程与民族认同。⑥ 梁景之《图像与历史：华北民间宗教调查研究》厘清了早期黄天道历史中若干疑点、难点问题，深化且拓展了民间宗教研究的领域。⑦

对元代多语种人名、官职名、部族名的考证，是一项基础且重要的

① 乌云毕力格、张阅：《同文之盛：〈西域同文志〉整理与研究》，上海古籍出版社，2022。
② 胡恒：《边缘地带的行政治理：清代厅制再研究》，社会科学文献出版社，2022。
③ 杜祐宁：《清朝科举考试与旗人的政治参与》，台北，秀威出版社，2022。
④ 高月：《清末新政时期中央政府对边疆地区的治理与统合研究》，中国社会科学出版社，2022。
⑤ 卢树鑫：《再造土司：清代黔东南的社会治理及变迁》，社会科学文献出版社，2022。
⑥ 胡其瑞：《中国西南苗族基督徒与国家（1900—1960）》，台湾橄榄华宣出版社，2022。
⑦ 梁景之：《图像与历史：华北民间宗教调查研究》，社会科学文献出版社，2022。

工作。塔力甫江·吐尔逊艾力、塔力哈提·吐尔森艾力对钦察部族的源流做了新的探讨，认为"钦察"一名的原始形式为复合词 qabïš + oq，其前身是"契苾羽"、"契苾"、"车鼻施"和"曷比悉"。① 白玉冬指出，回鹘契约文书中的 Uluɣ Suu 是蒙古语 yeke suu ǰali 的音译和意译的结合借用语，蒙古语 suu 本意与回鹘语的 qut 相同，但回鹘人用 suu 来称蒙古皇帝，qut 称回鹘亦都护。② 马海若考证了蒙古语"阿勒斤赤"与"莽来"两词的具体含义，前者主要承担着侦察、情报的任务，同时也能直接攻击敌人；后者则为大规模作战中的先锋军，主要承担猛烈攻击的作战任务，而不具侦察功能。③ 朝克图对"札撒兀勒"做了考证，认为其工作性质与宿卫任务基本相同，担任前卫和巡视，整治往来人员，并保卫宫廷和军队的安全。④

在蒙古早期历史及其历史叙述方面，周宝峰认为，成吉思汗葬地必然位于不儿罕山之阳的某个辽阔高地，该地是成吉思汗家族祖茔地之所在，即所谓"大禁地"，成吉思汗后嗣通过"遥祭"的方法对其进行缅怀和祭祀。⑤ 刘迎胜通过对孛儿帖赤那到孛端察儿史事的分析考证，认为存在两种成吉思汗的祖先系谱，尼伦蒙古并不传承"苍狼白鹿"的传说，他们的共同祖先只是阿阑豁阿。⑥ 华涛以马穆鲁克史家乌马里的《眼历诸国行纪》为主，讨论中古阿拉伯文献对蒙古族神圣母亲阿阑豁阿无夫生子的描述。⑦

关于元代色目人群体的探讨进入了更加深入的层面。张帆修正了过

---

① 塔力甫江·吐尔逊艾力、塔力哈提·吐尔森艾力：《钦察源流考略》，载刘迎胜主编《元史及民族与边疆研究集刊》第 41 辑，上海古籍出版社，2021。

② 白玉冬：《元代回鹘语专用称谓 Uluɣ Suu（蒙古皇帝）释义》，载刘迎胜、姚大力主编《清华元史》第 7 辑，商务印书馆，2022。

③ 马海若：《早期蒙古材料中的先锋：以"阿勒斤赤"与"莽来"的词义及演变为中心》，《西部蒙古论坛》2022 年第 1 期。

④ 朝克图：《关于蒙元时期的札撒兀勒（J̌asaɣul）》，《西部蒙古论坛》2022 年第 2 期。

⑤ 周宝峰：《成吉思汗葬地的习惯法思考》，《内蒙古大学学报》2022 年第 3 期。

⑥ 刘迎胜：《有关早期蒙古史料中的"苍狼白鹿"、阿阑豁阿和孛端察儿叙事》，载《清华元史》第 7 辑。

⑦ 华涛：《乌马里〈眼历诸国行纪〉关于阿阑豁阿"腰"的记载》，《西部蒙古论坛》2022 年第 1 期。

去史学家普遍认为元朝存在的"四等人制"表述，认为元朝的民族划分与其说是高低上下的差别，不如说是核心与边缘的差别，"四等人"称"四圈人"更为恰当。① 胡小鹏提出，蒙古国前四汗时期，蒙古语"合里"（qari irgen）一词指蒙古帝国治下的所有非蒙古人，被汉译为"色目"；元世祖以后，"合里"排除了汉语人群，演化为西域诸国人的专称。② 胡蓉、杨富学关注元末色目进士和色目仕宦的死节现象，③ 李雪分析了色目人在中原地区的生存状态、居处方式、生活习惯的变化。④

2022 年，元代民族史研究中人物及家族考证论文尤为丰富。胡小鹏、常成考述了忽必烈第七子奥鲁赤及其后嗣诸王镇戍吐蕃、治理藏地的史实。⑤ 陈新元指出，色目人灭乞里部只儿哈郎家族的族属及家族成员仕宦元朝的政治表现，指出其家族是一个依附于皇权的内廷家臣世家。⑥ 向珊认为，元末著名权臣蔑儿乞氏伯颜死后，其寡妻幼子相继出家，定居真定，被当时的士人诠释为符合儒家道德标准的贤妻孝子。⑦ 杨德亮针通过对安西王阿难答所领的西北地区民族结构和信仰的演变分析，认为阿难答及其部属极有可能是穆斯林。⑧ 党宝海考证了元末重臣阔里吉思祖孙三代的生平与活动。⑨ 付马对元代航海家亦黑迷失在泉州所立的《一百大寺看经记》碑上的两行回鹘文题记首次做了转写和释读，揭示出亦黑迷失以母语所记誓愿与汉文碑文的书写的不同。⑩ 求芝蓉利用浙江的两块摩崖

① 张帆：《圈层与模块：元代蒙古、色目两大集团的不同构造》，《西部蒙古论坛》2022 年第 1 期。

② 胡小鹏：《元代族群认知的演变——以"色目人"为中心》，《西北师大学报》2022 年第 6 期。

③ 胡蓉、杨富学：《元代色目进士与仕宦死节现象考析》，《中原文化研究》2022 年第 3 期。

④ 李雪：《儒化倾向与元代散文中色目人形象书写》，《南开学报》2022 年第 3 期。

⑤ 胡小鹏、常成：《元西平王奥鲁赤家族世系与治藏史事考述》，《中国边疆史地研究》2022 年第 2 期。

⑥ 陈新元：《灭乞里氏只儿哈郎家族史事考略——元代色目家臣政治地位之一斑》，《中国边疆史地研究》2022 年第 1 期。

⑦ 向珊：《元末权臣蔑儿乞氏伯颜家族史事考》，《西域研究》2022 年第 4 期。

⑧ 杨德亮：《阿难答及其部属身份再论》，载《元史及民族与边疆研究集刊》第 41 辑。

⑨ 党宝海：《阔里吉思家族与元末政治》，载《清华元史》第 7 辑。

⑩ 付马：《航海家亦黑迷失的母语誓愿——泉州〈一百大寺看经记〉碑上的回鹘文题记》，《海交史研究》2022 年第 3 期。

石刻，补充了入华哈剌鲁人哈剌觫开采、进献水晶，从而得以觐见元成宗并获得政治资本的经历。①

2022 年，元明清至近代区域民族史研究更加细致、深入，新见迭出。东北地区方面，杜洪涛对东北边疆史和东亚史上的重要问题——奴儿干都司及其相关史事进行了细致的梳理，提出了系列新解释。② 赵令志指出，万历三十八年努尔哈赤分配兼并哈达时所得363 道和1 道买得之敕书的流通反映了明末女真各部势力消长并渐被努尔哈赤统一的历程，而敕书内容则体现了明末女真卫所官员职级抬升、实权渐失，羁縻卫所制度已濒于消亡。③ 韦兰海、王懿冰基于父系 Y 染色体 DNA 的证据，确定爱新觉罗家族与福陵觉尔察氏拥有生物学意义上的父系亲缘关系。④ 通过细致的考订，金鑫指出，崇德八年清军征讨的"黑龙江虎尔哈部落"实为分布于黑龙江以北、精奇里江下游东岸的德都勒姓达斡尔人。⑤ 金鑫的另一项研究表明，清廷在布特哈八旗征召一千牲丁披甲以备用于对准噶尔部战事，博尔德一军采用独特的八伍建制。⑥ 胡哲考察了 19 世纪末清代北部的呼伦湖水系因沙俄哥萨克人屡屡越界捕鱼而产生的侵渔事件，⑦ 刘灿梳理了盛京内务府在清末民国时期的变迁。⑧

北方地区方面，八旗察哈尔是清朝在蒙古地区实践八旗制度的经典之例，邓涛梳理了清前期长城以南沿边驻防八旗与边疆的关系；⑨ 苏日朦深入分析了八旗察哈尔在清朝成为多民族大一统国家的历史进程中发挥

① 求芝蓉：《哈剌觫与元成宗朝"珍宝政治"——以浙东两通元代摩崖石刻为中心》，《内蒙古师范大学学报》（哲学社会科学版）2022 年第 2 期。
② 杜洪涛：《洪熙梗化：奴儿干都司史事发覆》，《史林》2022 年第 5 期。
③ 赵令志：《明末女真卫所衰落与建州女真的崛起——以穆昆塔坦档所载敕书为中心》，《历史研究》2022 年第 2 期。
④ 韦兰海、王懿冰：《爱新觉罗家族早期谱系的构建与明末建州女真统治权的重新整合》，《清史研究》2022 年第 5 期。
⑤ 金鑫：《崇德八年清军征讨"黑龙江虎尔哈部落"起因及该部落族属考辨》，《清史研究》2022 年第 5 期。
⑥ 金鑫：《雍乾时期布特哈八旗"博尔德地方官兵"考》，《历史档案》2022 年第 3 期。
⑦ 胡哲：《清末呼伦贝尔渔业开发与渔权博弈》，《中国农史》2022 年第 2 期。
⑧ 刘灿：《共和制下的皇室机关——民国时期清室盛京内务府存续考论》，《清史研究》2022 年第 6 期。
⑨ 邓涛：《清前期长城以南沿边驻防八旗与边疆的关系》，《历史档案》2022 年第 4 期。

的作用；① 许富翔认为，热河特别区的设立在中国近代政区沿革史上有重要意义，不仅延续了清末边疆整合的成果，也代表着长城外的边疆地区与内地行省形成一体。②

西北地区方面，胡箫白将明朝洪武年间经略河岷洮地区的过程分为三个阶段：自洪武二年至洪武七年，明朝以河州为中心，向藏地派遣使者、通事；洪武六年至洪武十一年，以岐王朵儿只巴为首的北元势力重新渗入河岷洮地区，明朝出兵攻伐；洪武十一、十二年，河岷洮地方动乱频发，明朝以军事手段弹压。③ 何威、陆凝指出，明廷通过实行特有的治理模式、推动文化变迁、将土司辖区纳入国家经济共同体等多种途径，不断强化河湟土司对国家的认同；河湟土司面对强大的中央王朝及其先进的经济文化优势，再加之自身处于族群边缘的困境，于是主动融入中央王朝。④ 褚宁以万历十八年的"洮河危机"为切入点，考察了明朝派遣深谙蒙古事务的郑洛坐镇经略并最终缓和紧张局势的历史脉络。⑤ 褚宁、马建春认为，明代汉藏边缘之河湟洮岷并存着两类性质全然不同的僧官系统：一类是以政区为依托设立僧官与僧司，属官僚体系范畴；另一类是根据各大教派、寺院番僧的政教地位授予种种象征性僧号，属朝贡体系范畴。这两类僧官系统的划分并非以汉传佛教与藏传佛教的差异作为标准，而是依据朝廷在西番地区权力辐射的强弱程度来衡量的。⑥ 许若冰、杜常顺指出，清代岷州的政区调整与州县化转型是王朝国家与地域社会军民、"番汉"、土司等人群共同参与、双向互动的结果。⑦ 武沐、陈

① 苏日朦：《八旗察哈尔反映多民族交融史》，《中国社会科学报》2022年11月7日。
② 许富翔：《边疆整合视阈下民国初年热河的政区改制》，《中国历史地理论丛》2022年第2期。
③ 胡箫白：《明洪武前期河岷洮地区的地缘功能调整与地方秩序变动》，《中国边疆史地研究》2022年第3期。
④ 何威、陆凝：《明代河湟土司国家认同研究》，《青海民族研究》2022年第2期。
⑤ 褚宁：《明中叶以降西海蒙古与明朝对河湟洮岷地方秩序的重塑》，《西北民族研究》2022年第3期。
⑥ 褚宁、马建春：《明代汉藏边区僧官系统新探——以"西番诸卫"为中心》，《中国边疆史地研究》2022年第2期。
⑦ 许若冰、杜常顺：《卫所变革与边地形塑：清代岷州的政区演进与社会重构》，《中国边疆史地研究》2022年第4期。

晓晓认为，明清时期河湟民族走廊地区的文化治理不单指儒学教育，而是以社会教化为中心的综合文化治理。①

孙喆认为，嘉道时期，南疆变乱迭起，但动乱最终都能得到较为有效的遏制，统治秩序得以较快恢复，说明清廷对新疆依然具有较强的控制能力，所谓"嘉道中衰"在全国各地区的表现并非同步。② 吴元丰认为，伊犁索伦营对巩固新疆的统一，保持当地社会的稳定，加强西北边界的防务，以及发展当地农牧业生产都发挥了积极作用。③ 王东平具体考述了阿克苏办事大臣衙门依据《大清律例》对热依木谋杀吴廪年及吴康年诬告两个案件的涉案者分别量刑拟律，该案审理过程反映出清代天山南路地区司法活动的特点。④ 廖文辉认为，咸丰初年以后，新疆地区固然存在财政基础薄弱、开源潜力有限、邻近区域财政拮据等客观问题，但造成财政困境的深层原因是，清廷在新疆地区实行军府制下的多元管理模式，已无法应对近代中国面临的挑战。⑤

西南地区方面，韩星系统论述了元代政治家赛典赤·赡思丁首任云南行省平章政事后在云南尊孔重儒、创建孔庙、推行文教等举措，评述其对云南的社会、经济和文化建设做出的重大贡献。⑥ 刘灵坪对明清时期云南土司地区的赋役征收及少数民族编户问题进行考察，发现元明两朝均对云南土官、土司征收赋役，并已完成对部分少数民族的编户。⑦ 朱皓轩指出，朝贡与赋税是西南土司向朝廷承担的两项基本义务，但各自起到不同的政治作用。明清时期，出现与赋税合流之势，最终完成"内地

① 武沐、陈晓晓：《明清时期河湟民族走廊文化治理的路径及影响》，《北方民族大学学报》2022 年第 2 期。
② 孙喆：《从驻扎大臣制度的演进看嘉道时期对新疆的治理》，《云南社会科学》2022 年第 1 期。
③ 吴元丰：《清代伊犁索伦营述要》，《清史研究》2022 年第 2 期。
④ 王东平：《清代天山南路地区刑事重案的审理——基于道光朝阿克苏吴廪年案的考察》，《清史研究》2022 年第 3 期。
⑤ 廖文辉：《咸同之际新疆地区的协饷运作与财政困局》，《历史研究》2022 年第 3 期。
⑥ 韩星：《心滇之心，事滇之事——元代回回政治家赛典赤·赡思丁以儒治滇》，《世界宗教文化》2022 年第 1 期。
⑦ 刘灵坪：《明清云南土司地区赋役征收及少数民族编户问题探析》，《思想战线》2022 年第 5 期。

化”的转变。① 蔡亚龙认为，明朝在西南边疆民族地区大规模推行黄册编户制度，但不同于内地，边疆的赋役与户口脱钩，征收更趋灵活，在考察边疆民族地区“民户”问题时，应尽量考虑他们在国家管理体系中的位置。② 罗权、杨斌认为，明朝通过设立总督以统一事权，清代通过平西王统辖西南的方式和政区的清理拨正，使播州及彝族土司地区疆界明晰化，从而改变了贵州与四川互争的混乱局面。③ 黄瑜通过考察清代都柳江“洞苗”村寨婚俗的形成和演变过程，透视明清以降整个流域社会经历的多层次“礼俗”互构与“法理”互通，讲述村寨“理俗”与王朝“礼法”制度整合的历史进程。④ 杨江林认为，晚清以降，基于三崇信仰的王骥崇拜是滇西边地自下而上国家整合的重要内容，是边疆民族社会通过运用象征王朝国家大一统的文化元素来表述国家认同。⑤ 宋培军认为，经过清末改土归流、民初选派土司特派员出席省议会，云南土司的政治地位得以提高，在一定程度上替代、接续了此前四川土司与满、蒙、回、藏构成“五个族体联合”意义上的国体地位。⑥

周伟洲认为，在乾隆五十四年之前清代档案文献中出现的西藏“边防”主要是指西藏防御西北准噶尔部的侵扰。⑦ 邹立波、红音依据档案中所见藏文公文与汉文译本，以及汉文檄谕与藏文译本，揭示出乾隆时期藏地土司与清廷中枢、地方衙署之间沟通联系过程中不同语种公文传译释读的具体状态。⑧ 何强从川藏茶叶贸易的角度考察了明清边引贸易在引

---

① 朱皓轩：《何以贡赋：论明清西南土司朝贡与赋税之合流》，《江西社会科学》2022年第6期。
② 蔡亚龙：《明代西南边疆民族地区的灵活编民》，《江西社会科学》2022年第6期。
③ 罗权、杨斌：《明清时期川黔交界地区政区冲突及其调整》，《贵州社会科学》2022年第6期。
④ 黄瑜：《王朝“礼法”与村寨“婚俗”——以清代都柳江流域“破姓开亲”为中心》，《中央民族大学学报》（哲学社会科学版）2022年第4期。
⑤ 杨江林：《晚清滇西边地的王骥崇拜与国家整合》，《中央民族大学学报》（哲学社会科学版）2022年第5期。
⑥ 宋培军：《清末民初土司的国体地位因革：从四川土司到云南土司》，《云南师范大学学报》（哲学社会科学版）2022年第2期。
⑦ 周伟洲：《试论清代西藏边疆的边防》，《中国藏学》2022年第3期。
⑧ 邹立波、红音：《两金川之役藏文档案与乾隆时期的公文传译》，《中国藏学》2022年第2期。

目、茶税税制、管理机构等方面的变革和创新。① 李潇雨以 1939 年西康建省前后进行的两个社会考察为例，通过图文分析说明边疆社会如何在这一转型过程中被再现。② 龙其鑫指出，民国学者将学术研究和参与当地社会文化建设结合起来所展现的拉卜楞藏族社会的地方性知识以及跨民族共情的示范，不仅有助于内地民众提高对边疆民族地区和少数民族的情感认同，而且为维系中国多民族国家统一做出了超出学者本职的努力和贡献。③

中东南民族方面，屈文军讨论了宋元时期岭南蛮夷的族群变迁，他尤其强调"编户齐民"是区别汉人与蛮夷的重要标志，到岭南的文人官僚在当地推广儒学文化是岭南蛮夷汉化的重要途径。④ 罗道福考察在明代中后期两广瑶乱与海南黎乱的背景下明代广东方志关于冼夫人的历史书写，指出其背后所反映的是明代中后期广东西南地方社会逐步融入国家大一统的历史进程。⑤ 程新元指出，桂东南明清壁画的逻辑生成是桂东南地区仕宦阶层、儒商群体和庶民阶层基于耕读文化传统的秉持和商道贸易带来的丰厚财富等多种因素作用的结果，也是特殊文化时空背景下中原汉文化和当地民族文化的交往、交流与交融的结果。⑥ 郭满考察台湾少数民族在清朝国家重大政治文化事典中的参与，指出台湾社番始终以边地之民的形象呈现，与苗、畲、黎等内地族群无异，所谓"番界无主"纯属谬论。⑦

此外，完麻加、吉毛措认为，明廷出于巩固皇权、安定边疆的目的，

---

① 何强：《明清时期川藏茶叶贸易模式变迁研究》，《江汉论坛》2022 年第 5 期。
② 李潇雨：《地方传统、国家政治与边疆秩序——从民国西康考察影像出发》，《中山大学学报》（社会科学版）2022 年第 2 期。
③ 龙其鑫：《近代中国边政学兴起背景下的拉卜楞藏族社会研究》，《中国藏学》2022 年第 4 期。
④ 屈文军：《宋元时期岭南地区的族群社会变迁》，载《清华元史》第 7 辑。
⑤ 罗道福：《明代广东方志中冼夫人的历史书写与形象建构》，《历史教学》2022 年第 4 期。
⑥ 程新元：《地域性文化遗产的生成因素与文化认同——以桂东南明清壁画为例》，《贵州民族研究》2022 年第 4 期。
⑦ 郭满：《图像、仪礼与秩序——清代台湾社番的政治谱系》，《中央民族大学学报》（哲学社会科学版）2022 年第 6 期。

从护国佑民、普济众生等角度接受和肯定了有助于实现"大一统"思想的藏传佛教文化。明廷以建寺造塔、赏赐加封等多方策略加强了西藏等地民众对中央政权的认同。① 朱丽霞指出，朵而只坚参以汉人的身份修学藏传佛教，并得到五台山僧众的敬信，折射出明代五台山汉藏佛教的高度融合性。② 巴哈提·依加汉通过对中国第一历史档案馆所藏三封察合台文求药信的初步研究，呈现18世纪下半叶至19世纪初欧亚大陆中部的政治变迁及民族分合。③ 丁慧倩认为，明清以来回族等各少数民族修撰族谱的活动，可以视为各民族群体努力把对自我的认识融入对国家、大一统观念、主流文化的认识中，形成更高层面的政治观念与文化的内在一致性，推动了中华民族的进一步形成和多民族国家发展。④ 马文忠认为，清代官修《明史》前、后期关于"西番"所立传记存在差异：前期认为"西番"源于吐蕃，书写内容侧重于乌斯藏、朵甘等地；后期则略去"西番"与吐蕃之间的关系，书写内容主要围绕西宁、河州、洮州、岷州展开，乌斯藏、朵甘以及国师辖区等地单独立传，其原因与清初西藏重要性的凸显和时人对藏族地区认知的丰富有关。⑤

# 结　语

在中央民族工作会议和党的二十大精神的引领下，2022年民族史研究迈入新的发展阶段。2022年民族史研究成果与时俱进，充分体现出新时代学术探索蓬勃发展的趋势，在阐释中华民族共同体形成发展的历史过程、深化铸牢中华民族共同体意识研究中发挥了独特的作用。总体而

---

① 完麻加、吉毛措：《〈御制重修大隆善护国寺碑记〉与明代汉藏佛教文化交流研究》，《民族研究》2022年第3期。
② 朱丽霞：《大慧法王与明代五台山汉藏佛教交融——以碑刻资料为核心》，《中国藏学》2022年第3期。
③ 巴哈提·依加汉：《乾嘉时期写往清廷的三封察哈台文求药信及其反映的文化会通现象》，《清史研究》2022年第2期。
④ 丁慧倩：《从明清时期回族族谱修撰看回汉文化交融》，《中央民族大学学报》（哲学社会科学版）2022年第4期。
⑤ 马文忠：《清官修〈明史〉对"西番"的历史书写》，《中国藏学》2022年第3期。

言，2022 年民族史研究具有以下几个特点。

第一，紧抓铸牢中华民族共同体意识主线。2022 年民族史研究既有深入的理论思考，如对中华民族历史观、中华民族凝聚理论、中华民族的发展模式、发展特征，以及"中华""大清帝国""大一统"等概念工具的讨论与辨析，也有围绕历史上各民族交往交流交融展开的扎实的个案研究，较好地实现了理论与实证研究相结合，紧扣时代需要，回应现实关切。

第二，深耕传统议题，积极回应挑战。2022 年，北方民族及其政权依然是学术界重点关注的议题，成果丰硕。其中，敕勒、突厥、契丹方面的研究取得不少新的突破，关于元代色目人群体的探讨进入了更加深入的层面。同时，吐蕃史和南诏史研究上也有所推进。在深耕传统议题的基础上，我国民族史学人从学理上对国外某些藏学研究者提出的所谓"西藏佛教世界"共同体的理论假说给予有力的反击。

第三，研究方向齐全，多学科通力合作。不论是研究视角、理论与方法，还是具体案例分析，2022 年民族史研究成果都呈现出历史学、民族学、社会学、人类学、考古学等学科交叉的趋势，多学科合作是新时代民族史发展的重要特征。

当然，2022 年民族史发展也存在一些不足。从总体上讲，陈陈相因的内容和模式化的结构导致创新能力不强，国际影响力不足，与真正实现构建民族史"三大体系"的目标还有一定的距离，中国民族史的未来发展依然任重而道远。

**图书在版编目（CIP）数据**

中华民族史论丛. 第一辑 / 赵天晓主编 . --北京：
社会科学文献出版社，2025.1. --ISBN 978-7-5228
-4935-5

Ⅰ. K28-53

中国国家版本馆 CIP 数据核字第 2024GE4017 号

中华民族史论丛（第一辑）

主　　编／赵天晓

出 版 人／冀祥德
责任编辑／周志静
责任印制／王京美

出　　版／社会科学文献出版社·人文分社（010）59367215
　　　　　　地址：北京市北三环中路甲 29 号院华龙大厦　邮编：100029
　　　　　　网址：www.ssap.com.cn
发　　行／社会科学文献出版社（010）59367028
印　　装／三河市龙林印务有限公司

规　　格／开 本：787mm×1092mm　1/16
　　　　　　印 张：18.75　字 数：279 千字
版　　次／2025 年 1 月第 1 版　2025 年 1 月第 1 次印刷
书　　号／ISBN 978-7-5228-4935-5
定　　价／128.00 元